CONCOURS & EXAMENS 2024

ACTUALITÉ 2023-2024

Tous les événements incontournables !

RÉSUMÉS • ANALYSES • MISES EN PERSPECTIVE

Sous la coordination de Jérôme Calauzènes et avec la contribution de Martine Jacot (ex-journaliste au *Monde*)

Jérôme Calauzènes
Agrégé d'histoire,
professeur d'histoire et de géopolitique
en classes préparatoires, enseignant à l'IEP
de Saint-Germain-en-Laye

Emma Fauquembergue
Étudiante à Sciences Po en master droit
économique à Paris

Sophie Freiman
Professeur au lycée Gaston Bachelard
et membre du jury des oraux de Sciences Po Paris

Yann Guillo
Étudiant à Sciences Po en master affaires
européennes à Paris

Marion Le Calvez
Diplômée de Sciences Po Paris,
agrégée d'histoire,
professeure d'histoire-géographie

Marius Matty
Journaliste à *Marianne*

Valérie Morin
Agrégée d'histoire,
docteure en histoire et professeure d'histoire
et géographie en lycée à Paris

Barbara Tissier
Diplômée de Sciences Po Paris,
critique d'Art

Alice Volkwein
Agrégée d'allemand,
normalienne et titulaire d'une thèse en histoire
allemande, professeure d'allemand
en classes préparatoires à Paris

Églantine Yelles
Étudiante à Sciences Po en master
Politiques publiques – Sécurité et défense

Vuibert

Maquette : Séverine Tanguy

Couverture : Séverine Tanguy, adaptation Primo&Primo

Réalisation : Hervé Soulard

Illustrations : Valérie Goncalves et Christel Bassi/Parolini

Crédit photographique de couverture : Imago/Alamy Banque d'images

ISBN : 978-2-311-21856-5

SOMMAIRE

GÉOPOLITIQUE

PARTIE 1

POLITIQUE FRANÇAISE ET EUROPÉENNE

PARTIE 2

PARTIE 3

ÉCONOMIE, ENTREPRISES ET MONDE DU TRAVAIL

PARTIE 4

SOCIÉTÉ

CULTURE ET SPORT

PARTIE 5

SCIENCES ET ENVIRONNEMENT

PARTIE 6

PARTIE 7

CLASSEMENTS INCONTOURNABLES EN 2023

PARTIE 1

GÉOPOLITIQUE

Soudan, l'éternel retour de la guerre

par Jérôme Calauzènes

Le 15 avril 2023, un nouveau conflit a débuté au Soudan entre l'armée au pouvoir dans le pays et des forces paramilitaires. Cette guerre des généraux, qui oppose notamment Mohamed Hamdan Dogolo, chef des Forces de soutien rapide (FSR) et Abdel Fattah al-Burhan, chef de l'État soudanais *de facto* depuis 2019, constitue la quatrième guerre civile que le pays connaît depuis son indépendance. Comment expliquer la résurgence de la guerre au Soudan ?

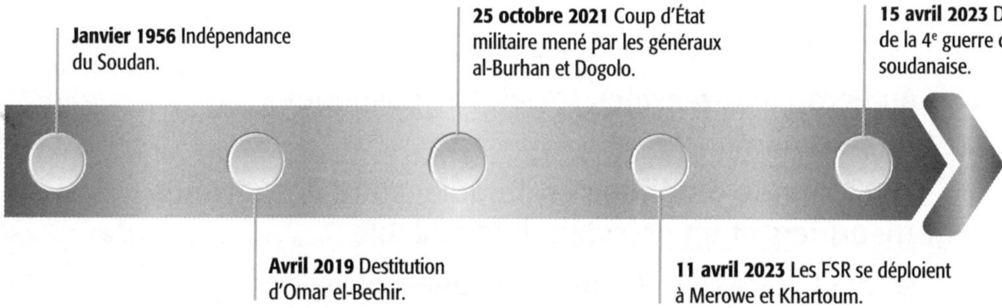

Un long passé de guerres civiles dans le pays

Dès l'indépendance, le Soudan a été ravagé par la guerre civile, en lien avec des tensions ethniques et un pouvoir central qui néglige ses périphéries.

La première (1955-1972) oppose une partie des populations du Nord (à majorité musulmane) et du Sud (à majorité chrétienne et animiste). Les deux régions, pendant la domination britannique, avaient été administrées de façon séparée jusqu'en 1946, avant d'être fusionnées sans accord des dirigeants de la partie sud. L'insurrection éclate en 1955 alors que l'indépendance approche, à l'initiative des forces sudistes. Elle se termine en 1972 grâce à l'accord d'Addis-Abeba qui accorde une autonomie partielle au Sud.

La deuxième guerre civile (1983-2005) est une continuité de la première puisqu'il s'agit encore d'un affrontement entre des populations du Sud, non arabes, et celles du Nord, contrôlées par un gouvernement arabe. À cela s'ajoute, au Sud, la présence de plus grandes quantités d'eau disponible et d'importantes ressources en pétrole, qui représentaient alors 70 % des recettes d'exportation du Soudan. L'élément déclencheur fut cependant le lancement par le président Nimeiry (renversé en 1985 par un putsch militaire) d'une campagne d'islamisation au Sud et d'imposition de la charia. La principale force d'opposition à Khartoum fut l'armée populaire de libération du Soudan, dirigée par John Garang. Ce conflit fut l'un des plus meurtriers de la seconde moitié du XXe siècle (2 millions de morts, 4 millions de déplacés). Il a pris fin avec les accords de paix de 2005.

Parallèlement, la guerre éclate au Darfour, région de l'ouest du pays grande comme la France, d'abord entre 1987 et 1989 puis de 2003 à 2020. Ce dernier et terrible conflit oppose des rebellions issues de communautés ethniques s'estimant défavorisées aux milices arabes (janjawids) armées par Khartoum et appuyées par l'armée soudanaise. S'y ajoutent des différences de richesses entre les territoires (présence de pétrole, qui suscite les convoitises de la Chine notamment). Le conflit oppose au final jusqu'à neuf groupes rebelles, regroupés au sein du Front révolutionnaire du Soudan (FRS), au pouvoir de Khartoum. Un accord de paix est trouvé en octobre 2020. Le bilan de cette guerre est d'au moins 300 000 morts et 2,7 millions de déplacés.

Une nouvelle guerre liée aux précédentes

Dix-huit mois avant l'accord de paix, le président Omar el-Bechir, au pouvoir depuis trente ans, accusé de génocide et de crimes contre l'humanité au Darfour par la Cour pénale internationale, est renversé par un coup d'État militaire. S'ensuit une longue période d'instabilité politique. Les militaires s'engagent à transférer le pouvoir à un gouvernement civil à l'horizon d'avril 2023 mais cet accord achoppe, en raison de vives tensions entre deux chefs rivaux : les généraux Abdel Fattah al-Burhan et Mohamed Hamdan Dogolo, respectivement président et vice-président du Conseil de souveraineté transitoire, et qui ont tous deux participé au coup d'État. Leur principal différend réside dans l'hypothèse de l'intégration des FSR (les Forces de soutien rapide, issues des groupes janjawids) dans l'armée. Devenues « force régulière » en 2014, sous la direction du général Dogolo, le pouvoir des FSR s'est renforcé au Soudan et elles sont intervenues dans la guerre civile yéménite en s'associant au groupe Wagner. Parallèlement, le général Burhan a cherché à monopoliser le pouvoir, au grand dam de son rival et des FSR qui ont déclenché une insurrection le 13 avril 2023, le général Dogolo se présentant en défenseur des régions marginalisées comme le Darfour.

Les deux camps disposent de soutiens divers. Le général Burhan est appuyé par l'Égypte et les États-Unis tandis que le général Dogolo, *alias* Hemetti, est soutenu par les Émirats arabes unis, l'armée nationale libyenne du maréchal Haftar, par l'Éthiopie et par le groupe Wagner.

Les batailles les plus importantes ont été celles pour le contrôle de villes comme Nyala, Merowe ou Al-Genaïna. Les combats font surtout rage à Khartoum et au Darfour. Plusieurs tentatives de cessez-le-feu ont été menées notamment par l'ONU, sans qu'elles soient respectées.

Zones de combat et ressources au Soudan (avril 2023)

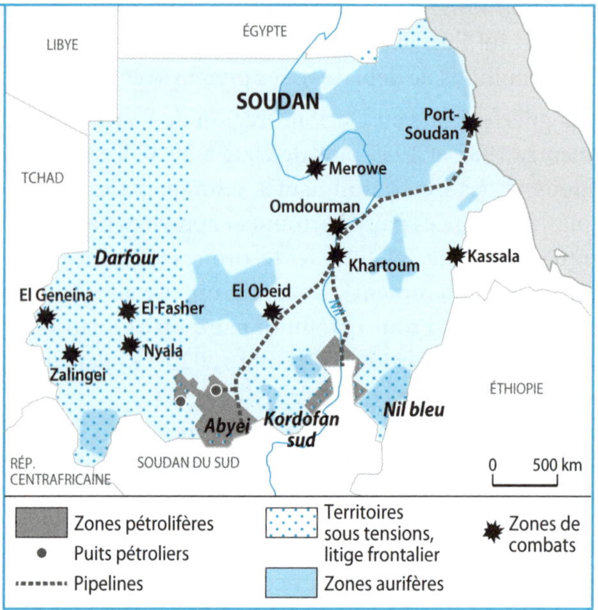

Source : Franceinfo

▸ Vers une « guerre civile totale » ?

Les deux armées semblent avoir les mêmes capacités, ce qui laisse craindre une guerre d'usure. Les deux camps ont accès à des ressources importantes : ils se financent grâce aux ressources naturelles du pays (le général Dogolo utilise notamment l'or extrait des mines soudanaises qu'il contrôle) et grâce à des soutiens étrangers. Ils disposent surtout, sous leurs ordres, d'effectifs nombreux et expérimentés par leur participation à la guerre du Darfour et aux guerres libyenne et yéménite. Si la possession d'avions de combat avantage *a priori* l'armée soudanaise, ceux-ci restent difficilement utilisables dans un cadre urbain et sans réel moyen de renseignement pour cibler les objectifs à bombarder. Pour leur part, les FSR détiennent un autre avantage : elles sont organisées en petites unités motorisées et rapides. L'ONU s'inquiète de l'évolution vers une « *guerre civile totale* » qui pourrait déstabiliser toute la région puisque des combats ont éclaté au printemps 2023 dans la région du Nil Bleu, frontalière de l'Éthiopie. Au total, le bilan humain est au moins de 39 000 morts selon l'ONG Acled et on recense déjà 2,6 millions de déplacés internes et entre 600 000 et 750 000 réfugiés (qui ont principalement fui vers l'Égypte et le Tchad). Les exactions et crimes de guerre se multiplient, d'autant que le conflit prend de plus en plus un tour tribal, notamment au Darfour. Pour l'ONU, les violences commises dans cette région pourraient constituer des « *crimes contre l'humanité* ».

Les besoins humanitaires ont atteint un niveau record. La communauté internationale avait promis, mi-juin 2023, 1,5 milliard de dollars d'aide, ce qui ne représentait que la moitié de ce dont les agences humanitaires estimaient avoir besoin. L'ONU déplore en outre les nombreux « *obstacles bureaucratiques* » qui entravent l'acheminement de l'aide. Or, au Soudan, 25 millions d'habitants (sur les 45 millions que compte le pays) dépendent de l'aide humanitaire pour survivre. Parallèlement, l'économie du pays menace de s'effondrer.

Biographies des deux généraux en guerre

Abdel Fattah al-Burhan	Mohamed Hamdan Dogolo
▪ Né en 1960 à Gandatu, village au nord de Khartoum. ▪ Études dans un collège militaire soudanais puis à l'étranger (Égypte, Jordanie). ▪ N°3 de l'armée de terre, il organise l'envoi de troupes soudanaises au Yémen. ▪ Prend la tête du conseil militaire de transition après la destitution d'el-Bechir en 2019. ▪ Devient président du Conseil de souveraineté de 2019 à 2021. ▪ Participe au coup d'État de 2021 et s'oppose au pouvoir civil. Il forme un nouveau Conseil de souveraineté de transition. ▪ Tente de réhabiliter l'islamisme. ▪ Liens avec la Russie : accord pour la création d'une base navale russe à Port-Soudan.	▪ Issu d'une famille possédant un empire industriel. ▪ Chef des janjawids pendant la guerre du Darfour. ▪ Depuis 2013, chef des FSR, en réalité des milices janjawids officialisées. ▪ Devient n°2 du Conseil militaire de transition en 2019 après la chute d'el-Bechir. ▪ Devient n°2 du Conseil de souveraineté de 2019 à 2021. ▪ Participe au coup d'État de 2021. ▪ Nommé vice-président du nouveau Conseil de souveraineté de transition après 2021. ▪ Considéré comme l'un des hommes les plus riches du Soudan. ▪ Liens avec le groupe Wagner qui soutient les FSR.

Mise en perspective

La question des réfugiés se pose avec d'autant plus d'acuité au Soudan que ces derniers migrent prioritairement vers des pays frontaliers. Or la plupart d'entre eux, dans cette région de l'Afrique de l'Est, restent pauvres. C'est le cas du Tchad, dont le PIB 2021 ne dépasse pas les 12 milliards de dollars : il aurait accueilli au moins 100 000 réfugiés soudanais en lien avec la guerre de 2023, qui s'ajoutent aux 680 000 déjà présents. Le risque de déstabilisation pour ce pays est particulièrement grand.

L'Inde de Narendra Modi : une démocratie à la dérive

par Barbara Tissier

Narendra Modi était l'invité d'honneur des cérémonies du 14 juillet 2023 à Paris. Le Premier ministre de l'Inde a alors signé un accord de principe pour l'achat à la France de 26 avions de combat et 3 sous-marins. Mais si l'Inde s'avère être un partenaire stratégique incontournable, les dérives du pouvoir nationaliste hindou de N. Modi inquiètent. L'Inde est-elle passée de démocratie multiculturelle à « démocratie ethnique » en dérive autoritaire ?

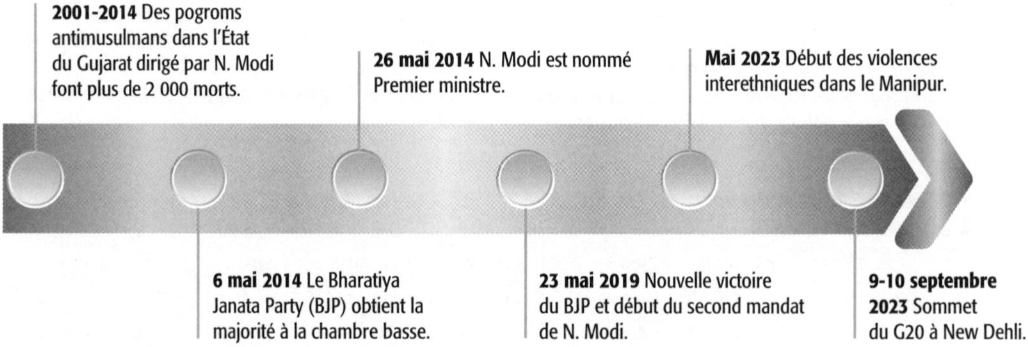

▸ Safranisation, la victoire d'une Inde hindoue

N. Modi a mené sa première campagne avec pour slogan « *Sabka Saath, Sabka Vikas* » (« Le développement pour tous ») mais l'a surtout construite autour de l'Hindutva. Ce principe idéologique met l'hindouité au centre de la citoyenneté. Un principe qu'il a extrapolé de l'échelle du Gujarat, État qu'il a dirigé pendant treize ans, à celle du pays tout entier. Pour ce nationalisme culturel, les adjectifs « indien » et « hindou » se confondent.

Après sa victoire, l'Inde a donc opéré sa « safranisation » ou son « hindouisation » alors que le pays n'a pas de religion d'État. Son modèle sécularisté, garanti par la Constitution de 1976, respecte le multiculturalisme et la liberté religieuse. Dès 2014, le yoga et les médecines traditionnelles ont obtenu leur ministère, et l'enseignement du yoga est désormais obligatoire à l'école. Dans divers États de l'Union indienne dirigés par des membres du BJP, les noms des villes, des rues ou des gares à consonance islamique sont modifiés et remplacés. Allahabad (« la ville d'Allah ») est ainsi devenue Prayagraj (« confluence » de trois fleuves sacrés hindous) en 2018.

Cette relecture de l'histoire passe aussi par une refonte des programmes scolaires. Dans les manuels, révisés en 2023, n'apparaît plus l'Empire musulman moghol, période de renaissance culturelle de l'Inde. De nombreux historiens comme Aditya Mukherjee (Congrès indien d'histoire) considèrent que si l'apport de la civilisation musulmane est omis, l'assassinat de Gandhi (par un extrémiste hindou) est quant à lui édulcoré. Le Conseil indien pour l'éducation a répondu en expliquant vouloir alléger les programmes afin de faciliter la reprise pédagogique après la crise sanitaire liée au Covid-19.

Cette volonté de reconquête culturelle est aussi alimentée par les projections démographiques. On estime que la population musulmane atteindra 300 millions de personnes en 2050, faisant alors de l'Inde le pays comprenant le plus grand nombre de musulmans au monde.

Carte politique de l'Inde en 2023

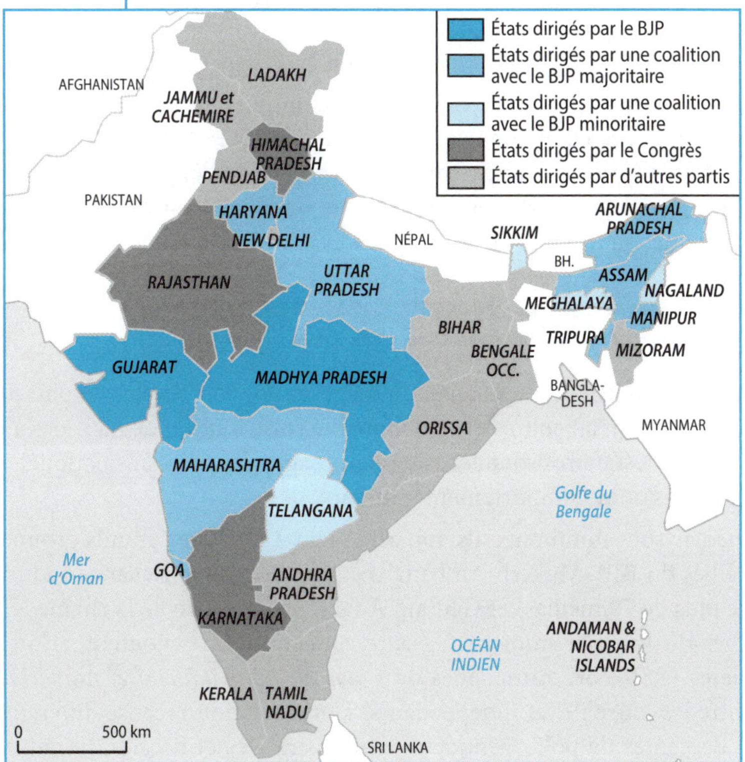

Source : Alternatives économiques

▶ La remise en cause du droit des minorités

Cette « safranisation » fragilise l'équilibre de ce pays multiconfessionnel. Des ONG comme Human Rights Watch rapportent un nombre croissant de violences contre les minorités religieuses, notamment musulmane (172 millions de personnes, 14 % de la population, selon les derniers chiffres officiels datant de 2015) et chrétienne (28 millions) : destructions d'églises, attaques de mosquées, persécutions et lynchages commis par des groupes « vigilantistes ». Ils s'en prennent notamment aux couples mixtes, allant jusqu'à surveiller les résidences universitaires et perturber les mariages. Les miliciens de protection de la vache, les *gau rakshaks*, s'attaquent aux éleveurs bovins et aux consommateurs de bœuf. Les passages à tabac sont souvent filmés et relayés sur les réseaux sociaux. Des mouvements tels que Ghar Wapsi visent à reconvertir des musulmans à l'hindouisme.

Plus officiellement, certains États ont voté des lois rendant illégale la consommation de viande bovine ou rendant difficiles les mariages inter-religieux. La réception de fonds étrangers est rendue compliquée pour les ONG chrétiennes. Et la différenciation entre citoyens est croissante : le Citizenship Amendment Act, voté en 2019, réserve l'accès à la citoyenneté indienne aux réfugiés non musulmans. En septembre 2019, l'État du Jammu-et-Cachemire, à majorité musulmane, perd son autonomie. En mai 2023, des violences interethniques éclatent dans l'État du Manipur entre les Meiteis (communauté majoritaire essentiellement hindoue) et la minorité chrétienne des Kukis. Ces violences ont causé plus de 150 morts et 60 000 déplacés (principalement chrétiens). Le chef de l'opposition, Rahul Gandhi, a dénoncé l'inaction du gouvernement pour mettre fin aux violences. Le gouvernement est aussi critiqué pour son inaction face aux violences sexuelles et domestiques en général.

▶ Les atteintes aux libertés et à l'opposition

Les opposants au BJP pointent aussi du doigt un pouvoir de plus en plus populiste et personnel, allant jusqu'au culte de la personnalité (distribution de masques à l'effigie de N. Modi). Les contestataires sont accusés de propager des idées antinationales et menacés d'être inculpés pour comportement séditieux.

Si les médias sont nombreux, ils appartiennent à quelques grands groupes, majoritairement alliés du BJP. Mukesh Ambani, magnat du groupe Reliance Industries (propriétaire de plus de 70 médias) et Gautam Adani, propriétaire de la chaîne NDTV, sont deux proches du Premier ministre. À cette concentration s'ajoutent, selon Reporters sans frontières (RSF), des campagnes de « *harcèlement judiciaire, numérique et physique* » contre les journalistes indépendants. L'organisation recense différents types de pressions : descentes de police, enquêtes administratives et fiscales, retrait des annonceurs, procédures judiciaires abusives. Les bureaux indiens de la BBC ont été perquisitionnés pour soupçon de fraude fiscale à la suite de la diffusion d'un documentaire sur les émeutes au Gujarat. Plusieurs journalistes sont assassinés chaque année et plusieurs reporters, travaillant notamment au Jammu-et-Cachemire, sont maintenus en détention provisoire pour « présomption de sédition ». RSF classe l'Inde à la 161e place (sur 180) en matière de liberté de la presse.

Les religions en Inde

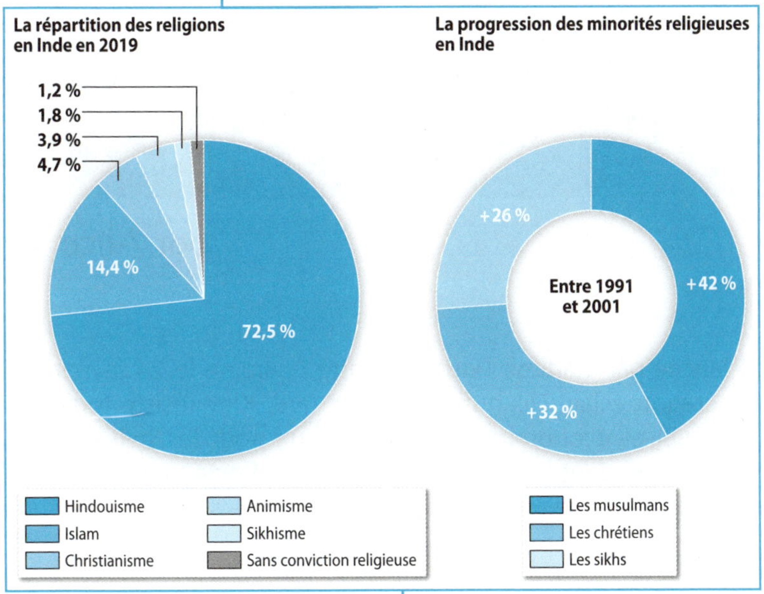

Source : Observatoire des religions, chiffres 2019

Ayant vu ses comptes gelés, Amnesty International a dû fermer ses bureaux indiens en 2020. L'opposition dénonce l'instrumentalisation et la précarisation du système judiciaire. Le gouvernement de N. Modi a refusé de valider la nomination de nombreux juges, laissant vacants 40 % des postes de magistrats et en suspens des dizaines de milliers d'affaires. En revanche, des procès dits « politiques » ont lieu. Avant que sa condamnation ne soit suspendue par la Cour suprême, le 4 août 2023, le leader du Congrès national indien R. Gandhi avait été condamné à deux ans de prison et six ans d'inéligibilité pour diffamation à l'encontre de N. Modi. Le contre-pouvoir le plus efficace se situe au niveau des États fédérés. Deux tiers des États ne sont pas dirigés par le BJP et certains comme le Kerala ou le Karnataka se démarquent fortement du nationalisme hindou.

Mise en perspective

Alors que les élections générales se profilent en 2024, l'Inde est devenue, selon les estimations des Nations unies, le pays le plus peuplé du globe (1,417 milliard d'habitants), dépassant la Chine en 2023. Interlocuteur et partenaire (économique et militaire) incontournable, N. Modi est reçu avec les honneurs, en France comme aux États-Unis. L'Inde est souvent décrite comme un rempart contre la Chine, les deux puissances asiatiques nourrissant une certaine rivalité sur fond de différends frontaliers dans l'Himalaya (Cachemire, Tibet). Mais l'Inde est un partenaire complexe, difficile à positionner en termes « ami/ennemi ». Sa *realpolitik* est surtout attentive aux intérêts propres du pays et elle conserve un lien privilégié avec la Russie, son premier fournisseur énergétique. Elle s'est d'ailleurs abstenue de condamner à l'ONU les annexions russes en Ukraine.

Guerre en Ukraine : un choc géopolitique et économique qui perdure

par Alice Volkwein

L'attaque lancée par Vladimir Poutine contre l'Ukraine le 24 février 2022 devait être une opération éclair. Dix-huit mois plus tard, Kiev résiste toujours. Le bilan humain, matériel et économique est désastreux pour les belligérants. Mais les conséquences s'étendent bien au-delà. Le conflit affecte non seulement l'économie et la sécurité alimentaire mondiales mais aussi l'équilibre géopolitique global.

▸ Morts, destructions, exils : le bilan vertigineux d'un conflit total

Les victimes civiles et militaires se comptent par milliers. Du 24 février 2022 au 15 janvier 2023, il y aurait eu, selon les chiffres du chef d'état-major norvégien, plus de 100 000 blessés ou tués ukrainiens et, selon les chiffres du ministère de la Défense britannique, de 175 000 à 200 000 blessés ou tués côté russe. Selon le décompte de Reporters sans frontières en mai 2023, 11 journalistes ont perdu la vie en couvrant ce conflit. Côté ukrainien, c'est le Donbass qui concentre plus de la moitié des victimes civiles. Près de 19 % des Ukrainiens ont fui leur pays, soit près de 8,2 millions de réfugiés, partis vers la Pologne, la République tchèque et l'Allemagne principalement.

Selon Moscou, plus de 3 millions d'Ukrainiens auraient été « évacués » vers la Russie, accusée par Kiev et l'ONU d'avoir déporté de force plus de 19 500 enfants ukrainiens

sur son sol. À l'intérieur de l'Ukraine, on compte 5,3 millions de déplacés et
d'individus dépendant de l'aide humanitaire (soit 40 % de la population).

L'Ukraine a lancé début juin 2023 une contre-offensive pour expulser l
territoires conquis dans l'est du pays, au sud et en Crimée. L'Ukraine a progressé mais plus lentement que prévu, la Russie ayant considérablement renforcé ses défenses.

L'économie ukrainienne est exsangue. Le PIB a chuté de 35 % depuis 2022 selon la Banque mondiale et les dommages ont été estimés, en janvier 2023 par la Kyiv School of Economics, à 138 milliards de dollars et plus de 34 milliards pour l'agriculture. Le chômage a atteint 35 % au deuxième trimestre 2022, selon la Banque nationale d'Ukraine (le taux annuel s'établit à 25-26 % en 2022-2023). Pourtant, la BNU prévoit une reprise dès 2023 même si l'inflation devrait rester supérieure à la normale jusqu'en 2024.

Les pertes matérielles sont aussi dramatiques, notamment dans l'est qui a concentré les combats. Plus de 3 000 écoles et 239 lieux culturels auraient été touchés, selon Kiev. La reconstruction pourrait coûter 349 milliards de dollars et durer au moins dix ans, selon la Commission européenne, la Banque mondiale et le gouvernement ukrainien. L'Ukraine aura besoin de l'aide internationale pour se reconstruire.

Nombre de réfugiés ukrainiens en Europe (mars 2023)

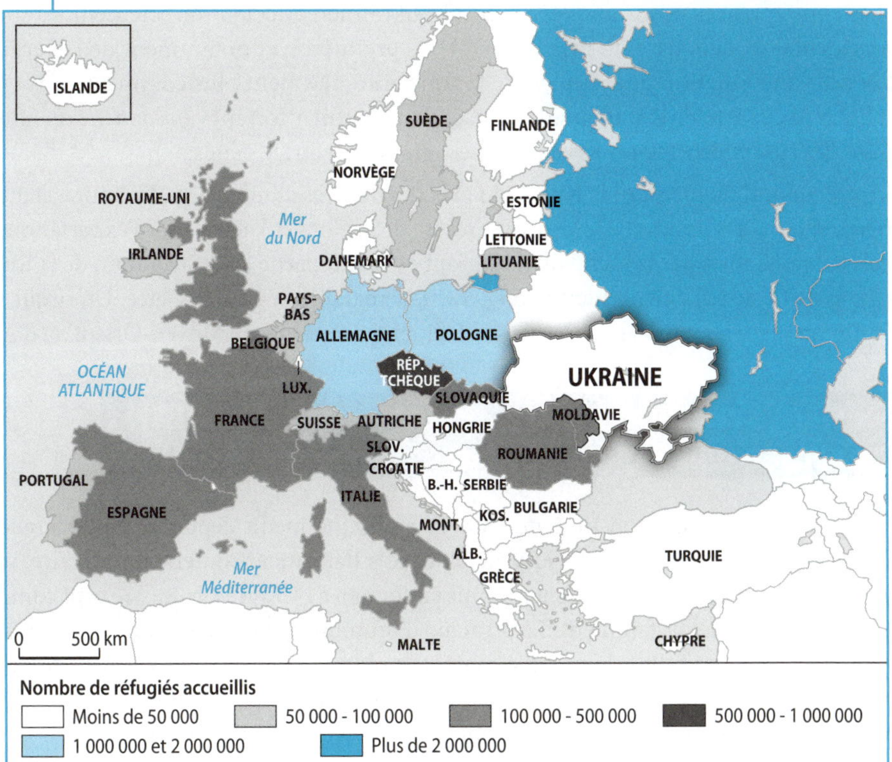

Source : UNHCR

▸ Livraison d'armes, inflation, risque de famine : un conflit aux conséquences mondiales

Pour mobiliser la communauté internationale, le président Zelensky n'hésite pas à évoquer Pearl Harbor devant le Congrès américain, Verdun à l'Assemblée nationale ou les procès de Nuremberg tandis qu'il réclame depuis septembre 2022 la création d'un « *tribunal spécial* » chargé de juger le « *crime d'agression* ». En février 2023, un bureau d'enquête destiné à en coordonner le recueil de preuves a été mis sur pied à La Haye.

Au bout d'un an, les promesses de don atteignaient les 143 milliards de dollars (chiffres de l'Institut allemand de Kiel pour l'économie mondiale). L'aide déjà livrée est substantielle. Les États-Unis et le Royaume-Uni sont de loin les premiers soutiens de l'Ukraine au niveau militaire, mais le niveau d'aide de l'UE est équivalent sur le plan financier et humanitaire. Alors que le conflit s'enlise, certains s'interrogent sur l'efficacité des sanctions contre la Russie et sur la capacité occidentale à maintenir le même niveau d'aide sur la durée.

En Allemagne, où le courant pacifiste est très fort depuis 1945, les livraisons d'armes à l'Ukraine sont âprement débattues. Un an après la guerre, c'est la livraison de chars et d'avions de combat qui a été critiquée, sans qu'elle soit finalement empêchée.

Les conséquences économiques du conflit ukrainien affectent directement les sociétés occidentales : la hausse du prix des matières premières, et notamment de l'énergie, a fait bondir une inflation que les pays de la zone euro n'avaient plus connue depuis vingt ans. En avril 2023, le FMI soulignait l'impact d'un conflit affectant « *la capacité du monde à travailler ensemble* » (selon Kristalina Georgieva, directrice générale).

Autre motif d'inquiétude : la hausse du prix des denrées alimentaires, l'Ukraine étant un « *grenier à blé* ». En juillet 2023, Moscou a refusé de prolonger l'accord sur l'exportation des céréales ukrainiennes par la mer Noire, exigeant en contrepartie la réintégration de la Russie dans le système de règlement international Swift, demande que l'UE a rejetée. Un risque réel de famine pèse sur les populations les plus vulnérables d'Afrique, du Moyen-Orient ou d'Asie.

▸ Tensions sino-américaines, renforcement de l'OTAN : les conséquences géopolitiques

La guerre en Ukraine constitue un choc géopolitique inédit depuis la fin de la guerre froide, faisant réapparaître une logique de blocs pris dans un affrontement militaire, mais aussi économique. Face aux Occidentaux unis en soutien à l'Ukraine, la Russie peut compter sur l'aide de la Chine, notamment. Le principe d'un monde interdépendant et mondialisé est peu à peu remis en cause alors que Washington réduit sa dépendance vis-à-vis de Pékin. Bruxelles aussi veut défendre davantage les entreprises européennes contre les concurrents chinois et Pékin cherche à devenir autonome dans les technologies stratégiques.

L'importance des puissances moyennes telles que l'Inde, le Brésil, la Turquie et l'Arabie saoudite est amenée à croître puisqu'elles entretiennent des relations avec les deux parties, ce qui a un impact certain sur les dynamiques liées à la guerre.

Répartition des aides promises à l'Ukraine en milliards de dollars (données à fin mars 2023)

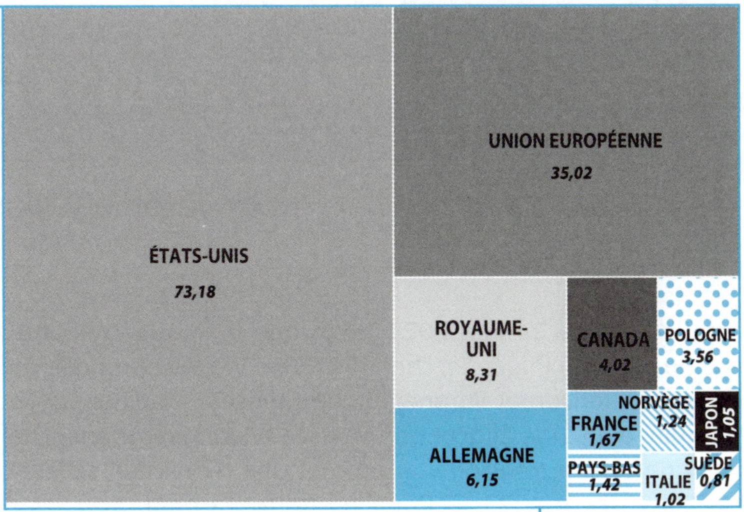

Source : Ukraine support tracker

En attaquant l'Ukraine, Vladimir Poutine a sous-estimé la capacité de réaction et la cohésion des pays occidentaux. Si Français et Allemands n'ont guère réussi à élaborer une stratégie conjointe en termes de défense européenne, l'OTAN s'est trouvée renforcée : l'Alliance est passée de 30 à 31 membres en 2023 avec l'adhésion de la Finlande et celle de la Suède n'attend plus que l'aval du parlement turc. Les livraisons militaires à l'Ukraine s'accompagnent d'un transfert de compétences réduisant la suprématie aérienne et balistique russe, mais aussi les chances russes de contrôler un jour ce territoire. Dans d'autres pays d'Europe de l'Est membres de l'OTAN, le renouvellement des stocks d'armes se fait aussi au profit d'armes occidentales. Cela devrait accélérer le processus d'intégration et de consolidation de l'appareil militaire de l'Alliance atlantique.

Mise en perspective

Alors que la contre-offensive ukrainienne ne semble pas suffisamment puissante pour permettre une victoire ukrainienne rapide, les experts restent prudents quant à l'issue possible du conflit. En affirmant, mi-août 2023, qu'une reconquête de la Crimée par l'Ukraine était « *illusoire* », en plaidant pour une Ukraine « *neutre* » et en faveur d'un dialogue avec Vladimir Poutine pour mettre fin au conflit, l'ancien président de la République française Nicolas Sarkozy a été vivement critiqué : ses prises de position ont été vues comme une légitimation de l'invasion de l'Ukraine par la Russie.

Evgueni Prigojine, l'allié de Vladimir Poutine devenu l'homme à abattre

par Jérôme Calauzènes

Dans la nuit du 23 au 24 juin 2023, alors que la Russie continue sa guerre contre l'Ukraine, Evgueni Prigojine, chef du groupe Wagner, prend le contrôle des villes de Rostov-sur-le-Don et Voronej et commence à marcher sur Moscou. Au matin du 24 juin, dans une allocution télévisée, Vladimir Poutine, chef de l'État russe, condamne cette « *trahison* » et promet une répression sévère contre les « *insurgés* ». Le 23 août 2023, E. Prigojine trouve la mort, avec les principaux chefs de Wagner, dans l'explosion de son jet privé. Retour sur les liens troubles entre V. Poutine, la milice Wagner et son chef devenu trop menaçant.

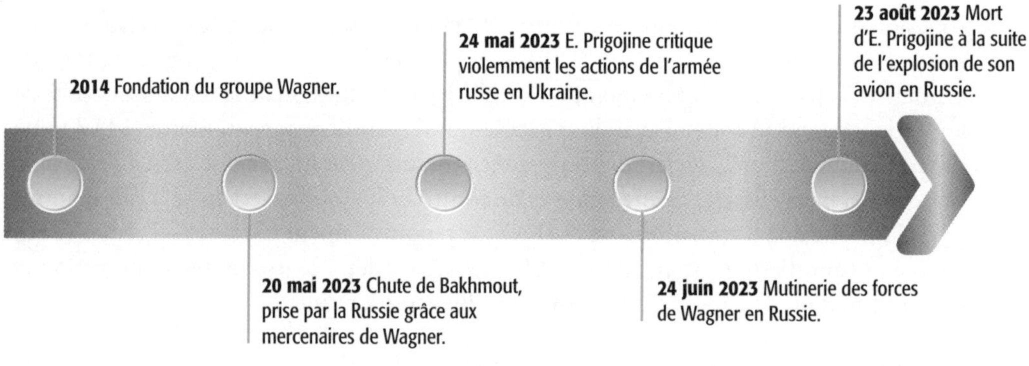

▸ Evgueni Prigojine et Wagner, une influence croissante

Fondé en 2014 par Dmitri Outkine, un lieutenant-colonel des Spetsnaz (un groupe d'unités spéciales) et membre du Corps slave (une société militaire privée), le groupe Wagner est dirigé par Evgueni Prigojine, un oligarque russe proche de Vladimir Poutine. Né en 1961 dans une famille modeste, il vit d'actes de délinquance et est condamné à treize ans de prison en 1981. Il gardera du gangstérisme et de ce passage en prison un goût pour la violence. Gracié en 1988, il se lance dans la restauration. C'est là qu'il croise V. Poutine et que ses affaires prospèrent : il passe de l'organisation de déjeuners de fonction pour le chef de l'État au statut de principal fournisseur des cantines du ministère de la Défense (grâce à sa société, Concord). C'est en 2014, après l'annexion de la Crimée, qu'il s'intéresse à la politique étrangère. Il détient également l'IRA (Internet Research Agency), chargée de la propagande et de la désinformation sur Internet.

Si les effectifs du groupe Wagner sont difficiles à établir (peut-être 50 000 hommes ayant combattu dans ses rangs depuis 2014 selon les États-Unis), les recrutements se sont diversifiés et E. Prigojine a enrôlé des milliers de prisonniers russes. Les théâtres d'opération se sont aussi multipliés (Syrie, Ukraine, Russie, Venezuela, Libye, Centrafrique, Biélorussie, Mali, Soudan) de même que les exactions et les crimes de guerre (massacres d'Aïgbado en Centrafrique, de Danguèrè Wotoro, de Moura, d'Hombori et Gossi au Mali).

Le groupe Wagner dans le monde

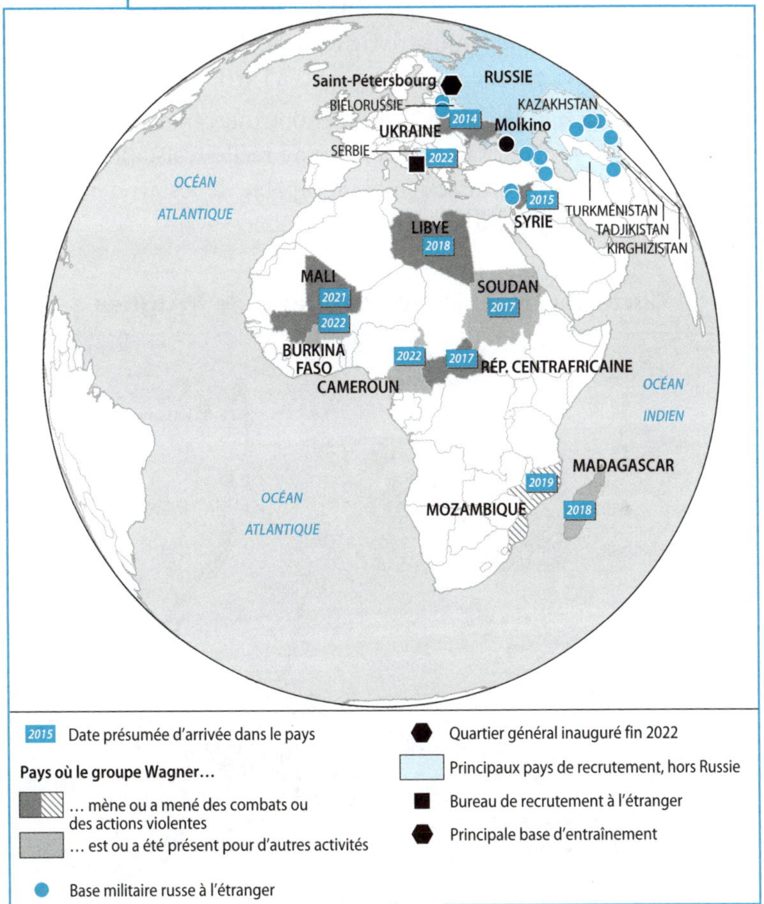

Source : *Le Monde*

▸ Des liens ambigus puis conflictuels avec l'État et l'armée russes

Les liens avec le Kremlin sont évidents depuis la création de l'organisation, même si les sociétés militaires privées sont officiellement interdites en Russie. Le financement du groupe, son matériel et ses camps d'entraînement sont liés au ministère de la Défense russe. En juin 2023, V. Poutine révèle que l'État russe a versé, entre mai 2022 et mai 2023, l'équivalent de 922 millions d'euros à l'organisation.

Les opérations de Wagner soutiennent les intérêts russes, comme en Afrique où Moscou cherche à placer ses pions. En Ukraine, depuis 2014, la présence de mercenaires de Wagner fait baisser le nombre de pertes officielles des opérations russes à l'étranger.

Pourtant, des tensions sont apparues avec l'armée russe, lors de l'invasion de l'Ukraine, en 2022. E. Prigojine s'en prend violemment et publiquement au commandement militaire russe, en particulier au ministre de la Défense, Sergueï Choïgou, et au chef d'État-major, Valeri Guerassimov, leur imputant un conflit qui dure. S. Choïgou a ordonné que Wagner soit intégré à l'armée russe, ce qui pénalise les intérêts d'E. Prigojine. Il accuse ainsi à nouveau, le 23 juin 2023, le ministre russe de la Défense d'avoir donné l'ordre de mener des frappes sur des camps de ses combattants à l'arrière du front ukrainien.

C'est ce qui a justifié la mutinerie. Le 24 juin, 25 000 mercenaires prennent le contrôle de la ville de Rostov-sur-le-Don, sans rencontrer de réelle résistance de la population. L'objectif est Moscou, et l'armée russe semble incapable de les arrêter, certaines unités ayant refusé le combat, par peur ou par sympathie.

Carte du trajet de la mutinerie de Wagner

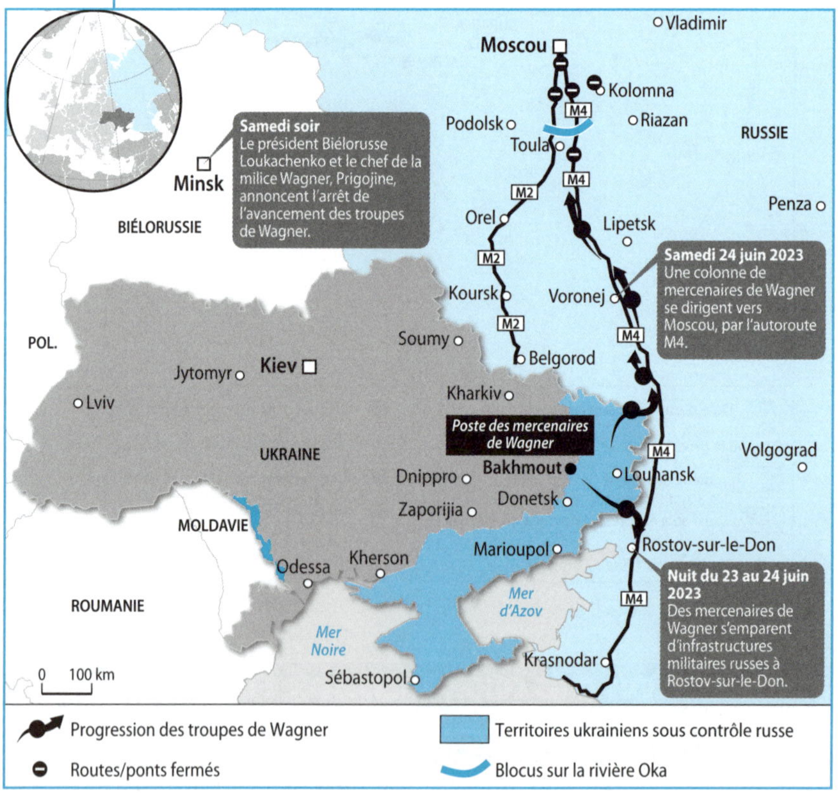

L'État russe contre-attaque *via* V. Poutine qui condamne la mutinerie et dénonce « *des ambitions démesurées et des intérêts personnels* ». Des perquisitions sont menées dans les propriétés d'E. Prigojine à Saint-Pétersbourg, tandis qu'une majeure partie des élus fait corps derrière le président.

▸ Un événement aux conséquences limitées ?

Au soir du 24 juin 2023, un accord de désescalade est finalement trouvé avec la médiation du président biélorusse Alexandre Loukachenko : les hommes du groupe Wagner s'arrêtent à 300 km de Moscou. E. Prigojine déclare finalement ne pas vouloir faire couler le sang russe, tandis que les poursuites contre ce dernier sont abandonnées. Le Kremlin annonce que les hommes de Wagner qui n'ont pas participé à la mutinerie pourront signer un contrat avec le ministère de la Défense, tandis que les autres doivent rejoindre leurs camps de base. Et si Wagner ne sera pas démantelée, E. Prigojine doit quitter la Russie et se rendre en Biélorussie.

Pour Wagner, la première conséquence de ces événements sera le retrait de ses troupes de la guerre en Ukraine. Pourtant, si les mercenaires étaient souvent envoyés sur les théâtres d'opération les plus dangereux, s'ils étaient plus aguerris que leurs homologues de l'armée russe, et plus mobiles, ils n'étaient plus en première ligne depuis la chute de Bakhmout, le 20 mai 2023. Et les hommes d'E. Prigojine étaient totalement absents du front sud, là où la contre-offensive ukrainienne se joue, depuis le 4 juin.

À l'extérieur, se pose aussi la question du maintien de la présence de la Russie en Afrique. Le ministre russe des Affaires étrangères s'est employé à rassurer le Mali et la Centrafrique, affirmant que ces pays bénéficieraient toujours d'un soutien de la part des Russes.

Le 2 novembre 2023, Andreï Kartapolov, le président du Comité de défense de la Douma, assure que le groupe Wagner « *a été complètement dissous et la plupart de ses combattants sont en train de rejoindre d'autres structures. Certains d'entre eux continuent de remplir des missions dans des pays d'Afrique, mais sous un autre nom et sous l'égide du ministère de la Défense* ».

Mise en perspective

L'influence du groupe Wagner semble le signe d'une tendance à la privatisation de la sécurité dans le monde, voire de la guerre. Les SMP (sociétés militaires privées) se développent, à l'image d'Academi aux États-Unis, créée en 1997 (anciennement Blackwater) ou G4S, qui compte plus de 650 000 employés dans 90 pays. Plusieurs facteurs favorisent leur croissance : dans les pays les plus développés, les armées comprennent beaucoup moins d'hommes mais sont très fortement professionnalisées et spécialisées. Le poids des opinions publiques, acceptant de plus en plus mal la mort de soldats nationaux sur un sol étranger, accélère le phénomène. Dès lors, les armées ont de plus en plus recours à des formes d'externalisation. Et si, face aux critiques, elles ne sont plus utilisées que pour des activités non combattantes, la réalité du terrain semble relativement différente.

La guerre à Taïwan aura-t-elle lieu ?

par Églantine Yelles

Le 5 avril 2023, la présidente taïwanaise Tsai Ing-wen a rencontré le président de la Chambre des représentants aux États-Unis, ce qui a été perçu par la Chine comme un nouveau camouflet. Dans le cadre de sa politique d'une « seule Chine », Pékin ne reconnaît pas Taïwan et ne cesse de multiplier les incursions dans son espace aérien et maritime, faisant craindre un possible affrontement. La future élection du président taïwanais en 2024 sera une étape déterminante. Peut-on craindre une guerre entre Taïwan et la Chine ?

1949 Fin de la guerre civile : les communistes prennent le pouvoir en Chine continentale et les nationalistes se replient sur l'île de Taïwan.

1971 Les Nations unies reconnaissent la République populaire de Chine (RPC) comme seule représentante de la nation chinoise, ce qui en exclut la République de Chine (ROC, Taïwan).

7 novembre 2015 Première rencontre depuis 1949 entre les présidents chinois Xi Jinping et taïwanais Ma Ying-jeou, à Singapour.

16 janvier 2016 Élection de l'indépendantiste Tsai Ing-wen.

6 octobre 2020 En rupture avec son passé de rapprochement avec la Chine, le Kuomintang, principal parti de l'opposition à Taïwan, fait adopter deux résolutions au Parlement appelant à renforcer les liens avec les États-Unis.

2 août 2022 Visite à Taïwan de Nancy Pelosi, présidente de la Chambre des représentants des États-Unis.

Les multiples facettes de cette tension

Les tensions sont d'abord d'ordre historique. En 2022, le livre blanc de Pékin estime que la résolution du problème de Taïwan est « *une mission inébranlable du parti communiste chinois* ». C'est une réaffirmation de la loi d'anti-sécession de 2005 qui prévoit l'utilisation de moyens non pacifiques en cas de déclaration d'indépendance de l'île. La revendication de Taïwan s'inscrit dans une démarche globale de souveraineté de la Chine sur un ensemble de territoires marins en mer de Chine du Sud au sein de la ligne des neuf traits ayant une supposée légitimité historique selon le Parti communiste chinois (PCC). Cet espace, qui abrite de nombreuses ressources naturelles, est l'une des principales routes commerciales d'Asie.

L'enjeu est aussi politique, avec la volonté de faire disparaître un contre-modèle gênant pour le PCC. Taipei s'oppose à Pékin par son modèle basé sur une culture chinoise multiethnique avec un système démocratique sur fond de libéralisme économique.

La côte chinoise n'a pas un accès direct au Pacifique. Elle fait face à la première chaîne d'îles qui est composée de pays alliés avec des bases militaires américaines (Japon, Philippines et Corée du Sud) suivie de la deuxième chaîne d'îles où se trouvent les bases de Guam et des Palaos. Le contrôle de Taïwan est un enjeu stratégique militaire pour la suprématie régionale dans le Pacifique et la remise en question de la présence américaine. La mainmise sur l'île pourrait élargir la portée des sous-marins nucléaires chinois qui ont très peu de marge de manœuvre à cause de la densité du trafic marchand et du manque de profondeur des eaux côtières.

▸ Les caractéristiques d'une potentielle invasion

Pékin semble vouloir rompre crescendo le *statu quo* autour de l'île en multipliant les effets d'intimidation comme des essais balistiques, ou des exercices dans le détroit de Taïwan pour montrer ses capacités de projection. Le nombre d'incursions aériennes chinoises dans la zone d'identification et de défense aérienne (Adiz) de Taïwan a été multiplié par deux entre 2021 et 2022, passant de 960 à 1 727. À la suite de la visite de Nancy Pelosi, la Chine a effectué des exercices d'une puissance inédite en déployant ses deux porte-avions et des missiles balistiques hypersoniques.

Le scénario d'un blocus de l'île, qui importe 98 % de son énergie, la mettrait dans une situation critique. L'hypothèse d'une invasion chinoise n'est pas impossible. La Chine a modernisé son armée et dispose d'une supériorité militaire incontestable, notamment grâce à sa marine qui possède la plus grande flotte au monde avec 730 navires. Son objectif est d'être prête d'ici 2025 : l'Armée populaire de libération (APL) travaille sur un plan d'invasion en trois phases : la phase de blocus et bombardement, celle du débarquement des forces amphibies et enfin la généralisation du combat dans l'île.

Toutefois, la géographie taïwanaise rend cette invasion difficile, surtout pour un possible débarquement sur la côte est, qui est constituée de montagnes escarpées servant d'abri pour une majeure partie de l'arsenal militaire de Taipei. L'île investit beaucoup dans sa défense non pas pour chercher une parité inatteignable avec la Chine, mais pour rendre une attaque très coûteuse et être capable de la repousser. La côte ouest est composée d'un large tissu urbain plus difficilement atteignable. De plus, Pékin souffre de lacunes logistiques pour le transport d'une armée. Un débarquement amphibie dans le détroit de Taïwan serait compliqué en raison des eaux agitées parcourues de bancs de sable et de courants forts. Enfin, l'armée chinoise a très peu d'expérience opérationnelle, surtout pour mener une guerre éclair, et le vaste réseau d'alerte taïwanais diminue la probabilité d'un effet de surprise.

Forces armées chinoises et taïwanaises

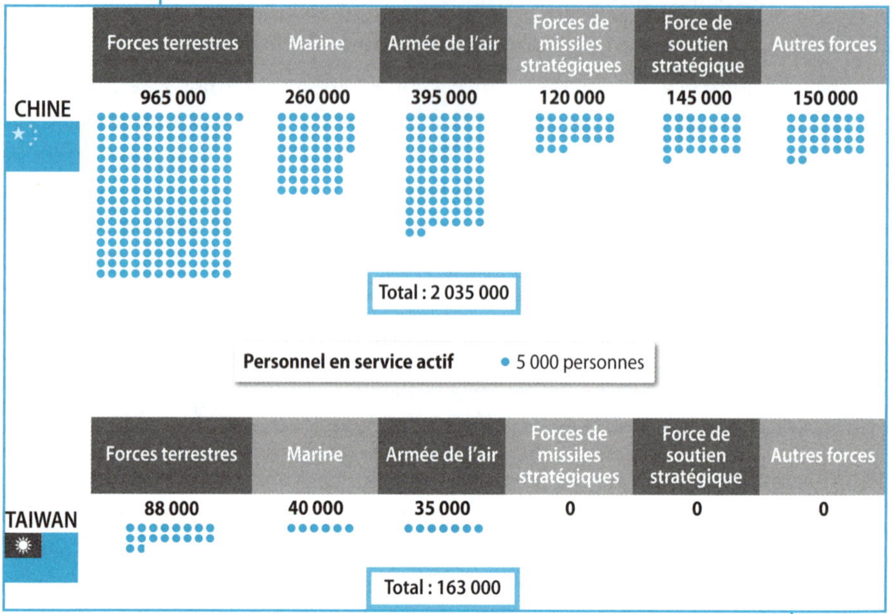

Source : BBC

▸ Les conséquences d'un conflit

Taïwan bénéficie du soutien officieux des États-Unis qui jouent la stratégie de l'ambiguïté instituée par le Taiwan Act de 1979. Washington ne reconnaît pas Taïwan comme un État, mais entretient des relations avec son gouvernement. La vente d'armes est autorisée. Les États-Unis sont le premier fournisseur de matériel de guerre de Taipei. En 2022, ils ont vendu pour 1,1 milliard de dollars de matériel de guerre, notamment avec un contrat de maintenance du système de radars. Lors d'une interview sur la chaîne CBS le 18 septembre 2022, à la question de savoir si l'armée américaine interviendrait en cas d'invasion de Taïwan, le président Joe Biden a répondu « oui ». Par la suite, la Maison-Blanche a nuancé : il n'a pas promis une intervention à Taïwan conformément au Taiwan Act, renforçant toute son ambiguïté stratégique. Pour Washington, soutenir Taipei est nécessaire afin de rester crédible dans la région indopacifique auprès de ses alliés. Une intervention américaine pourrait créer un emballement régional. Le Japon a affirmé rejoindre les États-Unis s'ils s'engageaient dans ce conflit. La Chine serait soutenue par la Corée du Nord en vertu du traité d'amitié, de coopération et d'assistance mutuelle sino-nord-coréen.

Les implications commerciales feraient craindre une crise mondiale, à commencer par une pénurie de puces électroniques. L'entreprise taïwanaise TSMC produit 24 % des semi-conducteurs utilisés dans le monde pour les smartphones, ordinateurs et voitures. Ce chiffre monte à 92 % pour les puces électroniques les plus avancées. L'entreprise est née d'une volonté politique de donner un avantage technologique à haute valeur ajoutée à l'île, trop petite pour développer son industrie lourde. La Chine subirait des sanctions de la communauté internationale et son manque à gagner commercial avec le reste du monde tournerait autour de 270 milliards de dollars à cause de l'effondrement des bourses, de la chute des investissements ou de la rupture des chaînes d'approvisionnement. L'ensemble de ces conséquences régionales et mondiales rend une possible guerre à Taïwan incertaine.

Sondage : en tant que Taïwanais, que souhaitez-vous pour l'avenir de votre pays ?

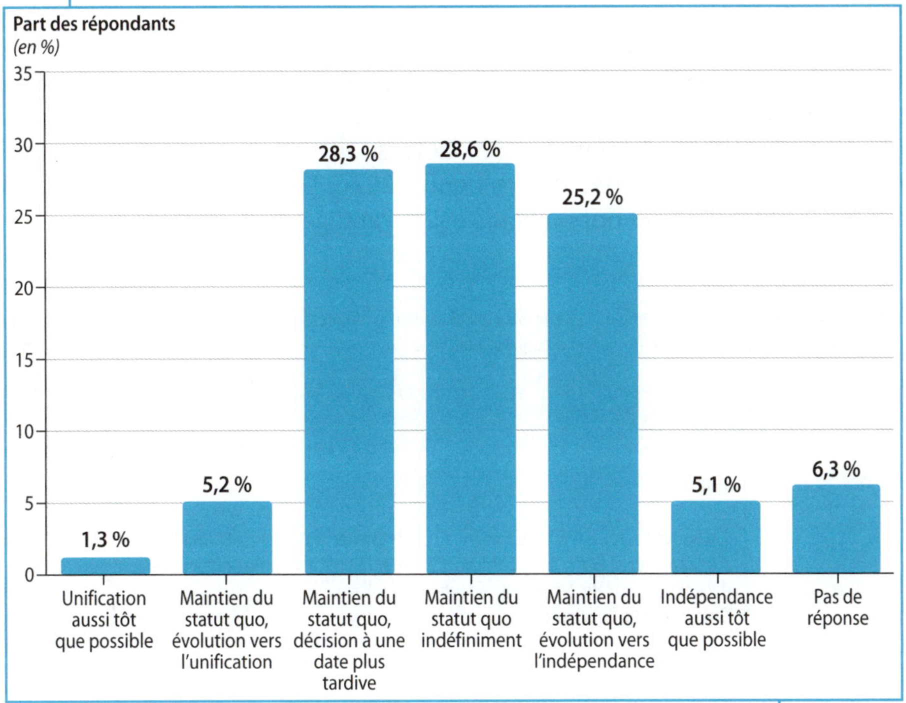

Source : Statista

Mise en perspective

Le système de Taïwan est multipartite. Le Kuomintang est fondé en 1912 en tant que parti nationaliste. Tchang Kaï-chek, le chef du parti, se réfugie à Taïwan en 1949 après la victoire des communistes. Jusqu'en 2016, ce parti a été au pouvoir du pays avec les membres de la Coalition pan-bleue formée du Kuomintang et d'un autre parti, le Qinmindang, tous deux favorables à une identité chinoise. Son plus grand soutien vient des classes populaires et des indigènes à cause des liens de patronage. En 2016, c'est la Coalition pan-verte indépendantiste qui remporte les élections grâce au Minjindang, parti démocrate progressif.

Au Pérou, des tensions sociales et politiques au plus haut

par Marius Matty

Démissions, contestation de l'élection présidentielle, destitutions, répression de manifestations et corruption ont été le lot du Pérou ces dernières années. Le 7 décembre 2022, la tentative d'« auto-coup d'État » de Pedro Castillo a ouvert la voie à des tensions inédites depuis 2016. Le fossé entre une partie des dirigeants politiques et la population s'est davantage creusé en 2023.

6 juin 2021 Victoire de Pedro Castillo (gauche) à l'élection présidentielle.

7 décembre 2022 Tentative ratée d'« auto-coup d'État » de P. Castillo, destitué puis arrêté. Sa vice-présidente, Dina Boluarte, lui succède.

4 janvier 2023 Première manifestation d'ampleur nationale.

9 janvier 2023 18 civils sont tués par la police lors d'une manifestation à Juliaca.

9 mars 2023 Prolongation de la détention provisoire de P. Castillo à 36 mois.

12 octobre 2023 Nouvelle mobilisation sociale nationale après des mois d'accalmie.

La tentative ratée d'« auto-coup d'État »

Le 7 décembre 2022, le président de la République Pedro Castillo (gauche), alors empêché d'appliquer son programme fiscal et sa réforme agraire en raison de l'opposition des députés, scelle son sort. Dans un « *message à la Nation* », il annonce la dissolution du Congrès, chambre unique dominée par des partis conservateurs, et la constitution d'un « *gouvernement d'urgence* », tout en appelant à de nouvelles élections législatives à vocation constituante. Il décide également de la « *réorganisation* » du pouvoir judiciaire, du ministère public et de la cour constitutionnelle. De nombreux commentateurs médiatiques et politiques parlent alors d'une tentative d'« *auto-coup d'État* ». Pour P. Castillo, il s'agissait de contrecarrer les freins politiques qu'il rencontrait depuis le début de son mandat.

Deux jours plus tôt, le 5 décembre, les parlementaires avaient approuvé la tenue d'un débat sur une « *vacance présidentielle* » pour « *incapacité morale* » – une troisième procédure de destitution après deux échecs. P. Castillo était, en effet, soupçonné de corruption depuis plusieurs mois et sous le coup d'enquêtes. Son mandat était aussi entravé par l'opposition de droite et d'extrême droite, majoritaire au parlement. Quant aux formations de gauche qui l'avaient soutenu au second tour de la présidentielle en juin 2021, elles ne disposaient que de 42 sièges sur 130, loin du seuil de la majorité absolue à 66. La manœuvre du 7 décembre a donc accéléré la chute du surnommé « *président des pauvres* », élu sous les couleurs de Pérou libre, une formation de gauche radicale, mais conservatrice sur l'égalité femmes-hommes et les droits des minorités. En réaction, le jour même, le Congrès a refusé d'être dissous, s'est réuni en session extraordinaire et a voté la destitution de P. Castillo à 101 voix sur 130. Dans la foulée, la majorité des ministres a démissionné. L'armée ainsi que la police nationale n'ont pas suivi le président, qui a été arrêté par les forces de l'ordre de crainte qu'il ne fuie au Mexique, nation qui lui avait accordé l'asile politique. Conformément à la Constitution, la vice-présidente Dina Boluarte a ensuite été investie présidente de la République par intérim par le Congrès le 7 décembre, devenant la première femme à ce poste.

Sondage sur l'approbation du Congrès de la République

Seuls 6 % des sondés approuvent le pouvoir législatif, tendance qui se maintient en 2023.
Approuvez-vous ou désapprouvez-vous le fonctionnement du Congrès de la République ?

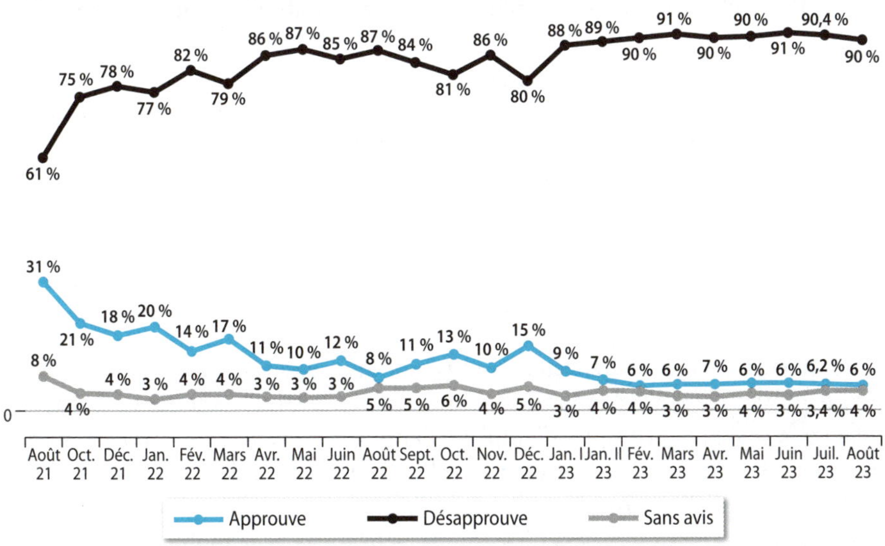

Source : Institut d'études péruviennes, août 2023

▸ L'institutionnalisation limitée de la mobilisation sociale

Mais d'emblée, la nouvelle cheffe d'État est confrontée à une contestation sociale qui refuse son investiture et soutient P. Castillo. Ce mouvement social naît dans les régions d'Ayacucho, Apurimac, Puno, Cusco et Arequipa. Des territoires où le « *président des pauvres* » a réuni en moyenne 75 % des suffrages exprimés au second tour de la présidentielle de 2021, scrutin qu'il avait emporté. Le 28 décembre, des organisations sociales lancent la première « Rencontre macrorégionale du sud », en avançant des revendications qui ne lâcheront plus le mouvement social : dissolution du Congrès, démission de D. Boluarte, sanction pénale à l'égard des responsables du décès de 30 personnes pendant les manifestations, des élections anticipées en 2023, la convocation d'une assemblée constituante « *plurinationale et populaire* » ainsi que la libération de P. Castillo. Ce rassemblement du sud du pays a aussi appelé à la grève générale à partir du 4 janvier 2023 et à une nouvelle « *Marcha de los Cuatros Suyos* » (Marche des quatre régions incas). Une référence historique, puisque la première marche de cette nature s'était déroulée en juillet 2000 pour dénoncer la réélection illégitime d'Alberto Fujimori, qui avait d'ailleurs été destitué en novembre de la même année.

Le 16 janvier 2023, la Confédération générale des travailleurs du Pérou (CGTP), principal syndicat du pays, rejoint le mouvement en appelant à une « *grève nationale, civique et populaire* » le 19 janvier. Le même mois, des organisations de tout le pays s'unissent sur les mêmes revendications et fondent le Comité national de lutte unifié du Pérou (CONULP), qui s'élargit en juillet à des partis politiques de gauche pour devenir la Coordination nationale unitaire de lutte (CNUL). À l'occasion de la fête nationale, le 28 juillet, D. Boluarte prononce une allocution dans laquelle elle demande « *pardon* » pour le décès de 68 personnes (dont 60 civils) dans le cadre des manifestations, sans envisager les élections anticipées que réclament 80 % des Péruviens, selon un sondage de l'Institut d'études péruviennes (IEP) publié le 22 juillet. Depuis, la contestation contre la présidente est plus clairsemée et la situation est bloquée.

▸ Une mobilisation inédite depuis le retour de la démocratie

Selon plusieurs chercheurs, cette mobilisation qui se déroule depuis décembre 2022 est sans équivalent depuis le retour de la démocratie en 2001. Il y a certes eu de nombreux mouvements sociaux, y compris d'ampleur nationale. Mais ils n'ont pas reposé sur les mêmes motivations, d'après le sociologue de l'Université pontificale catholique du Pérou (PUCP) Victor Caballero. Auparavant, les mobilisations portaient avant tout sur le partage des ressources naturelles et sur les rentes. Dans le cas de la mobilisation actuelle, les griefs concernent avant tout la sphère politique, avec toutefois des sujets économiques sous-jacents.

Intentions de vote au second tour de la présidentielle de 2021 selon le niveau socio-économique

Par niveau socioéconomique

	A	B	C	D	E
Pedro Castillo (Perù Libre)	**17 %**	**32 %**	**38 %**	**41 %**	**54 %**
Keiko Fujimori (Fuerza Popular)	**75 %**	**56 %**	**45 %**	**40 %**	**25 %**
Blanc/ non validé	5 %	9 %	10 %	10 %	8 %
Non spécifié	3 %	3 %	7 %	9 %	13 %

Source : Ipsos Pérou, mai 2021

Mais il y a tout de même des similarités avec les mobilisations des vingt dernières années, selon le sociologue de la PUCP Felix Reategui. D'abord, ceux qui participent à la négociation des conflits sont des dirigeants d'organisations professionnelles et sociales, qui sont rompus au dialogue institutionnel. Ensuite, un processus de renforcement de la légitimité des autorités traditionnelles, autochtones et locales, est à l'œuvre. Enfin, la contestation sociale s'étend à tout le territoire péruvien.

Mise en perspective

Présidentielle de 2021 : la déstabilisation de Keiko Fujimori

Le 6 juin 2021, Pedro Castillo (gauche) remporte l'élection présidentielle face à Keiko Fujimori (extrême droite) avec seulement 44 000 voix d'avance, sur presque 19 millions de votants. Dans les jours qui suivent, elle accuse P. Castillo de fraudes électorales qui lui auraient permis la victoire. Elle sollicite la justice électorale qui la déboute par deux fois, en première instance puis en appel. Les observateurs de l'Organisation des États américains et de l'Union européenne considèrent quant à eux que le processus électoral s'est correctement déroulé. Ce n'est que le 19 juillet que la candidate d'extrême droite reconnaît les résultats, tout en affirmant que Pérou libre « *a volé des milliers de votes le jour de l'élection* ».

2023, année historique en Turquie, entre des séismes meurtriers et un président inébranlable

par Alice Volkwein

En 2023, la Turquie a célébré les 100 ans de la fondation de la République turque et deux scrutins majeurs, les élections législatives et présidentielles, se sont tenus en mai. Début février, les deux séismes meurtriers qui ont frappé le sud du pays ont laissé espérer, dans l'opposition et en Occident, que 2023 pourrait être l'année d'un virage politique dans un contexte économique tendu peu favorable au président Erdogan. C'est pourtant le « Reis » (chef) qui a triomphé. Comment comprendre l'impressionnante longévité de Recep Tayyip Erdogan et quel bilan tirer pour la Turquie ?

▸ 2023, une année historique qui suscite des attentes opposées

Il y a cent ans, le 29 octobre 1923, naissait la République de Turquie, peu après le renversement du sultan Mehmet VI. Son fondateur et premier président de 1923 à 1938, Mustafa Kemal Atatürk, souhaite bâtir un État moderne loin des structures politiques, sociales, culturelles et religieuses de l'Empire ottoman, démantelé à l'issue de la Première Guerre mondiale. L'éducation devient libre et gratuite, la société est largement occidentalisée et la République définie comme laïque et démocratique, même si elle reste gouvernée par un parti unique jusqu'en 1945. Depuis 1945, les forces religieuses ont peu à peu réinvesti l'espace public et politique.

Cent ans après sa fondation, la Turquie moderne est plus urbaine (mais 23 % de la population vit encore en zone rurale), plus âgée (15 % des Turcs ont entre 15 et 24 ans) et plus diverse en raison d'importants flux migratoires. Les 85 millions de Turcs sont aussi très divisés entre laïcs convaincus et partisans d'un islam plus dur, entre tenants d'une vraie démocratisation et nostalgiques de l'empire.

Ces divisions se retrouvent au niveau politique entre partisans de R. T. Erdogan, l'homme fort au pouvoir depuis vingt ans qui a instauré un régime présidentiel en 2018, et une opposition composée de partis pro-kurde, nationaliste et socio-démocrate qui souhaitent revenir au régime parlementaire. Le contexte économique difficile avec une inflation galopante (58,9 % en août 2023 selon des chiffres officiels souvent considérés comme sous-estimés) et près d'un tiers de la population menacée de pauvreté ou d'exclusion sociale (selon l'Institut statistique turc) pèse également lourd en pleine année électorale. Dans les années 2000, les réformes économiques lancées avec succès (restructuration du secteur bancaire, libéralisation des échanges commerciaux, essor des PME) ont fortement contribué au succès de R. T. Erdogan, lui permettant d'être réélu président avec 52 % des voix au 1er tour en 2018. Alors que sa popularité a ensuite baissé à 40 %, celui-ci pouvait-il donc perdre en 2023, notamment en raison de sa gestion post-séisme ? C'était en tout cas l'espoir d'une opposition promettant démocratisation et justice : après la tentative de coup d'État de 2016, imputée à l'un de ses anciens alliés, R. T. Erdogan a fait jeter en prison de nombreux députés et dirigeants de l'opposition, tout en écartant ses rivaux au sein de l'AKP.

‣ Séisme et politique : similitudes et différences entre 1999 et 2023

Dans la nuit du 6 au 7 février 2023, deux puissants séismes ont tué quelque 44 400 personnes en Turquie et au moins 5 950 en Syrie, et produit plus de 100 milliards de dollars de dégâts matériels (estimation de l'ONU). Ils comptent parmi les plus meurtriers du XXIe siècle. Face à cette catastrophe, le gouvernement a tardé à réagir, laissant dans un premier temps la place à des ONG locales ou internationales. De nombreux survivants se sont sentis oubliés du pouvoir. L'ampleur des dégâts a également soulevé de nombreuses questions sur le non-respect des normes sismiques dans le secteur du bâtiment et la collusion entre des promoteurs immobiliers corrompus et les plus hautes sphères du pouvoir turc.

Vingt ans plus tôt, c'est en surfant, entre autres, sur la colère de la population après le séisme d'Izmit (1999) que le parti de R. T. Erdogan (AKP), tout juste créé en 2001, avait remporté les élections parlementaires de 2002 en promettant l'application de normes strictes en matière de construction et une lutte sans merci contre la corruption.

Mais R. T. Erdogan a réussi à reprendre l'avantage, surtout dans les médias majoritairement aux mains du pouvoir. Omniprésent sur les écrans, il a invoqué « *le destin* » pour excuser les « *lacunes* » dans la réponse initiale. Il a surtout réussi à polir son image d'homme fort en promettant une aide (494 €) à chaque famille touchée et la livraison de nouveaux logements « *sous un an* », notamment grâce aux 5 milliards d'euros collectés auprès de donateurs proches du pouvoir. En reprenant finalement le contrôle des secours, R. T. Erdogan a pu conserver son image de garant de l'ordre et de la morale. Alors que beaucoup réclamaient un report des élections, pour permettre aux 3 millions de déplacés de voter et empêcher les fraudes, celles-ci ont bien été maintenues à la date prévue.

Plaques tectoniques et séismes en Turquie

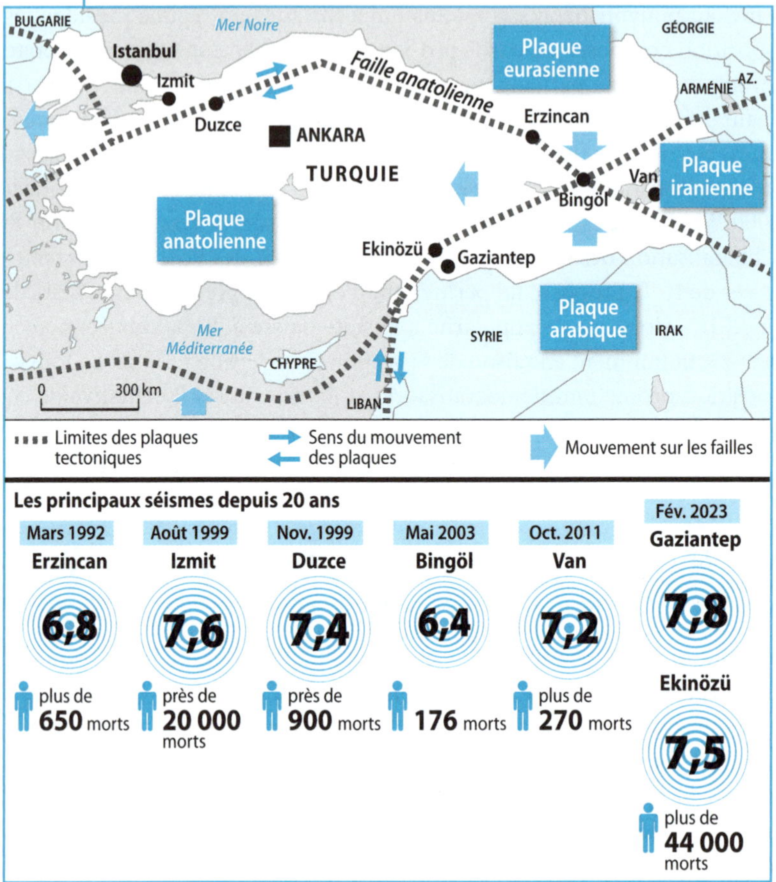

Source : AFP

▸ Les raisons de la victoire de R. T. Erdogan

En dépit d'un contexte défavorable et d'une opposition qui avait réussi à s'unir derrière un candidat unique, Kemal Kilicdaroglu, chef du CHP, le parti social-démocrate laïque, c'est bien R. T. Erdogan qui l'emporte avec 52 % des voix au 2nd tour, pour un troisième mandat de cinq ans. Cette victoire assez confortable n'est pas seulement liée au ralliement de l'ultranationaliste Sinan Ogan dans l'entre-deux-tours et au manque de charisme de K. Kilicdaroglu, 74 ans, surnommé le « Gandhi turc ». Arrivé en tête au 1er tour, ce dernier a brouillé son image en brandissant des arguments nationalistes anti-réfugiés avant le 2nd tour, vus comme une tentative de rallier des voix à l'extrême-droite, alors que sa coalition regroupait 6 partis allant de la gauche à l'extrême-droite nationaliste.

R. T. Erdogan a pu compter sur le soutien des populations acquises à sa politique : la Turquie rurale plus traditionnaliste, où l'opposition a d'ailleurs peu fait campagne, mais aussi les zones directement touchées par le sinistre. Peu ont finalement voulu sanctionner le gouvernement, une majorité craignant plutôt que le départ de R. T. Erdogan ne soit synonyme de chaos politique. Le président a enfin pu compter sur le vote de la diaspora dont la moitié réside en Allemagne. Pour ses membres, R. T. Erdogan est aussi celui qui a redonné à la Turquie un statut à l'international en s'imposant comme une puissance incontournable, notamment dans le conflit russo-ukrainien : négocié sous son égide mi-2022, un accord a permis à l'Ukraine d'exporter quelque 33 millions de tonnes de céréales, *via* des corridors sécurisés en mer Noire – accord qui a cependant pris fin le 17 juillet 2023 en dépit de la médiation de R. T. Erdogan, la Russie exigeant d'être connectée à nouveau au système Swift de paiement international.

Enfin, le vote des jeunes et primo-votants s'est certes porté majoritairement sur le candidat d'opposition mais 30 % auraient choisi R. T. Erdogan (sondage de l'institut Metropoll), montrant à quel point les divisions ne sont pas que générationnelles.

Une Turquie très divisée lors des élections présidentielles

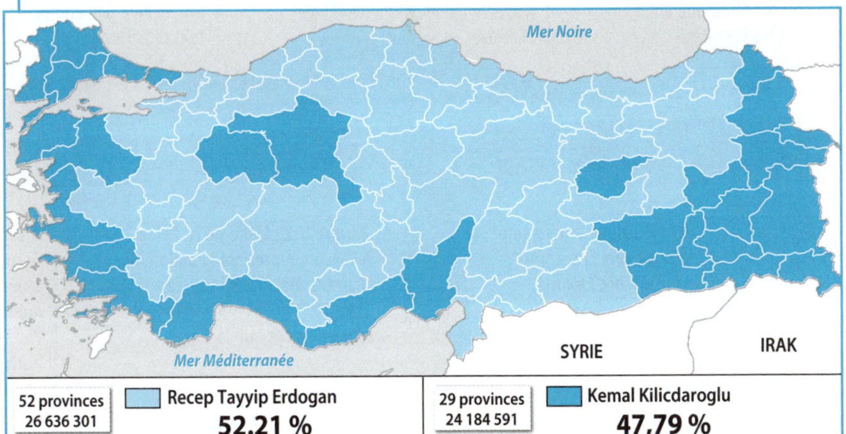

Source : *Le Monde*/Agence officielle Anadolu

Mise en perspective

Sorti renforcé de ces élections et conscient d'avoir également acquis une nouvelle stature sur la scène internationale, le président turc a imposé une nouvelle condition à l'entrée de la Suède dans l'OTAN : la réouverture des négociations d'adhésion de la Turquie à l'UE, condition finalement abandonnée par le « Reis » le 11 juillet 2023. Il promet alors de transmettre « *dès que possible* » un protocole d'adhésion de la Suède au parlement turc mais, le 16 novembre 2023, les débats sur ce texte ont été ajournés, sans plus de précisions.

Le duel États-Unis/Chine : vers une nouvelle guerre froide ?

par Églantine Yelles

Le 4 février 2023, le Pentagone abat un ballon de surveillance chinois qui planait au-dessus de l'espace aérien américain. Cet événement s'inscrit dans une longue série d'incidents entre la Chine et les États-Unis qui ne sont pas sans rappeler les caractéristiques de la guerre froide. Des dirigeants chinois et américains, dont Joe Biden, ont eux-mêmes employé ce terme. Dans quelle mesure la rivalité sino-américaine peut-elle être qualifiée de nouvelle guerre froide ?

1979 Officialisation de la relation diplomatique entre la Chine et les États-Unis.

2011 Politique américaine de pivot vers l'Asie sous la présidence Obama.

2017 Lancement de la Belt and Road Initiative (route de la soie) chinoise.

2 août 2022 Visite de N. Pelosi à Taïwan, marquant la diplomatie d'ambiguïté stratégique des États-Unis qui ne reconnaissent officiellement que la Chine.

22 novembre 2022 Interdiction américaine des équipements télécoms Huawei et ZTE.

4 avril 2023 Accord de défense américano-philippin autorisant l'accès aux États-Unis à quatre nouvelles bases militaires.

▸Une rivalité géopolitique et sécuritaire en Indo-Pacifique

Depuis 2017 avec leur stratégie indopacifique, les États-Unis concentrent leurs efforts sur cette région, venant concurrencer la Chine dans son propre espace régional. Une course aux alliances stratégiques est lancée, qui rappelle la logique des blocs. L'Australie et le Royaume-Uni ont signé en 2021 l'accord militaire AUKUS avec les États-Unis pour contrer l'expansionnisme chinois, ce qui a permis à l'Australie de signer un contrat en vue de l'acquisition de 8 sous-marins américains à propulsion nucléaire. Les États-Unis forment une alliance informelle, le Quad, avec le Japon, l'Inde et l'Australie. Washington possède également des bases militaires en Corée du Sud, au Japon et aux Philippines. La Chine applique la politique du bon voisinage et promeut le discours de la communauté de destin qui prône le renouveau de la nation chinoise en particulier avec les pays de l'Asie du Sud-Est. Avec sa stratégie du collier de perles, elle investit dans des ports civilo-militaires comme au Cambodge avec le port de Sihanoukville ou au Myanmar avec le port de Kyaukpyu. Elle est aussi alliée avec la Corée du Nord en vertu de leur traité d'amitié, de coopération et d'assistance mutuelle de 1961.

Une autre caractéristique commune avec la guerre froide est l'affrontement des deux superpuissances sur d'autres territoires que le leur. La mer de Chine méridionale est un espace sous tension, avec de nombreux conflits territoriaux autour des zones économiques exclusives (ZEE) entre la Chine, les Philippines et Taïwan, deux pays soutenus par les États-Unis. Par ailleurs, la Chine réalise beaucoup d'investissements miniers, industriels et immobiliers en Afrique. Le forum sino-africain a lieu tous les trois ans et a permis à la Chine de lancer une stratégie numérique ambitieuse. Pékin mise aussi sur la diffusion d'un *soft power* avec ses 61 instituts Confucius sur le continent, et plus de 80 000 étudiants soit 16 % des étudiants étrangers. Les États-Unis conservent l'avantage militaire avec le commandement américain pour l'Afrique (AFRICOM) et son vaste réseau de bases militaires.

Diplomatiquement, la Chine est aussi très active avec le premier réseau d'ambassades au monde et sa participation à de nombreuses organisations internationales où elle vient concurrencer les États-Unis. Au sein du Conseil de sécurité, elle est devenue le premier contributeur aux forces de maintien de la paix.

Les enjeux mondiaux autour de la zone indo-pacifique

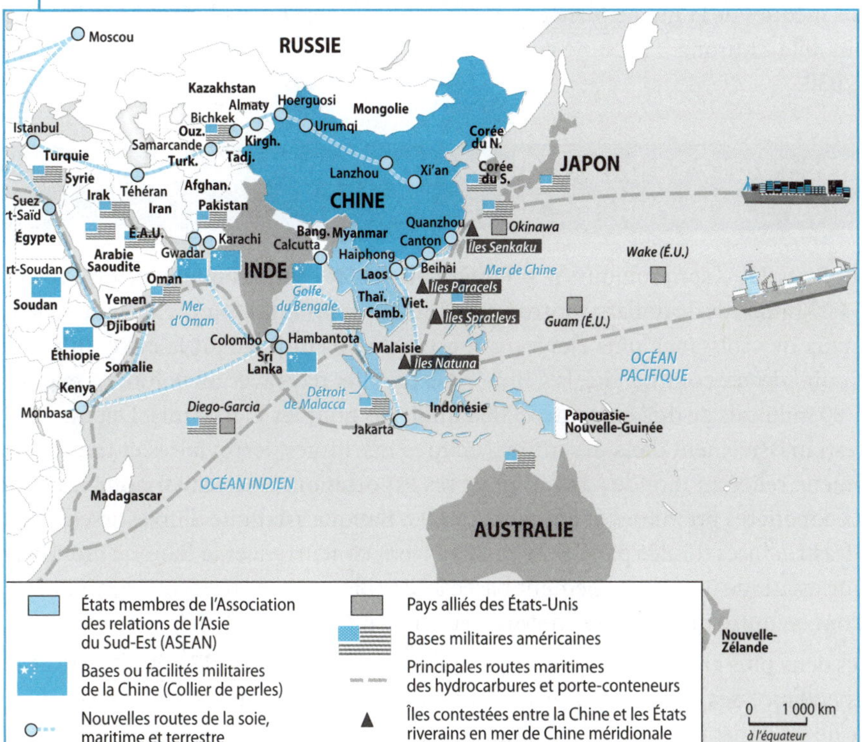

Source : Centre Avec

▸ La course à la suprématie technologique

En pleine guerre technologique sur la 5G, l'administration Biden a prévu d'investir 50 milliards de dollars dans les semi-conducteurs en maintenant les sanctions contre la société Huawei qui n'a plus accès aux technologies de pointe américaines car considérées comme une menace pour la sécurité nationale. Taïwan est le plus fort allié de Washington qui domine cette compétition grâce à l'entreprise TSMC. Elle fabrique 24 % des semi-conducteurs utilisés dans le monde et a délocalisé une partie de sa production en Arizona. La Chine reste maîtresse dans la production des batteries électriques grâce à ses grandes ressources en terres rares. Tesla a ouvert sa première *giga factory* à Shanghai pour ne pas perdre trop de parts de marché. Une grande partie de l'innovation technologique américaine (IA, quantique, 5G) repose sur les GAFAM (les cinq entreprises les plus puissantes de la planète : Google, Apple, Facebook, Amazon et Microsoft), mais la Chine dispose aussi de ses géants de la tech, les BATX (Baidu, Alibaba, Tencent, Xiaomi). En décembre 2022, deux sénateurs américains ont proposé d'interdire TikTok développé par Bytes Dance, une entreprise chinoise accusée d'espionner les Américains.

Comme pendant la guerre froide, la conquête spatiale est aussi un enjeu de rivalité de puissance. En mai 2023, la Chine a lancé sa onzième mission spatiale habitée, Shenzhou 16, et la cinquième à destination de la station spatiale chinoise qui concurrence la station spatiale internationale (ISS). Alors qu'en février 2021 le monde découvrait des photos de Mars prises par le robot mobile américain Perseverance, d'autres photos inédites de la même planète ont été publiées trois mois plus tard par Pékin et son astromobile Zhurong. La Chine ambitionne d'envoyer son premier homme sur la Lune d'ici 2030.

▸ Entre guerre commerciale et interdépendance économique, le nouveau paradigme du XXIe siècle

Les États-Unis sont toujours la première puissance économique, avec un PIB en 2023 de 25 000 milliards de dollars contre 18 000 milliards pour la Chine. Cependant, la Chine a un taux de croissance plus élevé – qui est resté positif pendant la crise du Covid-19. D'un point de vue commercial, la Chine est le premier pays avec un volume d'exportation de 3 780 milliards de dollars contre 3 000 milliards pour les États-Unis. Depuis 2013, elle a investi massivement dans des infrastructures maritimes, ferroviaires et terrestres pour être mieux reliée au monde à la fois pour ses exportations, mais aussi pour ses importations en matières premières et énergétiques. La Banque asiatique d'investissements pour les infrastructures fondée par Pékin en 2014 vient concurrencer la Banque mondiale et la Banque asiatique de développement basée à Manille sous contrôle américain. Les États-Unis ont en outre une balance commerciale déficitaire avec Pékin.

Les deux plus grandes économies mondiales sont imbriquées l'une et l'autre avec l'interdépendance des chaînes d'approvisionnement. Washington essaye de délocaliser une partie de ses lignes de production chinoises vers d'autres pays, avec par exemple l'objectif de transférer 50 % des usines chinoises Apple en Inde. Ce processus reste très lent. Le modèle de l'économie américaine ne peut exister sans la Chine pour sa production et réciproquement, le modèle chinois ne peut exister sans le marché des consommateurs américains qui représente à lui seul 16,2 % des exportations chinoises. Plutôt que de parler de guerre froide, certains spécialistes préfèrent parler de guerre froide 2.0 adaptée aux nouvelles caractéristiques du XXIe siècle.

L'ascension de la Chine dans le PIB mondial et comparaison avec les États-Unis et l'UE

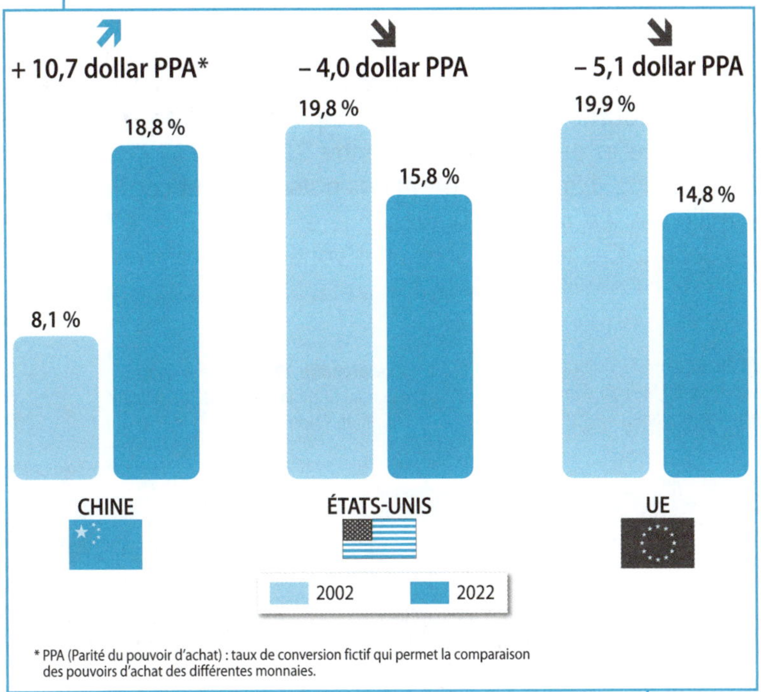

Source : Statista - FMI

Mise en perspective

Beaucoup d'analystes comparent la rivalité sino-américaine à un piège de Thucydide, principe des relations internationales où une puissance dominante entre en guerre avec une puissance émergente. Dans son livre *L'Autre guerre froide ? La confrontation États-Unis/Chine* (CNRS Éditions, 2023), Pierre Grosser dément cette idée et apporte des éléments de nuance sur la comparaison avec la guerre froide. Selon lui, il n'y a pas de logique de blocs puisque la Chine ne dispose pas de réels alliés. La plupart des pays du « Sud global » jouent l'ambiguïté stratégique économique et sécuritaire entre les deux superpuissances. Des facteurs comme la dissuasion nucléaire ou le déclin des idéologies guerrières peuvent rendre la guerre évitable.

Crise sécuritaire et coups d'État au Sahel : vers un effet domino ?

par Barbara Tissier

Le 26 juillet 2023 au Niger, le président Mohamed Bazoum est écarté du pouvoir par le général Abdourahamane Tiani. Ce coup d'État éclate après ceux survenus au Mali, en Guinée et au Burkina Faso entre 2019 et 2022. Ces pays du Sahel ont, les uns à la suite des autres, connu des putschs ayant conduit à l'instauration de juntes militaires. Le rejet de la présence et de l'influence françaises a aussi marqué les débats. Ces tensions sont-elles vouées à s'étendre dans la région ?

18 août 2020 Le président Ibrahim Boubacar Keïta du Mali est démis par un putsch militaire.

23 janvier 2022 Coup d'État au Burkina Faso, renversement du président Roch Kaboré.

30 septembre 2022 Nouveau coup d'État au Burkina Faso, prise de pouvoir d'Ibrahim Traoré.

24 février 2023 La junte militaire burkinabé met fin à l'accord de défense signé avec les autorités françaises.

26 juillet 2023 Coup d'État au Niger, renversement du président Mohamed Bazoum.

▸ Une crise sécuritaire grave

Ces récents coups d'État ont été précédés d'une longue instabilité politique. Des critiques liées à la corruption, à la répression de l'opposition et à l'irrégularité des élections ont alimenté une grande défiance vis-à-vis des gouvernements. Au-delà du déficit démocratique, la difficulté des régimes sahéliens à maîtriser la violence des groupes d'insurgés islamistes est un facteur prépondérant de leurs renversements. C'est l'un des motifs des grandes manifestations organisées avant le départ d'Ibrahim Boubacar Keïta au Mali.

Malgré la présence de l'armée française, qui travaille avec les armées membres du G5 du Sahel (Mauritanie, Mali, Burkina Faso, Niger et Tchad) depuis près de dix ans, des attaques de grande ampleur ont renforcé le sentiment d'insécurité des populations et d'impuissance des militaires, tandis que des dissensions internes au sein des armées nationales ont achevé de fragiliser les régimes en place.

Au Burkina Faso, lors du premier coup d'État de janvier 2022 contre le président Roch Marc Christian Kaboré, plusieurs milliers de civils sont morts, plus particulièrement dans les zones proches des frontières avec le Mali et le Niger. C'est d'ailleurs parce que les violences ne cessent pas et que le pays continue à céder du terrain aux forces rebelles, qu'un deuxième coup d'État mène au pouvoir Ibrahim Traoré, chef de l'unité des forces spéciales anti-djihadistes « Cobra », en septembre 2022. À ce moment-là, Mahamadou Issoufou, médiateur de la Cédéao pour le Burkina Faso, estime que près de 40 % du Burkina Faso est contrôlé par des forces non étatiques (Ansarul Islam, État islamique, Al-Qaïda, Boko Haram, etc.). La région des trois frontières (Mali-Niger-Burkina Faso) est particulièrement sous tension. Et si, au Niger, la situation sécuritaire est un peu plus contenue, des combattants d'Al-Qaïda et de l'État islamique sont très actifs à l'ouest du pays, et ceux de Boko Haram à l'est. Au nord, la frontière avec la Libye est instable et sujette à de nombreux trafics, d'armes, de drogue mais aussi d'êtres humains.

Carte de l'Afrique (resserrée sur le Sahel) avec les récents coups d'État.

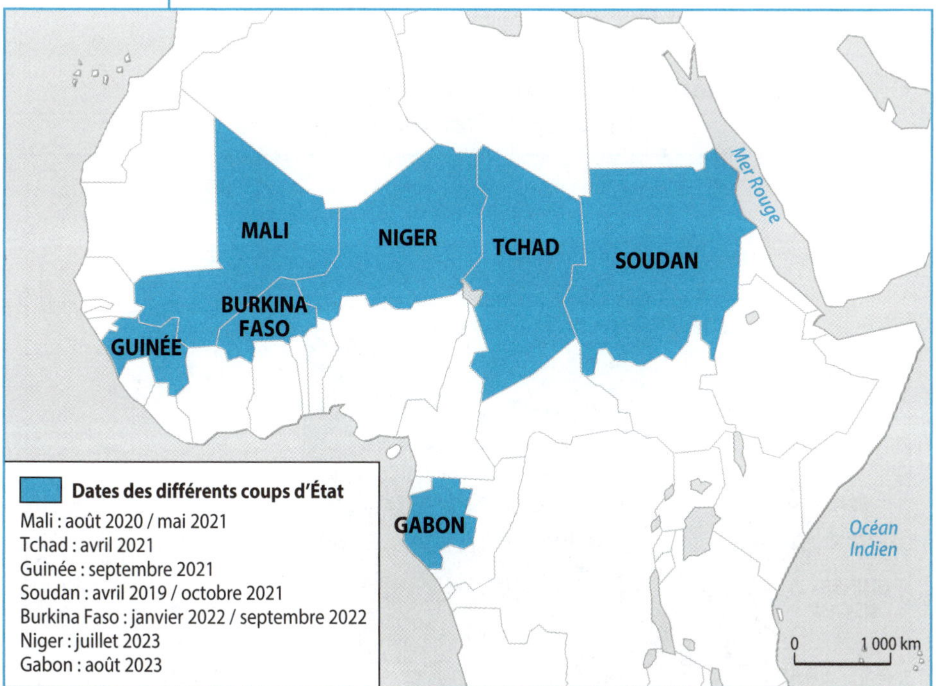

Source : Quentin Vanhoof / RTBF

▸ Des renversements en chaîne qui divisent

Ainsi depuis 2019, les coups d'État s'enchaînent, au Soudan, au Mali, en Guinée et au Burkina Faso, tandis qu'au Tchad, le pouvoir est confisqué par le fils du président Idriss Déby, décédé en 2021. L'année 2023 est marquée par des combats meurtriers entre deux factions putschistes au Soudan, faisant des milliers de morts et plusieurs millions de déplacés. Au Niger, le 26 juillet 2023, le président Mohamed Bazoum, élu en 2021, est démis par le général Abdourahamane Tiani. Au Gabon, c'est Ali Bongo qui est destitué le 30 août par un coup d'État militaire mené par le général Brice Oligui Nguema. Cette accumulation de renversements inquiète certains membres de la Cédéao (Communauté économique des États d'Afrique de l'Ouest), le Nigéria en tête. La possibilité d'une intervention militaire au Niger pour « *rétablir l'ordre constitutionnel* » est mise sur la table. Le Sénégal et la Côte d'Ivoire y sont favorables. Mais le Mali et le Burkina Faso, membres suspendus de la Cédéao depuis leurs propres coups d'État, y sont très hostiles. Le Tchad et l'Algérie, pays frontaliers (mais non membres) aussi, tandis que les États-Unis appellent à une résolution diplomatique.

Face à cette menace planante, une véritable guerre de l'information a sévi, notamment sur les réseaux sociaux, et de nombreuses infox ont jalonné l'été 2023. Des vidéos décontextualisées, montées ou postdatées, diffusées tant par les anti-putschs que par les pro-coups d'État, interrogent sur l'influence de certains pays en Afrique (France, Russie...), en particulier au Sahel. Et si la présence militaire française n'est qu'un élément explicatif parmi d'autres de l'échec sécuritaire au Sahel, le rejet de la France est, de par son passif colonial, un levier efficace pour mobiliser et unir l'opinion publique.

La Cédéao divisée. Les soutiens et les opposants au coup d'État du Niger.

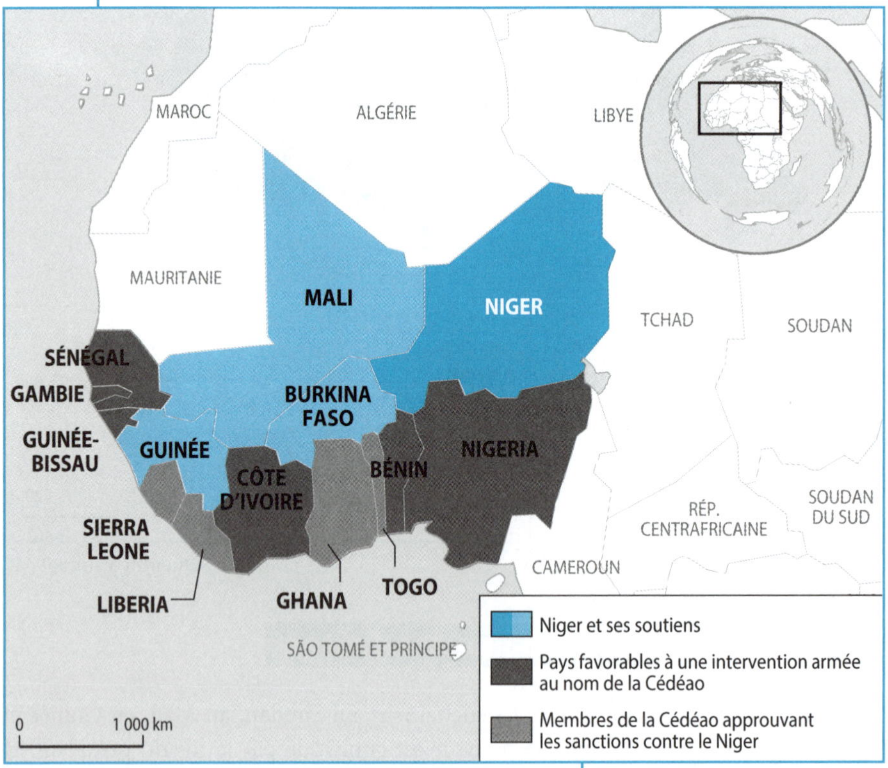

Source : Le Parisien / Jaune Afrique

▸ Une nouvelle donne géopolitique

Des contestations montent et la défiance grandit au sein des populations comme des armées nationales. Chaque renversement se couple d'une volonté de retrait des troupes françaises. Les forces de l'opération Barkhane, actives depuis 2014, quittent le Mali en 2022, tandis que le pays se tourne vers la Russie. Ce premier cas, renversant les équilibres et alliances, a pu servir de modèle à d'autres pays d'Afrique de l'Ouest. Ainsi au Burkina Faso, l'accord de 2018, qui permettait le stationnement aux environs de Ouagadougou de 400 membres des forces spéciales françaises de l'opération Sabre, est remis en question. En janvier 2023, la France rappelle son ambassadeur et l'armée burkinabée annonce en février la fin de l'accord de défense et son départ imminent. Cette déclaration intervient quelques mois avant l'annonce du retrait du Niger.

Si des tensions diplomatiques émergent et si la France condamne les différents coups d'État, la Russie, elle, s'en félicite et renforce son influence stratégique et économique (à travers la société privée Wagner) au détriment de la France et plus globalement des pays occidentaux. Au Burkina Faso, la société russe Nordgold s'est par exemple vue attribuer l'exploitation d'une quatrième mine d'or sur le territoire, secteur auparavant dominé par les entreprises canadiennes. Alors que le dialogue se tend de plus en plus avec ses anciens alliés au Sahel, la France recentre ses efforts sur le Tchad. En octobre 2023, le Tchad offre un corridor pour le retour en France des premières troupes françaises parties du Niger. Celles-ci transitent alors par N'Djamena, alors qu'au même moment le président de transition au Tchad, Mahamat Idriss Déby, est en visite officielle en France.

Mise en perspective

Le rejet de la présence française, militaire comme diplomatique, est un dénominateur commun aux renversements en Afrique de l'Ouest. Et l'effet domino pourrait s'étendre au-delà du Sahel. Déjà, plus au sud, le président du Gabon, Ali Bongo, au pouvoir depuis 2009, est destitué par le général Brice Oligui Nguema le 30 août 2023. Mais le départ d'Ali Bongo répond plus à une profonde crise politique interne dans le cadre d'une réélection fortement contestée qu'à une remise en cause de l'influence française. Le Gabon fait cependant partie de la zone utilisant le franc CFA. Et la politique monétaire française en Afrique est un des grands sujets auxquels la France va devoir s'atteler. Le 17 mars 2023, lors de la conférence des pays de la Communauté économique et monétaire de l'Afrique centrale, le retrait progressif des représentants français au sein des organes de décision et de contrôle de la Banque centrale a été plébiscité par les membres.

ZOOM SUR…
Vladimir Poutine : hyper pouvoirs et controverses

par Jérôme Calauzènes

Le 17 mars 2023, la Cour pénale internationale a lancé un mandat d'arrêt international contre Vladimir Poutine, « *présumé responsable de crimes de guerre* » en Ukraine pour la déportation d'enfants et de populations de zones occupées d'Ukraine vers la Russie. Depuis la seconde guerre de Tchétchénie et jusqu'à l'invasion de l'Ukraine, V. Poutine bafoue le droit de la guerre, tout en accentuant, en Russie, la répression et l'assassinat d'opposants, la dissolution de médias indépendants et la fraude électorale. L'Occident et ses sanctions réussiront-ils à faire reculer l'inamovible président russe ?

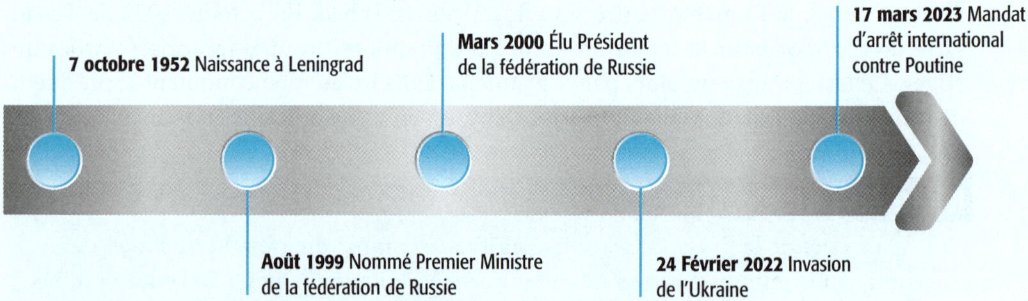

▸ Une ascension rapide dans une Russie en crise

Né en 1952 à Léningrad (aujourd'hui Saint-Pétersbourg) dans une famille d'ouvriers, V. Poutine étudie le droit avant d'être intégré au KGB puis affecté, en 1985, au service du contre-espionnage en RDA. De retour dans sa ville natale en 1990, il en devient l'homme clé de la mairie lorsque éclate la première guerre de Tchétchénie (1994-1996). L'intervention de l'armée russe pour mettre au pas cette république qui a déclaré son indépendance est un échec humiliant pour la Russie (sous la présidence de Boris Eltsine), obligée de retirer ses troupes.

V. Poutine devient l'un des proches conseillers de B. Eltsine qui le nomme Premier ministre. C'est sous son impulsion que débute, en octobre 1999, la seconde guerre de Tchétchénie. Deux mois plus tard, B. Eltsine démissionne, V. Poutine lui succède par intérim avant d'être élu, au premier tour de l'élection présidentielle en 2000, avec 53 % des voix. Sous sa gouverne, l'armée russe mène une guerre à outrance, semant terreur et destruction dans la petite République tchétchène à majorité musulmane qui finit par rentrer dans le rang. V. Poutine en tire les lauriers aux yeux de son opinion publique. Il restera dès lors président jusqu'à nos jours, sauf entre 2008 et 2012, où il a été le Premier ministre de Dmitri Medvedev, son allié, la constitution lui interdisant plus de deux mandats consécutifs. Il la fait amender en 2020 afin de lui permettre de briguer deux autres mandats présidentiels consécutifs.

▸ Glissement vers l'autoritarisme

V. Poutine remanie l'administration présidentielle au profit de proches et notamment de membres des services de sécurité. Il place également des secteurs sensibles de l'économie entre les mains de fonctionnaires qui lui sont attachés. Il met au pas les oligarques qui s'étaient enrichis en rachetant des entreprises privatisées au moment de la chute de l'URSS. Trop critique, Mikhaïl Khodorkovski, PDG du groupe pétrolier russe Ioukos, est emprisonné de 2003 à 2013.

Pour se faire réélire, il utilise la fraude électorale (contre laquelle les manifestations de 2011 et 2012 sont réprimées) et une intense propagande puisqu'il contrôle de nombreux médias (dont *Russia Today*). Parallèlement, l'opposition est muselée. La journaliste Anna Politovskaïa, militante des droits de l'homme, est assassinée en 2006, juste avant l'empoisonnement mortel au polonium, à Londres, de l'ancien agent russe Alexandre Litvinenko.

Alexeï Navalny, principal opposant politique, est victime d'une tentative d'assassinat au moyen d'un agent neurotoxique en 2020. Soigné en Allemagne, il est emprisonné depuis son retour en Russie et inscrit sur la liste des terroristes russes. Depuis février 2022, la répression contre tout opposant à ce que V. Poutine nomme « *opération spéciale en Ukraine* » s'est encore intensifiée.

▸ La volonté de restaurer la grandeur de la Russie

Traumatisé par la désintégration de l'URSS, V. Poutine a tenté petit à petit de reconstituer à l'étranger une aire sous tutelle russe (soutien en Syrie notamment). Quatre ans après l'intégration dans l'OTAN de sept nouveaux membres d'Europe de l'Est, l'armée russe intervient, en août 2008, en Géorgie pour soutenir avec succès deux de ses régions prorusses, l'Ossétie du Sud et l'Abkhazie, devenues indépendantes. En 2014, la Russie s'empare de la Crimée, péninsule cédée à l'Ukraine sous Khrouchtchev, peuplée majoritairement de Russes, piétinant au passage le droit international et ses propres engagements : en 1994, Kiev avait abandonné son arsenal nucléaire en échange de garanties sur sa sécurité.

Hormis un premier train de sanctions contre la Russie, la communauté internationale ne réagit guère. V. Poutine, lui, multiplie les diatribes contre l'Occident et se rapproche de la Chine. En Ukraine, plus le temps passe, plus ce pays s'ancre à l'Ouest en dépit des efforts du Kremlin pour y faire élire son allié. V. Poutine lance ses troupes, en février 2022, à l'assaut de l'Ukraine pour la « *dénazifier* », après avoir soutenu militairement puis reconnu l'indépendance de ses deux régions du Donbass. Une opération militaire prévue pour réussir en quelques jours mais toujours en cours.

Le « maître du Kremlin » n'avait pas prévu non plus les multiples trains de sanctions adoptés depuis contre Moscou par les pays occidentaux, y compris contre les hydrocarbures dont l'exportation a permis à la Russie d'après 1991 d'éviter la banqueroute. L'issue de la guerre en Ukraine (et le sort de V. Poutine ?) dépend en partie du contournement de ces sanctions, grâce à la Corée du Nord et des pays du « Sud global ».

Israël et les Palestiniens : montée des tensions et retour de la guerre

par Valérie Morin

Les élections législatives israéliennes de novembre 2022 ont été marquées par le retour au pouvoir de Benyamin Netanyahou grâce à une alliance entre les partis de droite et d'extrême droite. Ce scrutin a eu lieu après des mois d'une situation redevenue explosive en Cisjordanie, aggravant un sentiment d'insécurité générale. Les massacres du 7 octobre 2023 perpétrés en Israël par le Hamas et la riposte d'Israël à Gaza ont tragiquement remis la question palestinienne au cœur de l'actualité internationale.

Novembre 2022 Élections législatives en Israël : victoire de la coalition du Likoud et des partis d'extrême droite et ultraorthodoxes. B. Netanyahou forme son 6e gouvernement.

12 février 2023 Le gouvernement légalise neuf colonies en Cisjordanie. Frappes aériennes dans la bande de Gaza.

25 mars 2023 Plus de 630 000 personnes participent aux rassemblements contre la réforme de la justice qui limiterait les prérogatives de la Cour suprême.

24 juillet 2023 Adoption par la Knesset d'une mesure clé de la réforme de la justice : elle empêchera les juges de la Cour suprême d'annuler des décisions du gouvernement qu'ils jugeraient « manifestement déraisonnables ».

7 octobre 2023 L'attaque surprise du Hamas dans le sud d'Israël fait au moins 1 200 morts. Près de 240 personnes sont prises en otage. Israël réplique par le siège de la bande de Gaza et d'intensifs bombardements.

24 novembre 2023 Début d'une trêve prévoyant l'échange d'otages détenus par le Hamas contre un nombre trois fois supérieur de prisonniers palestiniens, ainsi qu'une arrivée massive d'aide humanitaire dans la bande de Gaza.

▸ L'entrée de l'extrême droite au gouvernement et ses conséquences

Premier ministre de 1996 à 1999 puis de 2009 à 2021, Benyamin Netanyahou, chef du Likoud, revient au pouvoir à l'issue du scrutin du 1er novembre 2022 après avoir scellé une alliance de son parti de droite avec des formations d'extrême droite, notamment religieuses, favorisées par la proportionnelle intégrale en vigueur en Israël. Le parti travailliste (gauche) n'a obtenu que 4 sièges et les partis centristes, divisés, ont pâti de leur refus de s'associer dans des listes communes.

Fort d'une majorité de 64 des 120 sièges de la Knesset, B. Netanyahou a formé son sixième gouvernement, investi le 29 décembre 2022. Il comprend, entre autres, tous les leaders des partis d'extrême droite. La victoire de cette coalition est le reflet d'un changement important au sein de l'électorat israélien, notamment les plus jeunes chez qui le nationalisme est en hausse. Depuis 2021, des violences entre Juifs et Arabes ont secoué de nombreuses villes mixtes, radicalisant des franges de la droite israélienne.

Israël – Palestine : les frontières actuelles et les territoires

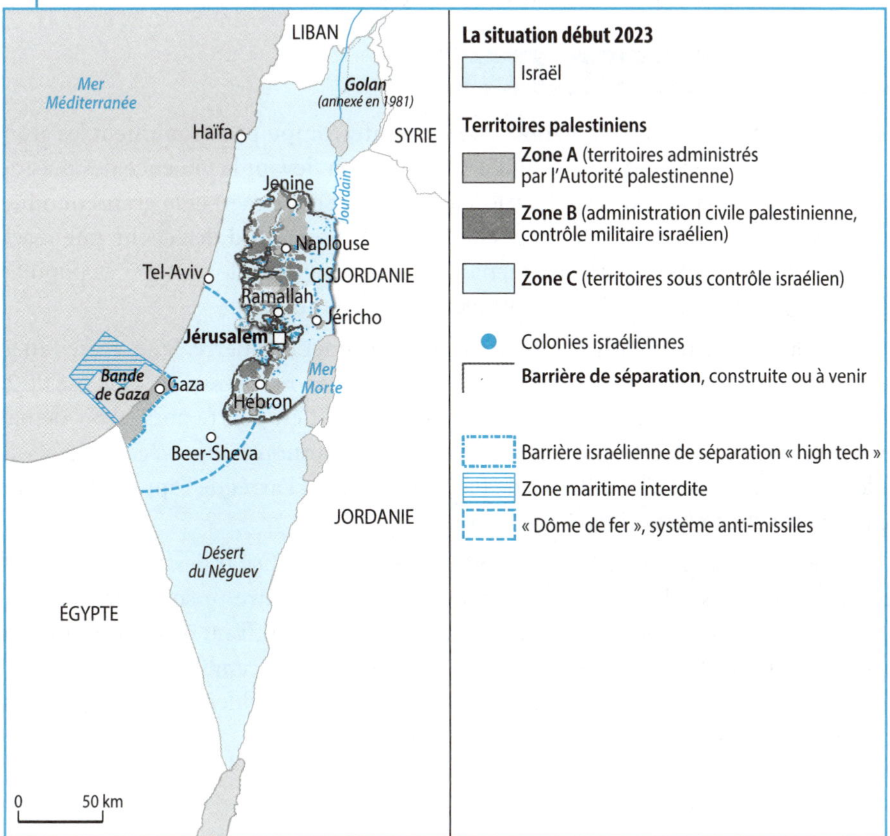

Source : ONU – *La Voix du Nord*

▸ La mise en place des idées identitaires

La coalition au pouvoir avait pour feuille de route la réforme de la justice visant à brider les prérogatives de la Cour suprême, accusée par l'extrême droite de limiter la colonisation et de défendre les droits des minorités. En voulant la placer sous le contrôle de l'exécutif, le gouvernement portait atteinte à l'une des lois fondamentales de la démocratie israélienne. C'est pourquoi, depuis le 7 janvier 2023, des centaines de milliers d'Israéliens ont manifesté tous les samedis dans les principales villes du pays contre cette réforme. Ils sont majoritairement issus des classes moyennes supérieures, laïques et libérales, mais comptent aussi des officiers de l'armée et des réservistes. Les manifestations ont culminé à plus de 600 000 personnes le 25 mars, témoignant d'un schisme dans la société israélienne. Devant l'annonce d'une grève générale, B. Netanyahou a provisoirement suspendu le processus du vote de la réforme. Mais le 11 juillet, la première partie de la loi sur la justice a été votée à la Knesset par 64 voix contre 56.

L'autre ligne directrice de la coalition au pouvoir est la poursuite de la colonisation. En février 2023 est votée une loi autorisant l'établissement de nouvelles colonies en Cisjordanie et régularisant dix avant-postes. En réaction, le Conseil de sécurité de l'ONU – y compris les États-Unis – a dénoncé la politique coloniale d'Israël.

▸ Le choc des attaques du Hamas

Les attaques du Hamas le 7 octobre 2023 ont interrompu provisoirement les grandes réformes du gouvernement Netanyahou. La sidération devant la violence des massacres (1 200 morts, en majorité des civils, selon le bilan révisé d'Israël) et le grand nombre de personnes enlevées (près de 240 otages civils) ont tout d'abord déclenché une réaction de forte hostilité envers ce gouvernement alors jugé incapable de protéger sa population malgré l'installation d'un « dôme de protection » autour de Gaza.

B. Netanyahou a rapidement mis en place un cabinet de guerre. Sont entrés au gouvernement Benny Gantz, ancien chef de l'armée et ancien ministre de la Défense de 2020 à 2022 et Yoav Gallant, ministre de la Défense qui avait été écarté pour avoir demandé une suspension de la réforme de la justice. Ce dernier a annoncé un « *siège complet* » de la bande de Gaza où vivent 2,3 millions de Palestiniens, avec l'arrêt de l'approvisionnement en eau, en gaz et en électricité.

Malgré les pressions internationales et la médiation du Qatar, les forces en présence alternent entre pauses humanitaires, échanges d'otages contre prisonniers, bombardements de civils et attaques terroristes en Israël. Les civils souffrent de ce conflit sans fin. Près de 15 000 morts palestiniens sont déjà annoncés en décembre 2023 dont un tiers d'enfants selon les chiffres du Hamas. Les deux camps ne semblent pas réellement avoir prévu la fin du conflit et les objectifs restent flous.

Israël – Palestine : les frontières actuelles et les territoires

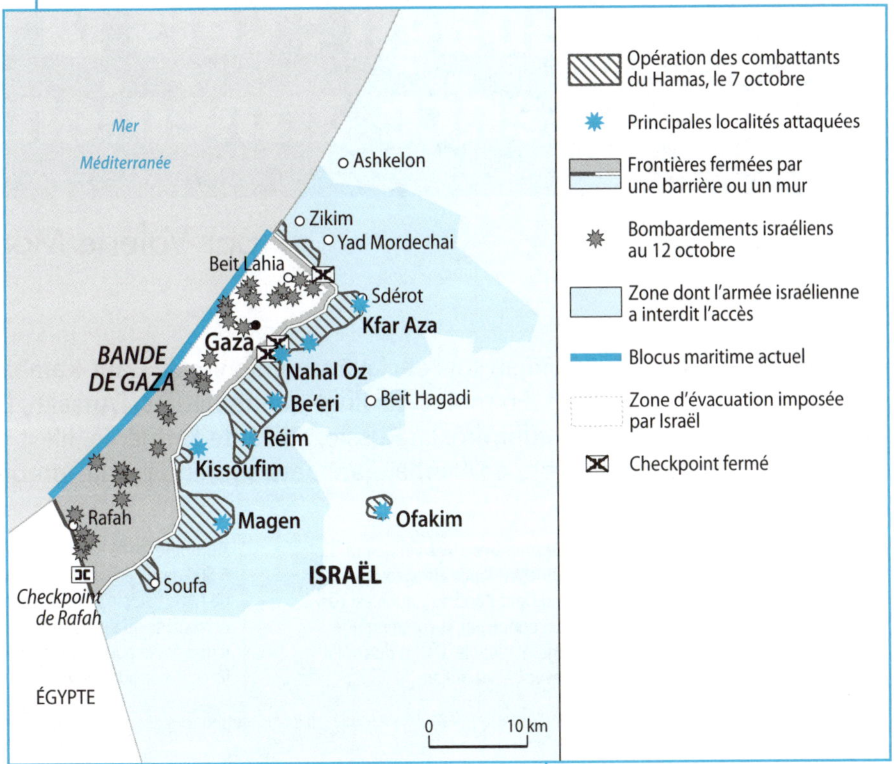

Source : ONU – Le Monde international

Mise en perspective

La guerre à Gaza change la donne au niveau international : chaque pays doit se définir par rapport à cette situation que l'on pensait « en sommeil » depuis plusieurs années. En 2020, les Émirats arabes unis et le Bahreïn puis le Maroc et le Soudan ont normalisé leurs relations avec Israël, sans exiger de contrepartie pour les Palestiniens (accords d'Abraham). L'Arabie saoudite s'apprêtait à faire de même en octobre 2023 mais y a renoncé en raison de l'éclatement du conflit. Le bombardement de Gaza permet aussi à la diplomatie russe de stigmatiser les ambiguïtés de l'Occident. Pour Vladimir Poutine, certains pays seraient plus enclin à dénoncer les crimes de guerre lorsqu'ils sont russes (en Ukraine) mais pas lorsqu'ils sont israéliens. La Russie peut ainsi envisager de continuer de préconiser un ordre mondial alternatif qui remette en cause la suprématie des États-Unis et de leurs alliés.

ZOOM SUR... Conflit du Haut-Karabagh : vers la fin de la présence arménienne

par Valérie Morin

Une offensive éclair de l'Azerbaïdjan sur l'enclave arménienne du Haut-Karabagh a débuté le 19 septembre 2023. En moins de vingt-quatre heures, l'Artsakh, État autonome autoproclamé, s'est effondré. La Russie, alliée de l'Arménie, n'est pas intervenue, laissant le champ libre à l'Azerbaïdjan, pays soutenu par la Turquie.

1921 Le Haut-Karabagh, composé de 94 % d'Arméniens, est rattaché à la République socialiste soviétique (RSS) de l'Azerbaïdjan par Staline.

1988 Le Haut-Karabagh se proclame République socialiste soviétique à part entière. Premières tensions avec la RSS d'Azerbaïdjan.

Septembre 1991 Fin de l'URSS. Indépendance autoproclamée du Haut-Karabagh qui n'est pas reconnue par la communauté internationale. Début du conflit avec l'Azerbaïdjan.

1992-1994 Première guerre avec l'Azerbaïdjan : 30 000 morts. Installation de réfugiés arméniens dans des territoires conquis par les forces armées du Haut-Karabagh.

Automne 2020 Un deuxième conflit fait 6 500 morts en six semaines. Victoire de l'Azerbaïdjan et évacuation des Arméniens du territoire à l'exception d'une petite portion protégée par une force d'interposition russe.

19 septembre 2023 Attaque éclair des troupes azéries sur l'Artsakh.

▸ La République du Haut-Karabagh, une histoire soviétique

Le Haut-Karabagh est un petit territoire de 44 000 km² enclavé dans l'Azerbaïdjan (Caucase), peuplé de 150 000 habitants avec une population à 99 % arménienne par la langue, la culture et la religion. Brièvement indépendant entre 1918 et 1921, le territoire est donné par l'URSS à la République socialiste soviétique (RSS) de l'Azerbaïdjan en 1923. Durant la pérestroïka de Mikhaïl Gorbatchev, le Haut-Karabagh négocie son autonomie en République socialiste soviétique à part entière. Mais la RSS d'Azerbaïdjan proteste et des pogroms contre les Arméniens font, en 1988, plusieurs centaines de victimes. À l'éclatement de l'URSS, le Haut-Karabagh s'autoproclame République indépendante – sous le nom de République d'Artsakh – mais elle n'est reconnue par aucune nation, pas même par l'Arménie pourtant alliée historique.

Aussitôt, un conflit éclate avec l'Azerbaïdjan qui se termine en 1994 par un cessez-le-feu obtenu sous l'égide de l'ONU. Les négociations sont menées par le groupe de Minsk, instance créée en 1992 et coprésidée par la France, les États-Unis et la Russie. Ce premier conflit fait 30 000 morts et des centaines de milliers de déplacés. Les indépendantistes arméniens prennent le contrôle des territoires permettant au Haut-Karabagh d'être frontalier avec l'Arménie. Des tensions persistent ensuite qui trouvent leur point culminant en 1996 lors du conflit frontalier, appelé « guerre des Quatre Jours ».

▸ 2023 : la disparition de l'enclave du Haut-Karabagh

Après la guerre de 2020 et la victoire de l'Azerbaïdjan, les puissances régionales avaient trouvé un *statu quo*. L'Azerbaïdjan avait repris les territoires perdus en 1994 et la population arménienne s'était concentrée dans le cœur de l'enclave, tandis que 2 000 soldats russes étaient déployés pour maintenir la paix et surveiller les frontières. L'Arménie conservait un droit de passage vers le Haut-Karabagh, au niveau du corridor de Latchine.

Cependant, le déclenchement de la guerre en Ukraine en février 2022 a rendu la question du Haut-Karabagh beaucoup moins essentielle pour la Russie, liée à l'Arménie par une alliance militaire. Depuis décembre 2022, les troupes azéries ont bloqué le corridor de Latchine sans réaction de la part de Moscou ni des 2 000 membres des forces d'interposition russes.

Le gouvernement de Bakou, capitale de l'Azerbaïdjan, a profité de cette non-intervention russe pour attaquer. Le Haut-Karabagh est tombé en vingt-quatre heures. Aucun pays n'est venu à la rescousse des Arméniens du Haut-Karabagh, pas même l'Arménie. Le 28 septembre 2023, la République autoproclamée d'Artsakh s'est autodissoute.

▸ Vers une recomposition du Caucase du Sud ?

Cette guerre entraîne une quasi-disparition de la population arménienne de l'enclave du Haut-Karabagh. Plus de 105 000 habitants ont fui vers l'Arménie sur une population de 120 000, sans aucun espoir de retour. Les Arméniens redoutent que le conflit ne s'étende à la région stratégique du Syunik, au sud du corridor de Latchine. Cette région est le passage obligé de Bakou pour accéder à son territoire de Nakhitchevan. Le 25 septembre 2023, le président turc Recep Tayyip Erdogan, allié traditionnel de Bakou, s'est rendu dans cette enclave pour célébrer la victoire des forces azéries. À cette occasion, il a évoqué la question du corridor de Zanguezour, reliant l'Azerbaïdjan au Nakhitchevan en longeant le sud de l'Arménie vers la Turquie. Les Arméniens s'attendent donc à une reprise du conflit dans cette région par l'Azerbaïdjan renforcé politiquement et militairement.

Dirigé par un autocrate, le pays est en train de devenir une puissance incontournable de la région. Grand producteur de gaz, il vient de conclure des accords commerciaux avec l'Union européenne, en recherche de fournisseur depuis le blocus sur le gaz russe. La présidente de la Commission européenne, Ursula von der Leyen, s'est rendue à Bakou le 22 juillet 2023, pour signer un nouveau protocole d'accord dans le domaine de l'énergie. Avec l'affaiblissement de la Russie, l'Arménie reste donc très isolée et redoute d'être la prochaine cible de l'Azerbaïdjan.

AUTRES FAITS

- **Dimanche 1er janvier** Au Brésil, le président Luiz Inacio Lula da Silva est investi officiellement comme 39e président de ce pays.
- **Samedi 7 janvier** Aux États-Unis, le républicain Kevin McCarthy succède à Nancy Pelosi comme président (*speaker*) de la Chambre des représentants.
- **Dimanche 8 janvier** Au Brésil, des partisans de l'ex-président d'extrême droite Jair Bolsonaro prennent d'assaut les lieux de pouvoir de la capitale avant d'être finalement délogés par la police.
- **Jeudi 19 janvier** En Nouvelle-Zélande, la Première ministre Jacinda Ardern annonce sa démission.
- **Mardi 21 février** En Tunisie, le président Kaïs Saïed suscite la polémique en prononçant un discours xénophobe à l'encontre des migrants subsahariens présents dans le pays.
- **Mars 2023** En Iran, des milliers de jeunes écolières sont victimes d'empoisonnement au gaz depuis le mois de novembre.
- **Mercredi 1er mars** Au Nigéria, Bola Tinubu remporte l'élection présidentielle, succédant au président Muhammadu Buhari.
- **Vendredi 10 mars** En Chine, Xi Jinping est reconduit à l'unanimité pour un troisième mandat à la tête du pays.
- **Lundi 20 mars** Au Niger, le journaliste français Olivier Dubois, enlevé en 2021 au Mali, est libéré après deux ans de captivité.
- **Dimanche 30 avril** Au Paraguay, le conservateur Santiago Peña remporte l'élection présidentielle face au candidat de gauche, Efrain Alegre.
- **Lundi 1er mai** En Ouzbékistan, un référendum se solde par la validation, à plus de 90 % des voix, de la nouvelle version de la Constitution qui doit renforcer le pouvoir du président.
- **Dimanche 14 mai** En Thaïlande, le parti prodémocratie Move Forward remporte les élections législatives.
- **Mercredi 24 mai** Aux États-Unis, le gouverneur de Floride Ron DeSantis annonce sa candidature à la primaire républicaine pour la campagne présidentielle de 2024, s'imposant ainsi comme l'alternative à Donald Trump.
- **Lundi 29 mai** Au Nigéria, Bola Ahmed Tinubu succède officiellement à Muhammadu Buhari à la tête du pays. Le résultat de l'élection présidentielle était contesté depuis le 25 février.
- **Dimanche 25 juin** Au Guatemala, le premier tour de l'élection présidentielle se solde par une percée inattendue du parti écologiste Movimiento Semilla. Face à lui, la candidate du parti social-démocrate Union nationale de l'espoir, Sandra Torres, obtient 15,7 % des voix.

MARQUANTS 2023

- **Mardi 27 juin** Au Sierra Leone, le président sortant Julius Maada Bio est réélu avec 56,17 % des voix.
- **Mercredi 5 juillet** En Cisjordanie, dans la ville palestinienne de Jénine, l'armée israélienne se retire officiellement après trois jours de raid ayant mobilisé près d'un millier de soldats, des drones et des bulldozers. L'opération se solde par la mort de 13 personnes, dont 12 Palestiniens et un soldat israélien. Il s'agit de la plus vaste opération militaire menée par l'armée israélienne depuis vingt ans.
- **Lundi 10 juillet** En Ouzbékistan, le président sortant Chavkat Mirzioïev est largement réélu lors de l'élection présidentielle.
- **Jeudi 13 juillet** En RDC, l'ancien ministre Chérubin Okende, porte-parole du parti de l'opposant Moïse Katumbi, principal rival du président Félix Tshisekedi, est retrouvé mort, tué d'une balle.
- **Mercredi 9 août** En Équateur, le centriste Fernando Villavicencio, candidat à la présidentielle, qui arrivait en deuxième position dans les sondages, est assassiné par un commando de tueurs à gages colombiens.
- **Dimanche 20 août** Au Guatemala, Bernardo Arevalo, du mouvement Semilla (centre gauche), qui avait pris de court les observateurs en arrivant en deuxième position lors du premier tour de juin, remporte l'élection présidentielle.
- **Samedi 26 août** Au Zimbabwe, le président sortant Emmerson Mnangagwa revendique officiellement la victoire à l'élection présidentielle. Son principal opposant, Nelson Chamisa, conteste vivement ce résultat.
- **Jeudi 5 octobre** Aux États-Unis, l'administration Biden annonce la construction d'une nouvelle portion de mur à la frontière avec le Mexique afin de lutter contre l'arrivée de migrants.
- **Dimanche 15 octobre** En Équateur, Daniel Noboa, fils d'un riche exportateur de bananes, remporte le second tour de l'élection présidentielle face à la socialiste Luisa Gonzalez.
- **Samedi 28 octobre** En Iran, la jeune Armita Garavand, âgée de 16 ans, décède à l'hôpital. Elle était hospitalisée depuis le 1er octobre après avoir été contrôlée par la police des mœurs alors qu'elle ne portait pas de voile. Les circonstances de son décès restent controversées.
- **Dimanche 19 novembre** En Argentine, le candidat d'extrême-droite, l'économiste antisystème Javier Milei, qualifié de « Trump argentin », remporte l'élection présidentielle face à l'actuel ministre de l'Économie de centre gauche, Sergio Massa.
- **Mardi 22 novembre** Aux Pays-Bas, Geert Wilders, leader du parti d'extrême droite PVV (parti de la liberté) remporte les élections législatives.

QCM

Pour chaque question, une seule réponse est correcte.

1 Quel président soudanais a été destitué en 2019 ?
- a. Abdel Fattah al-Burhan.
- b. John Garang.
- c. Omar el-Bechir.

2 Que signifie « FSR », le groupe paramilitaire dirigé par le général Dogolo ?
- a. Forces soudanaises révolutionnaires.
- b. Forces de soutien rapide.
- c. Force soudanaise rebelle.

3 Comment appelle-t-on les milices arabes qui ont combattu pendant la guerre au Darfour ?
- a. Les janjawids.
- b. Les zaghawas.
- c. Les hemettis.

4 Comment qualifier le rapport de force entre les deux armées qui s'opposent dans la guerre au Soudan ?
- a. Le rapport de force est en faveur de l'armée soudanaise régulière.
- b. Le rapport de force s'équilibre.
- c. Le rapport de force est en faveur des FSR.

5 Quel est le nom du parti dont Narendra Modi est le leader ?
- a. Le Congrès national indien.
- b. Le Bharatiya Janata Party.
- c. L'Hindutva.

6 Quelle période de l'histoire n'apparaît plus dans les programmes scolaires indiens ?
- a. L'Empire moghol.
- b. L'Empire britannique des Indes.
- c. La partition de l'Inde.

7 Quelle loi votée en 2019 instaure une différenciation entre les demandeurs d'asile selon leur religion ?
- a. Le Citizenship Amendment Act.
- b. Le Refugee Amendment Act.
- c. L'Hinduvta Amendment Act.

8 Dans quel État fédéré les violences entre les communautés Meiteis et Kukis ont-elles eu lieu en 2023 ?
- a. Le Rajasthan.
- b. Le Gujarat.
- c. Le Manipur.

9 Plus d'un an après le déclenchement de la guerre russe en Ukraine…
- ○ a. la fin du conflit est en vue.
- ○ b. la situation n'a pas évolué sur le terrain.
- ☒ c. le conflit s'enlise et le bilan humain et matériel s'alourdit de jour en jour.

10 Plus d'un an après le début de la guerre en Ukraine, le bilan humain est…
- ○ a. tragique pour l'Ukraine mais indolore pour la Russie.
- ☒ b. vertigineux pour les deux belligérants qui déplorent de nombreux morts.
- ○ c. moins dramatique que redouté en début de conflit.

11 À l'échelle mondiale…
- ○ a. la guerre en Ukraine n'est qu'un épiphénomène.
- ☒ b. la guerre a eu d'importantes conséquences économiques et géopolitiques.
- ○ c. le conflit ne concerne que les pays occidentaux.

12 En refusant de prolonger l'accord sur les céréales ukrainiennes…
- ○ a. Moscou acte sa défaite sur le terrain militaire.
- ○ b. Moscou essaie de faire pression sur l'Inde.
- ☒ c. Moscou met en péril la sécurité alimentaire de populations vulnérables.

13 Quelle ville russe a été prise, sans combat, par le groupe Wagner, le 24 juin 2023 ?

○ a. Moscou. ☒ b. Bakhmout. ☒ c. Rostov-sur-le-Don.

14 Dans quelle région la première mission du groupe Wagner s'est-elle déroulée ?

○ a. En Transnistrie. ☒ b. En Crimée. ○ c. Dans le Donbass.

15 Quel est le nom du ministre de la Défense russe critiqué par le chef de Wagner ?

○ a. Evgueni Prigojine. ○ b. Valeri Guerassimov. ☒ c. Sergueï Choïgou.

16 Dans quel pays le chef de Wagner a-t-il été exilé à la suite de l'accord du 24 juin 2023 ?

☒ a. La Biélorussie. ○ b. L'Ukraine. ○ c. La Moldavie.

17 Qu'est-ce que le Taiwan Act ?
- ○ a. Un consensus de *statu quo* entre la Chine et Taïwan.
- ○ b. Un soutien officiel des États-Unis en cas d'invasion de la Chine.
- ☒ c. Un soutien officieux des États-Unis envers Taïwan – ils peuvent entretenir des relations avec son gouvernement.

18 Quel est le secteur économique stratégique à Taïwan ?
- ☒ a. Les semi-conducteurs.
- ○ b. Les batteries électriques.
- ○ c. L'IA.

19 En quelle année a été promulguée la loi anti-sécession en Chine ?

○ a. 1992. ☒ b. 2005. ☒ c. 2015.

20 **Parmi ces affirmations, laquelle est fausse concernant le détroit de Taïwan ?**

❍ **a.** C'est l'une des principales routes commerciales.
❍ **b.** Les eaux sont profondes.
❍ **c.** Il y a des courants forts traversés par des bancs de sable.

21 **Qui est Dina Boluarte ?**

❍ **a.** La présidente de la République par intérim.
❍ **b.** La vice-présidente de la République.
❍ **c.** La candidate de Force populaire à l'élection présidentielle de 2021.

22 **Dans les régions du sud qui ont vu naître le mouvement social après le 7 décembre 2022, quel score moyen Pedro Castillo a-t-il réalisé au second tour de l'élection présidentielle de 2021 ?**

❍ **a.** 59 %. ❍ **b.** 75 %. ❍ **c.** 80 %.

23 **Qu'est-ce que le (ou la) CNUL ?**

❍ **a.** Commandement national unitaire de lutte.
❍ **b.** Coordination nationale unitaire de lutte.
❍ **c.** Collectif national unitaire de lutte.

24 **Combien de civils sont décédés dans le cadre des manifestations ?**

❍ **a.** 60. ❍ **b.** 68. ❍ **c.** 98.

25 **2023 est une année historique pour la Turquie…**

❍ **a.** car R. T. Erdogan ne pouvait plus se présenter à l'élection présidentielle.
❍ **b.** car l'économie du pays est florissante.
❍ **c.** car deux élections centrales se tiennent l'année anniversaire des 100 ans de la République.

26 **Avant le séisme…**

❍ **a.** le président Erdogan pensait triompher facilement aux élections.
❍ **b.** le contexte économique difficile suscitait des espoirs dans l'opposition.
❍ **c.** l'opposant E. Imamoglu était sûr de l'emporter.

27 **Le séisme de février 2023 n'a pas entraîné de virage politique…**

❍ **a.** car la catastrophe naturelle a été très bien gérée par le pouvoir en place.
❍ **b.** car R. T. Erdogan a eu le vote de la diaspora et des campagnes, y compris sinistrées.
❍ **c.** car l'opposition n'a pas réussi à faire front commun contre R. T. Erdogan.

28 **Le séisme de février 2023…**

❍ **a.** a principalement affecté la Syrie.
❍ **b.** aura été moins meurtrier que le séisme de 1999.
❍ **c.** est avec près de 50 000 morts l'un des séismes les plus mortels du XXIe siècle.

29 Le Quad est une coopération sécuritaire entre les États-Unis et ?
- a. Les Phillipines, le Japon et la Corée du Sud.
- b. L'Australie et le Royaume Uni.
- c. L'Inde, le Japon et l'Australie.

30 Dans quel domaine la Chine est-elle le leader mondial ?
- a. Les semi-conducteurs.
- b. Les batteries électriques.
- c. L'intelligence artificielle.

31 Quelle caractéristique principale différencie la guerre froide et la rivalité sino-américaine ?
- a. Absence de potentiel théâtre de conflits.
- b. Interdépendance économique.
- c. Alliances stratégiques.

32 Quel est le PIB de la Chine ?
- a. 10 000 milliards de dollars.
- b. 15 000 milliards de dollars.
- c. 18 000 milliards de dollars.

33 Quel pays n'est pas membre du G5 du Sahel ?
- a. La Mauritanie.
- b. La Guinée.
- c. Le Tchad.

34 Quelle force spéciale française a quitté le Mali en 2022 ?
- a. Cobra.
- b. Serval.
- c. Barkhane.

35 Quel est le nom du président du Niger renversé le 26 juillet 2023 ?
- a. Mohamed Bazoum.
- b. Ibrahim Traoré.
- c. Roch Marc Christian Kaboré.

36 Quelle force spéciale française a annoncé quitter le Sahel en février 2023 ?
- a. Sabre.
- b. Cobra.
- c. Fennec.

37 Avec quel pourcentage de voix Vladimir Poutine est-il élu en 2000 ?
- a. 53 %.
- b. 63 %.
- c. 73 %.

38 À la faveur de quelle guerre Vladimir Poutine acquiert-il une stature d'homme présidentiable ?
- a. Guerre en Ukraine.
- b. Guerre au Kosovo.
- c. Guerre en Tchétchénie.

39 **Comment appelle-t-on les Russes qui se sont enrichis de manière frauduleuse au moment de la chute de l'URSS ?**

❍ **a.** Les siloviki.
❍ **b.** Les oligarques.
❍ **c.** Les membres de Russia Today.

40 **Quelle région de Géorgie n'a pas fait sécession ?**

❍ **a.** L'Ossétie du Sud. ❍ **b.** L'Adjarie. ❍ **c.** L'Abkhazie.

41 **Quelle est la date des dernières élections législatives en Israël ?**

❍ **a.** Novembre 2022 ❍ **b.** Décembre 2022 ❍ **c.** Janvier 2023

42 **Benyamin Netanyahou constitue son :**

❍ **a.** 3e ministère ❍ **b.** 5e ministère ❍ **c.** 6e ministère

43 **Les manifestations en Israël dénoncent :**

❍ **a.** La colonisation en Cisjordanie
❍ **b.** La réforme de la cour suprême
❍ **c.** La guerre à Gaza

44 **La guerre à Gaza a commencé :**

❍ **a.** Pour mettre fin à l'envoi de roquettes sur Israël
❍ **b.** Pour répliquer aux attaques du Hamas du 7 octobre
❍ **c.** Sur la demande des extrémistes du gouvernement

45 **Quelles sont les puissances qui s'opposent géopolitiquement dans le Caucase sud ?**

❍ **a.** États-Unis/Russie. ❍ **b.** Russie/Iran. ❍ **c.** Turquie/Russie.

46 **Depuis quelle date le Haut-Karabagh s'est-il déclaré indépendant ?**

❍ **a.** 1923. ❍ **b.** 1991. ❍ **c.** 1988.

47 **Le Haut-Karabagh est peuplé majoritairement :**

❍ **a.** de Russes. ❍ **b.** d'Arméniens. ❍ **c.** d'Azéris.

48 **Les Azéris ont attaqué le Haut-Karabagh car :**

❍ **a.** Ils profitent de l'affaiblissement de la Russie occupée par la guerre en Ukraine.
❍ **b.** Ils ont obtenu un soutien massif de la Turquie.
❍ **c.** Ils se sont dotés de nouvelles armes.

Corrigé

1. **c**, 2. **b**, 3. **a**, 4. **b**, 5. **b**, 6. **a**, 7. **a**, 8. **c**, 9. **c**, 10. **b**, 11. **b**, 12. **c**, 13. **c**, 14. **b**, 15. **c**, 16. **a**, 17. **c**, 18. **a**, 19. **b**, 20. **b**, 21. **a**, 22. **b**, 23. **b**, 24. **a**, 25. **c**, 26. **b**, 27. **b**, 28. **c**, 29. **c**, 30. **b**, 31. **b**, 32. **c**, 33. **b**, 34. **c**, 35. **a**, 36. **a**, 37. **a**, 38. **c**, 39. **b**, 40. **b**, 41. **a**, 42. **c**, 43. **b**, 44. **b**, 45. **c**, 46. **b**, 47. **b**, 48. **a**

PARTIE 2

POLITIQUE FRANÇAISE ET EUROPÉENNE

La réforme des retraites en France : une réforme « indispensable » ?

par Sophie Freiman

Le mardi 10 janvier 2023, la Première ministre Élisabeth Borne a présenté une réforme repoussant l'âge légal de départ à la retraite de 62 à 64 ans. Qualifiée de « Mère des réformes » et conçue pour préserver le système de retraite français par répartition, cette nouvelle réforme est-elle indispensable pour garantir sa pérennité ?

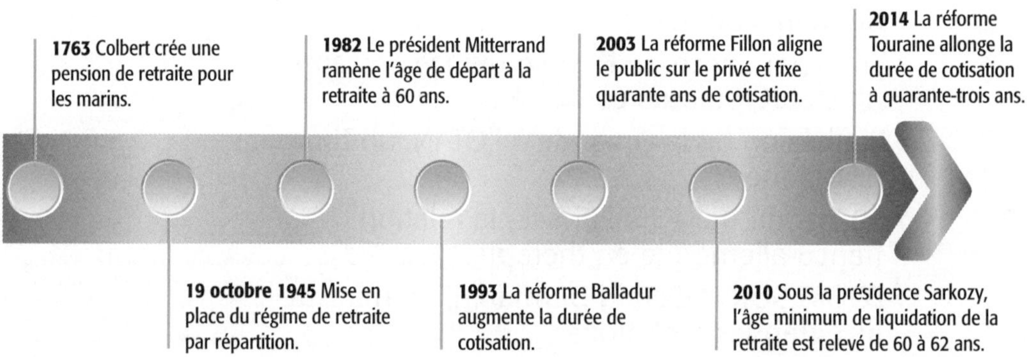

▸ La solution la plus adaptée aux yeux du gouvernement

La réforme des retraites conçue par le gouvernement d'É. Borne (report de l'âge légal de 62 à 64 ans, allongement de la durée de cotisation et suppression des principaux régimes spéciaux) est considérée comme nécessaire pour des raisons à la fois démographiques et financières. Si le système a été en excédent en 2022 (on enregistre une cagnotte de 3,2 milliards cette année-là), dès 2023, le solde des régimes de retraite s'est dégradé. Son retour à l'équilibre est prévu vers le milieu des années 2030, au mieux, en décalant l'âge de la retraite car on vit plus longtemps. Au début du siècle, on comptait deux actifs pour un retraité ; aujourd'hui, 1,7 actif pour un retraité ; et dans vingt ans, ce sera 1,3 actif pour un retraité. Le vieillissement de la population va donc mettre en danger l'équilibre des régimes de retraite. L'idée du report de l'âge légal est de faire remonter le taux d'emploi qui, depuis vingt ans, réduit le PIB par habitant. Le décalage de l'âge légal et l'allongement de la durée de cotisation devraient faire remonter le taux d'emploi des 55-64 ans, aujourd'hui de 56 % en France, contre 71,9 % en Allemagne et 60,5 % dans la zone euro.

Le COR (Conseil d'orientation des retraites, instance indépendante créée en 2000) a d'ailleurs revu à la baisse son indicateur principal : les « gains de productivité ». La productivité, encouragée par un fort taux d'emploi, est un élément clé pour comprendre les enjeux de la réforme. Une perte de la productivité entraîne une dégradation des finances publiques. Les gains de productivité sont désormais compris entre 0,7 et 1 %, au lieu de 1 à 1,8 %, ce qui tend à maintenir le déficit jusqu'en 2070. Même processus pour le taux de chômage, que le gouvernement prévoit à 5 % en 2027, alors que le COR table plutôt sur 7 %.

Le report de l'âge légal constitue, aux yeux du gouvernement, la moins mauvaise solution. Augmenter les cotisations salariales reviendrait à dégrader le pouvoir d'achat des actifs et augmenter les cotisations salariales alourdirait le coût du travail, ce qui grèverait le dynamisme économique français.

En relevant l'âge légal de départ à la retraite, l'objectif du gouvernement est d'économiser 17,7 milliards d'euros par an.

Projection de population active en moyenne annuelle

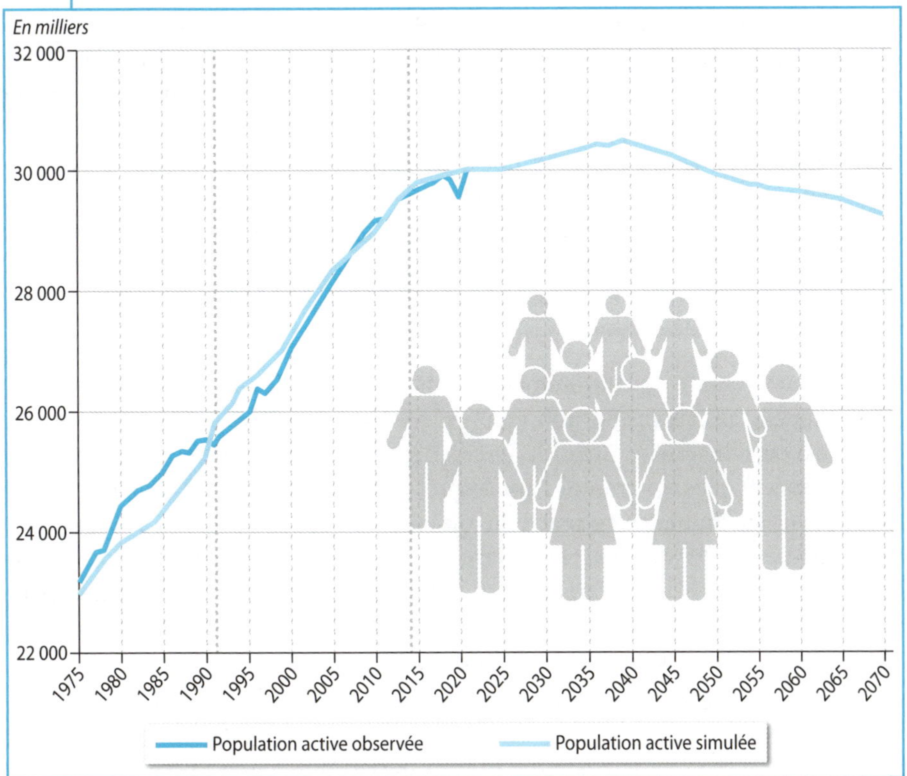

Source : « INSEE, « Emploi, chômage, revenus du travail, édition 2022 », paru le 30/06/2022

▸ Une réforme financièrement coûteuse

Lors de la présentation de la réforme en janvier 2023, le déficit attendu de 13,5 milliards d'euros en 2030 a été entrevu comme intégralement comblé. Cependant, les concessions que le gouvernement a accordées et les coûts cachés remettent en question l'équilibre financier prévu. Au total, ces concessions sont estimées à environ 7 milliards d'euros : assouplissement du dispositif carrières longues (700 millions d'euros), surtaxation des ruptures conventionnelles (250 millions), possibilité pour les mères de famille de surcoter au-delà de 43 annuités avant d'atteindre l'âge légal de 64 ans (300 millions d'euros) et revalorisation des pensions à 85 % du SMIC (2 milliards d'euros par an).

Pour le chômage, selon une étude de la Dares (Direction du ministère du Travail qui produit des études sur le thème du travail), si le taux d'emploi des séniors augmente de 14 points sous l'effet de la mesure d'âge, leur taux de chômage augmente aussi (+13 points), ainsi que leur invalidité (+7 points). Finalement, reculer l'âge de la retraite pourrait amener 84 000 chômeurs supplémentaires, c'est-à-dire un surplus de dépenses de 1,3 milliard d'euros pour l'Unédic par an. De même, les minimas sociaux, qui devront être versés plus longtemps aux bénéficiaires, sont estimés à 830 millions d'euros par la Drees (Direction de la recherche, des études, de l'évaluation et des statistiques). Enfin, on constate la même tendance pour les dépenses liées à l'invalidité (1,8 milliard) ou aux indemnités journalières (970 millions). L'ensemble de ces dépenses supplémentaires pour les autres régimes sociaux s'élèverait à 4,9 milliards d'euros. Il semblerait en outre que l'exécutif ait compté deux fois certaines recettes. Erreur qui serait de l'ordre de 4 milliards. En effet, les cotisations sociales pour les personnes qui seront amenées à travailler plus longtemps ont été déjà prises en compte par le rapport du COR de septembre 2022. Le gouvernement les aurait comptées une deuxième fois dans ses projections. Sur le long terme, la réforme pourrait même provoquer plus de coûts que si elle n'avait pas été adoptée, selon le dixième avis du CSR (Comité de suivi des retraites) publié le 13 juillet 2023.

▸ Une réforme inégalitaire et fortement contestée

La réforme présente un coût humain car elle n'aura pas les mêmes impacts sur tous. Le COR rappelle qu'une proportion non négligeable des assurés passe par des périodes de chômage ou d'inactivité. Selon la Drees, 32 % des personnes de la génération née en 1950 n'étaient plus en emploi l'année précédant leur retraite. Ces personnes hors emploi étaient au chômage, en inactivité ou en invalidité. Ce chiffre s'avère plus élevé pour les femmes (37 %) que pour les hommes (28 %). De plus, l'intensification du travail et l'alourdissement des tâches amènent un tiers des 55-69 ans à être concernés par des limitations d'activité. L'espérance de vie à 35 ans des ouvriers est inférieure à celle des cadres de 6,4 ans pour les hommes et 3,2 pour les femmes.

Lancée le 19 janvier 2023, la contestation contre la réforme a compté quatorze jours de mobilisation dans toute la France, ce qui constitue un record depuis la réforme Juppé avortée en 1995 sur les retraites et la sécurité sociale. Le ministère de l'Intérieur a recensé le 7 mars la plus forte mobilisation sur une journée, avec environ 1,3 million de manifestants

Réforme 2023 des retraites. Relèvement de l'âge de départ et accélération de l'allongement de la durée de cotisation

Année de naissance	Âge légal de départ à la retraite après réforme	Nombre de trimestres requis pour bénéficier du taux plein	
		Après réforme	Avant réforme
1960	62 ans	167	167
1er janv./31 août 1961	62 ans	168	168
1er sept./31 déc. 1961	62 ans et 3 mois	169	168
1962	62 ans et 6 mois	169	168
1963	62 ans et 9 mois	170	168
1964	63 ans	171	169
1965	63 ans et 3 mois	172	169
1966	63 ans et 6 mois	172	169
1967	63 ans et 9 mois	172	170
1968	64 ans	172	170
1969	64 ans	172	170
1970	64 ans	172	171
1971	64 ans	172	171
1972	64 ans	172	171
1973 et années suivantes	64 ans	172	172

Source : La finance pour tous d'après un rapport du gouvernement

dans toute la France. De même, le soutien de l'opinion est resté stable et massif sur toute la durée des mobilisations. On l'estime à environ deux tiers de la population. La réforme a cependant été adoptée le 16 mars 2023, sans vote du parlement et par un recours à l'article 49.3. Si la « bataille » semble gagnée pour le gouvernement, les conditions d'adoption de la réforme et notamment l'utilisation du 49.3 pourraient avoir des conséquences politiques à court ou moyen terme. L'idée d'un « passage en force » malgré la validation du Conseil constitutionnel pourrait, en effet, laisser des traces à l'Assemblée nationale et dans la société, voire écorner l'image de réformateur qu'Emmanuel Macron veut imprimer à l'international.

Mise en perspective

La notion d'âge légal n'est pas forcément pertinente pour comparer les âges de départ à la retraite. En France, il est dorénavant impossible de faire valoir ses droits avant l'âge légal de 64 ans, qui constitue un âge couperet. Ce n'est pas le cas dans les autres pays européens où il existe plusieurs possibilités de départ anticipé sous certaines conditions de durée d'assurance, de carrière ou de type de profession exercée. En Allemagne, il est possible de partir à la retraite avec un taux plein dès 63 ans à condition d'avoir cotisé quarante-cinq ans ou trente-cinq ans moyennant une décote de 0,3 % par mois sur la pension. De même, les Belges peuvent partir dès 61 ans s'ils ont cotisé quarante-trois ans tandis que les Espagnols peuvent partir deux ans avant l'âge légal pour au moins trente-cinq années de cotisation.

Violences en hausse dans la police et les manifestations en France : un problème structurel ou conjoncturel ?

par Alice Volkwein

Critiquée par plusieurs membres du Conseil des droits de l'homme de l'ONU début mai 2023 pour son niveau de violences racistes et notamment policières, la situation en France inquiète la communauté internationale. La mort d'un jeune de 17 ans suite à un tir policier après un contrôle routier fin juin 2023 a relancé un débat devenu récurrent ces dernières années alors que le niveau de violence global est en hausse. La France est-elle tombée dans un cercle vicieux où violences policières et violences des manifestants se répondent ?

▸ Violence policière : accidents dans l'exercice d'une violence d'État légitime ou problème systémique ?

Si le terme de « violence policière » fait débat, il désigne l'usage illégitime, car non couvert par la loi, de la force par les policiers dans l'exercice de leurs fonctions. Pour Gérald Darmanin, ministre de l'Intérieur, « *il n'y a pas de violence policière* » (mars 2023). Mais une rapide comparaison montre que la police française est bien la plus violente d'Europe. Certes, le nombre de morts à la suite d'une action policière est 6 fois supérieur aux États-Unis mais, selon le sociologue Sebastian Roché, là où l'Allemagne compte 1 tir mortel en dix ans pour refus d'obtempérer, la France en déplore 16 en l'espace de dix-huit mois. Le cas de Nahel Merzouk, 17 ans, tué à bout portant par un policier le 27 juin 2023, dont la version des faits (légitime défense à la suite d'un refus d'obtempérer) a été contredite par des vidéos de la scène, a embrasé plusieurs villes de France jusqu'au 5 juillet. La révolte a dépassé les émeutes de 2005 avec 3 651 personnes placées en garde à vue, dont un tiers de mineurs, d'après le ministère de l'Intérieur, et 742 condamnées à des peines de prison ferme, selon le bilan donné par le garde des Sceaux fin juillet, en majorité pour vol, dégradation, rébellion ou violence sur policiers.

Au-delà des morts, ce sont les interpellations abusives, parfois préventives en amont des manifestations, la technique du « nassage des cortèges », mais aussi l'usage non proportionné de la matraque par la Brav-M (brigade de répression de l'action violente motorisée) qui sont pointés du doigt. Fin mars 2023, la commissaire aux droits de l'homme du Conseil de l'Europe, Dunja Mijatovic, appelait les autorités françaises à faire le nécessaire pour « *permettre l'exercice effectif* » des « *libertés d'expression et de réunion* ».

Parmi les causes, figure une doctrine spécifiquement française du maintien de l'ordre très axée sur la répression. Les policiers français sont moins formés aux méthodes alternatives. En outre, l'usage en hausse depuis 2009 d'armes non létales comme les LBD (lanceurs de balles de défense en caoutchouc) aurait, selon l'économiste Paul Rocher, conduit à une hausse significative du nombre de tirs policiers (de 3 700 en 2009 à 33 000 en 2018, année record). Ces armes déresponsabiliseraient les policiers, laissant penser que ces tirs sont inoffensifs alors que le *flash ball* peut être mortel.

La loi de sécurité publique de 2017, qui a établi cinq types de situation où les forces de l'ordre peuvent faire usage de leurs armes à feu, est aussi vivement critiquée au vu de la hausse du nombre de tirs mortels.

▸ Violence des manifestants, entre radicalisation stratégique et sentiment d'impuissance

Le niveau de violence policière d'un pays est corrélé au niveau de violence globale de la société, ce qui se retrouve en France. Depuis 2016 et les manifestations contre la loi Travail, que ce soit pendant le mouvement des Gilets jaunes (2018-2019), lors des manifestations anti-bassines à Sainte-Soline (2023) ou contre la réforme des retraites (2023), la violence est devenue monnaie courante. Les policiers déplorent eux aussi un nombre grandissant de blessés lors des interventions alors que manifester est, en France plus que dans d'autres pays, un mode d'expression et un rite social.

G. Darmanin dénonce régulièrement « *la violence de l'ultragauche* ». Depuis 2016, les black blocs se sont installés durablement en tête des cortèges, poursuivant une stratégie centrée sur la violence considérée comme un moyen légitime. Ces violences se professionnalisent avec des tirs de mortier et de cocktails Molotov à forte contenance.

Police meurtrière, pays violent ?

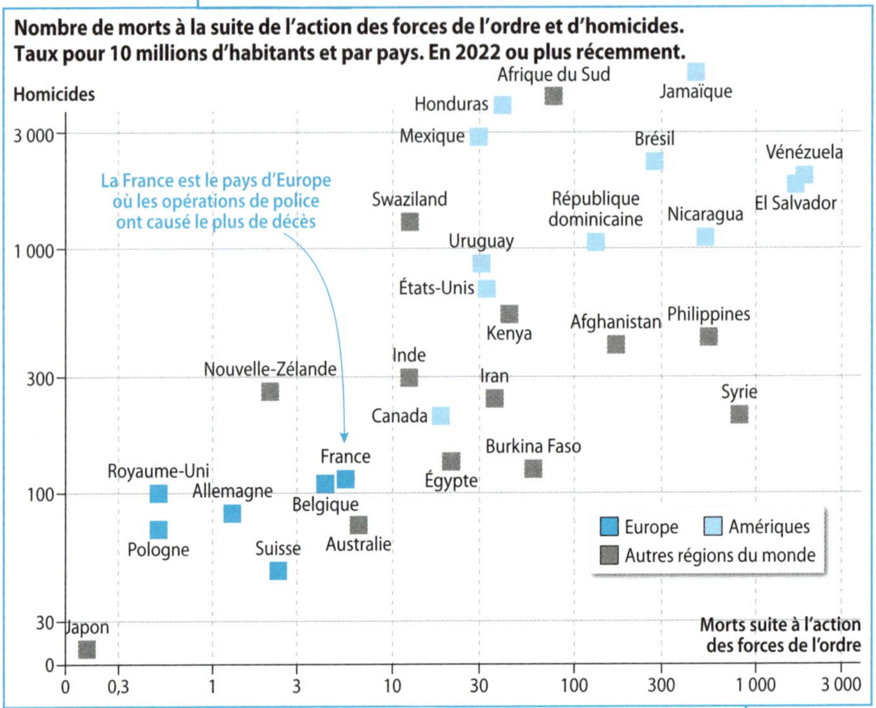

Source : UNHCR

Selon un sondage Ifop-Fiducial pour Sud Radio publié en mars 2023, seuls 57 % des sondés condamnent encore les violences en manifestations (contre 69 % fin 2018) et 37 % les comprennent sans les approuver (soit 10 points de plus par rapport à 2018). Cette évolution s'explique notamment par l'affaiblissement des syndicats qui restent pacifistes. N'ayant pas remporté de bataille dans la rue depuis 2006, ils sont touchés par une perte de confiance généralisée.

De plus en plus d'élus locaux, visés par des actes de violence inédits (faits en hausse de 32 % en 2022), démissionnent (1 293 maires depuis 2020). Pour certains chercheurs, cette violence, inexcusable, serait « *l'expression de l'absence d'alternative politique* ». Répondre de façon violente à une situation perçue comme injuste n'est cependant pas nouveau dans l'histoire française.

Entre clivage droite-gauche, rupture générationnelle et polarisation médiatique, un phénomène âprement discuté

Sur ces questions particulièrement, les opinions divergent fortement au sein de la population, laissant apparaître différents clivages forts. L'appartenance politique est ainsi déterminante. Selon le sondage Ifop-Fiducial, seuls 35 % des sympathisants Renaissance et 37 % des sympathisants des Républicains considèrent que les violences policières sont une réalité, contre 79 % des partisans LFI. Là où les violences policières sont vues à gauche comme une cause centrale de la montée de la violence dans la société, les partisans de droite estiment que la police est poussée à la faute.

Ce fossé se retrouve également dans le traitement médiatique de ces événements. L'analyse par *Le Monde* de la couverture médiatique d'une journée contre la réforme des retraites montre que les médias traditionnels (LCI, Franceinfo) ont essayé de couvrir les manifestations sans mettre l'accent sur les incidents, quand les chaînes d'information en continu comme BFM-TV et CNews ont rapidement titré sur les « *casseurs* ». À l'inverse, des médias exclusivement numériques tels Brut et Loopsider se sont concentrés sur les violences policières et les blessés dans les rangs des grévistes.

Ces différences de traitement médiatique reflètent et renforcent une rupture générationnelle qui se creuse, dans l'accès à l'information mais aussi dans l'évaluation de la police et de la violence. La défiance de la jeunesse envers les médias traditionnels a augmenté en même temps que celle envers la police. Ainsi le sondage Ifop-Fiducial montre que seuls 19 % des 18-24 ans ont « confiance » en la police contre 42 % sur l'ensemble de la population.

Les agressions contre la police nationale ont doublé en vingt ans

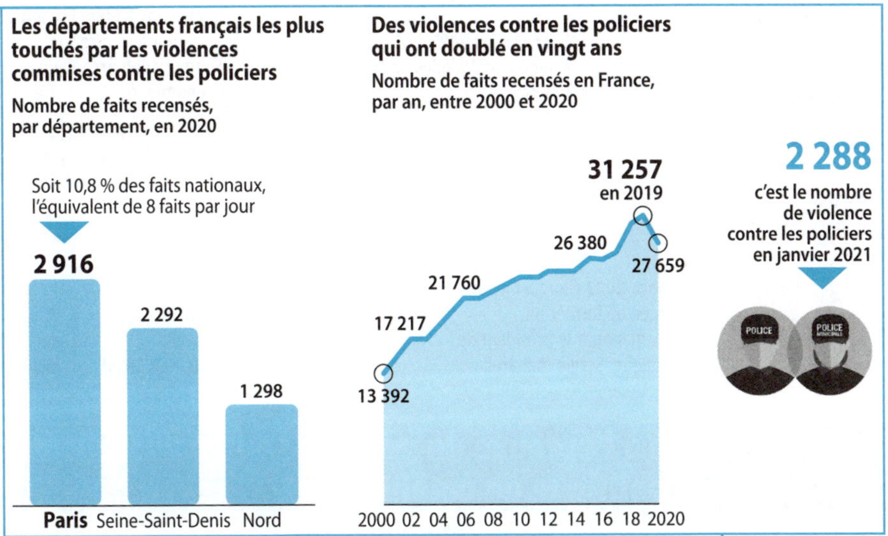

Source : Data.gouv.fr

Mise en perspective

Le 7 juillet 2023, le gouvernement a présenté aux élus un plan national contre les violences et il réfléchit à une nouvelle « loi anti-casseurs » pour répondre aux violences en marge des manifestations. Il n'y a en revanche pas eu de réponse officielle aux alertes lancées par l'ONU, le Conseil de l'Europe et de nombreuses associations comme Amnesty International au sujet des violences policières, terme qui n'est plus utilisé officiellement.

L'extrême droite au pouvoir en Italie et la méthode Meloni

par Yann Guillo

Le 25 septembre 2022, l'alliance des droites dirigée par le parti d'extrême droite Fratelli d'Italia (Frères d'Italie) et portée par Giorgia Meloni est arrivée en tête des élections législatives avec 44 % des suffrages. Pour la première fois, l'un des six pays fondateurs de la Communauté européenne est gouverné par l'extrême droite. L'arrivée au pouvoir de Giorgia Meloni en Italie remet-elle en cause les principes inhérents à l'identité européenne ?

25 septembre 2022 Victoire de la coalition de droite menée par Fratelli d'Italia (Frères d'Italie) aux élections législatives.

21 octobre 2022 Giorgia Meloni est chargée de former un gouvernement par le président de la République, Sergio Mattarella.

21 février 2023 Giorgia Meloni rencontre Volodymyr Zelensky à Kiev.

11 juin 2023 Visite officielle de Giorgia Meloni, Ursula von der Leyen et Mark Rutte en Tunisie pour rencontrer le chef de l'État, Kaïs Saïed.

16 juillet 2023 Accord de « partenariat stratégique » entre l'Union européenne et la Tunisie centré sur la lutte contre l'immigration irrégulière et le soutien économique.

17 septembre 2023 Visite d'Ursula von der Leyen et Giorgia Meloni à Lampedusa.

L'extrême droite à l'épreuve du pouvoir : entre libéralisme économique et politique de natalité

Giorgia Meloni, membre du parti Fratelli d'Italia et désormais présidente du Conseil des ministres italiens, a su s'imposer aux élections législatives en organisant une coalition suffisamment large puis en gouvernant aux côtés de la Ligue de Matteo Salvini et le parti Forza Italia de Silvio Berlusconi. Qualifiée de postfasciste par de nombreux commentateurs italiens, la coalition répond au rejet de la politique personnifiée par Mario Draghi, ancien président de la Banque centrale européenne et du Conseil italien.

Soutenue par le patronat, G. Meloni multiplie les gestes à son égard. Plusieurs mesures en faveur des entreprises sont mises en place pour encourager l'embauche (avantages fiscaux, réductions fiscales…). Lancé par l'opposition, le projet de loi pour la création d'un salaire minimum est rejeté par le gouvernement. À l'opposé du mouvement impulsé par

M. Draghi pour l'utilisation de la carte bancaire, le gouvernement est accusé de favoriser implicitement l'évasion fiscale avec l'augmentation du plafond des paiements en liquide.

La lutte contre « l'assistancialisme » motive tout autant l'action de la présidente du Conseil. Lors de la fête du Travail de 2023, le gouvernement italien annonce la suppression, entrée en vigueur fin juillet, du « revenu de citoyenneté », similaire au RSA français, au profit d'un dispositif plus réduit, réservé aux personnes âgées ou handicapées. Ce revenu, qui venait en aide aux plus démunis, avait permis de sortir un million de personnes de la pauvreté depuis sa mise en place en 2019, selon l'Institut italien de la statistique. Pour G. Meloni, l'objectif affiché est de « *faire la différence entre ceux qui sont capables de travailler et ceux qui ne le sont pas* ». Afin de contenir la colère sociale, M. Salvini, vice-président du Conseil des ministres, a annoncé le 7 août 2023 la création d'une taxe de 40 % sur les superprofits des banques pour financer des réductions de charges pour les familles et les entreprises. Face à la réaction défavorable des marchés, cette mesure a été remise en cause, tandis que la situation économique du pays s'est détérioré. Le PIB de l'Italie a reculé de 0,3 % au deuxième trimestre et l'inflation est supérieure à celle de la zone euro.

L'Italie fait également face à un déclin démographique historique avec, en 2022, une baisse de la population de près de 180 000 personnes, selon le Bureau national des statistiques. Face à la diminution et au vieillissement de la population italienne, la politique sociale du gouvernement pousse vers une reprise de la natalité. Dès son arrivée au pouvoir, G. Meloni a créé un ministère de la Natalité et propose, lors du premier projet de loi de finances, une réforme des retraites permettant aux femmes de partir plus tôt en fonction de leur nombre d'enfants. L'adoption par le précédent gouvernement du « Family Act », visant à améliorer l'aide financière accordée aux familles, témoigne de la continuité que représente cet enjeu dans la politique italienne.

Résultats des élections législatives en Italie, 25 septembre 2022

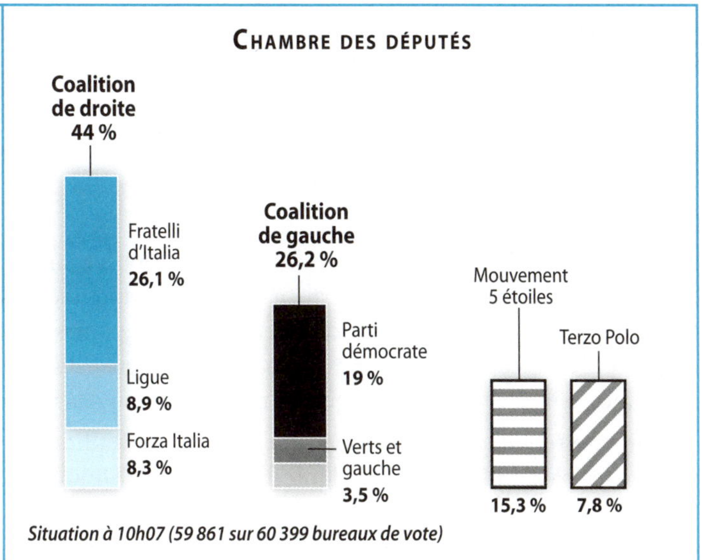

Source : ministère de l'Intérieur italien

Enfin, la présidente du Conseil a engagé, fin novembre 2023, une profonde réforme de la Constitution prévoyant notamment l'élection au suffrage universel du chef du gouvernement afin d'améliorer la stabilité politique de l'Italie.

▸ Une remise en cause des droits civils ?

« *Je m'appelle Giorgia Meloni, je suis une femme, je suis une mère, je suis italienne, je suis chrétienne.* » À travers cette présentation, la présidente du Conseil affirme une position de droite traditionnelle, radicale et conservatrice. Dans ses discours, elle a loué la famille « *naturelle* » composée d'un homme, d'une femme et d'enfants.

Le gouvernement Meloni, opposé à l'homoparentalité, s'est engagé dans une bataille contre l'adoption, la procréation médicale assistée (PMA) et la gestation pour autrui (GPA) pour les couples de même sexe. Par une circulaire, G. Meloni demande aux maires de ne pas reconnaître les enfants de couples d'un même sexe ayant eu recours à la PMA. En février 2023, le gouvernement a présenté un projet de loi visant à faire du recours à une mère porteuse à l'étranger un « *délit universel* », sévèrement puni.

Concernant l'interruption volontaire de grossesse (IVG), G. Meloni a annoncé son maintien dans le cadre de la loi 194 de 1978, dont les conditions sont restrictives. Néanmoins, elle soutient ouvertement le mouvement « pro-life » et le droit au « non-avortement ». À ce titre, les discours condamnant moralement l'IVG se sont multipliés et des obstacles à l'avortement sont érigés au niveau régional. À l'image de la Sicile ou des Abruzzes, plusieurs régions comptent près de 90 % de gynécologues objecteurs de conscience, rendant l'avortement presque impossible. Des pratiques comme l'écoute des battements de cœur du fœtus ou la mise en place de fonds pour les mères qui renoncent à l'IVG ont été mises en place par les associations pro-life.

▸ Une lutte contre « l'immigration irrégulière »

L'essentiel de la « doctrine migratoire » de Fratelli d'Italia est contenu dans le point n° 21 du programme électoral intitulé « *Mettre fin à l'immigration clandestine et restaurer la sécurité des citoyens* » où est établi un lien direct entre la question de la sécurité des Italiens et l'immigration illégale.

On assiste à une criminalisation des ONG avec une multiplication des procédures judiciaires pour contraindre leurs bateaux à rester à quai et à un durcissement des conditions pour débarquer les migrants, dont un changement des pratiques d'attribution de ports pour débarquer les rescapés. Les navires d'ONG sont éloignés de la zone d'opérations en Méditerranée centrale, alors même que les moyens de sauvetage y font défaut.

La stratégie migratoire italienne repose également sur la multiplication des accords de partenariat avec les pays limitrophes par l'intermédiaire de l'Union européenne. Le 16 juillet 2023, l'accord de « partenariat stratégique » entre l'UE et la Tunisie est entériné pour favoriser la lutte contre l'immigration irrégulière en échange d'un soutien économique de 150 millions d'euros. Le gouvernement italien est aussi moteur dans les négociations du nouveau Pacte sur la migration et l'asile de l'Union européenne, dans lequel une place importante est donnée au renforcement des frontières extérieures.

Ports d'attribution des ONG en Italie

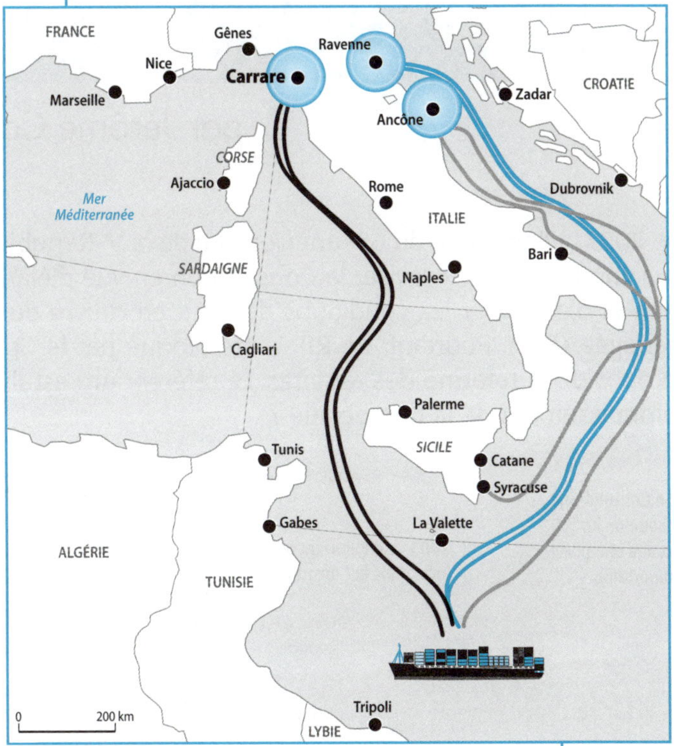

Source : SOS méditerranée

Mise en perspective

À la tête des gouvernements hongrois et polonais et participant aux exécutifs finlandais et lettons, les mouvements d'extrême droite gagnent du terrain en Europe. Malgré une proximité idéologique, l'extrême droite européenne reste pourtant hétérogène et ne parvient pas à s'organiser au Parlement européen sous une même bannière. Ainsi, on retrouve au sein du groupe Conservateurs et réformistes européens les membres de Fratelli d'Italia, du PiS polonais, de l'Alliance nationale lettone et du Parti des Finlandais alors même que les membres de la Ligue et du Rassemblement national siègent au groupe Identité et démocratie. Victor Orban et le Fidesz se retrouvent quant à eux chez les non-inscrits, à la suite de leur exclusion du Parti populaire européen.

Les élections européennes de 2024 pourraient rebattre les cartes.

Le référendum en France : outil démocratique ou démagogique ?

par Jérôme Calauzènes

Le 4 octobre 2023, à l'occasion du 65e anniversaire de la Ve République, Emmanuel Macron a annoncé vouloir réviser la Constitution en vue d'élargir le champ du référendum et d'assouplir les conditions de mise en œuvre du référendum d'initiative partagée (RIP). Pourtant, un RIP a été bloqué par le Conseil constitutionnel à propos de la réforme des retraites. Le référendum est-il vraiment un outil d'approfondissement de la démocratie ?

- **4 octobre 1958** Constitution de la Ve République où le référendum occupe une place relativement importante.
- **27 avril 1969** Le « non » l'emporte lors d'un référendum entraînant la démission du président de Gaulle.
- **2003** Inscription du référendum local dans la Constitution.
- **2008** Inscription du RIP dans la Constitution, lancé par un cinquième des membres du Parlement et soutenu par un dixième des électeurs.
- **5 novembre 2023** Nouvelles propositions d'Emmanuel Macron visant à élargir le champ du référendum aux « *questions de société* » et à faciliter l'organisation d'un RIP.
- **17 novembre 2023** Emmanuel Macron renonce à ce projet faute de « majorité nécessaire » au sein des partis politiques

Du plébiscite au référendum : un outil controversé

Le référendum existe en France depuis la Révolution : il est acté dans la Constitution de l'an I (adoptée en 1793) sous la forme d'une sorte de veto populaire. Cette Constitution, bien que non appliquée à cause des mesures de la Terreur et des tentatives d'invasion étrangères, fut également validée par référendum entre juillet et août 1793.

Sous l'Empire, Napoléon Bonaparte utilise le plébiscite pour légitimer son pouvoir. En 1804, il devient consul à vie à la suite d'une consultation des citoyens (3,5 millions de « oui », 8 000 « non »). En réalité, les populations sont contrôlées, soumises à une intense propagande impériale et il y a beaucoup d'abstention (62 %). Napoléon III fait également entériner son coup d'État en 1851 puis le passage au Second Empire par des appels au peuple.

Discréditée aux yeux des Républicains, avec l'idée que le peuple est facilement manipulable, cette pratique sera quasiment ignorée durant la IVe République, sauf pour l'adoption de la Constitution (en 1946).

Le général de Gaulle réintroduit le référendum en France, au moment de la Libération (les Français votent à 96 % pour la disparition de la IIIe République, en octobre 1945) et surtout dans la Constitution de la Ve République en 1958. Dans la rédaction initiale de celle-ci, le référendum est érigé en principe, notamment comme l'un des moyens d'exercer la souveraineté (article 3).

▸ Une pratique élargie mais de moins en moins fréquente

Au départ, Charles de Gaulle l'utilise beaucoup pour renforcer sa légitimité par exemple en 1961 (sur l'autodétermination en Algérie) ou en mars 1962 (à propos des accords d'Évian mettant fin à la guerre d'Algérie). En 1969, le « non » l'emporte au référendum sur la régionalisation et la réforme du Sénat, entraînant la démission de C. de Gaulle. Seuls cinq référendums nationaux ont été organisés depuis cette date et aucun depuis 2005 (référendum sur le traité établissant une Constitution pour l'UE). Ce dernier a, par ailleurs, été négatif (53 % de « non ») en partie pour protester contre la politique du président Chirac.

Les possibilités d'usage constitutionnel du référendum vont pourtant être accrues. Le champ de l'article 11 (référendum d'initiative présidentielle) est élargi à plusieurs reprises. Le chef de l'État peut aujourd'hui y avoir recours pour toutes les questions relatives aux traités internationaux et aux réformes touchant à l'organisation des pouvoirs publics et à la politique économique, sociale et environnementale.

En 2003, le référendum local est inscrit à l'article 72-1 de la Constitution. Ils ont été plus nombreux à être organisés. On peut citer celui sur le projet d'aéroport du Grand Ouest, approuvé à 55 % en 2016 (mais qui n'a pas permis la construction de cette infrastructure) ou les trois référendums sur l'accession de la Nouvelle-Calédonie à la pleine souveraineté (en 2018, 2020 et 2021, où le « non » l'a emporté à chaque fois).

Depuis 2008, le référendum d'initiative partagée (RIP) permet, sous conditions, à un cinquième des membres du Parlement et à un dixième des électeurs d'initier un référendum. Pourtant, seule la proposition visant à considérer le groupe ADP (Aéroports de Paris) comme un service public a franchi le seuil parlementaire et l'avis conforme du Conseil constitutionnel. Mais elle n'a recueilli qu'un peu plus d'1 million de signatures contre les 4,7 millions requises.

▸ Le référendum, objet de nombreux débats

Les tensions sont anciennes et les débats restent vifs encore aujourd'hui. Pour le constitutionnaliste Dominique Rousseau, le référendum est adapté à la démocratie locale mais beaucoup moins à l'échelle nationale. Il va tout d'abord à l'encontre des instances représentatives comme le Parlement, les syndicats ou les associations, laissant à penser que ces instances sont inutiles. Ensuite, les citoyens ne sont pas nécessairement compétents

Liste des référendums nationaux sous la Ve République et leurs résultats

Date	Objet	% des inscrits		% des exprimés		Président de la République	Premier ministre
		Abstention	Blancs et nuls	Oui	Non		
28 septembre 1958	Constitution de la Ve République	17,37	0,89	82,6	17,4	René Coty	Charles de Gaulle
8 janvier 1961	Autodétermination de l'Algérie	26,24	2,22	74,99	25,01	Charles de Gaulle	Michel Debré
8 avril 1962	Accords d'Évian sur l'indépendance de l'Algérie	24,66	4,00	90,81	9,19	Charles de Gaulle	Michel Debré
28 octobre 1962	Élection du président de la République au suffrage universel direct	23,03	2,02	62,25	37,75	Charles de Gaulle	Georges Pompidou
27 avril 1969	Réforme du Sénat et régionalisation	19,87	2,19	47,59	52,41	Charles de Gaulle	Maurice Couve de Murville
23 avril 1972	Élargissement de la Communauté économique européenne	39,76	7,00	68,32	31,68	Georges Pompidou	Jacques Chaban-Delmas
6 novembre 1988	Statut de la Nouvelle-Calédonie	63,11	4,36	79,99	20,00	François Mitterrand	Michel Rocard
20 septembre 1992	Ratification du traité de Maastricht sur l'Union européenne	30,30	2,37	51,04	48,95	François Mitterrand	Pierre Bérégovoy
24 septembre 2000	Quinquennat	69,81	4,86	73,21	26,79	Jacques Chirac	Lionel Jospin
29 mai 2005	Ratification du traité établissant une Constitution pour l'Europe	30,63	1,75	45,33	54,67	Jacques Chirac	Jean-Pierre Raffarin

Source : Conseil constitutionnel

sur certaines questions qui doivent être débattues par des experts. Le référendum simplifie aussi à l'extrême les questions, il est parfois détourné de son objet et se transforme souvent en plébiscite, comme en 2005. Enfin, le risque populiste et la tentation autoritaire restent très présents *via* cette pratique.

Pour d'autres comme Frédéric Rouvillois, professeur de droit public, le recours au peuple est la marque d'un régime démocratique qui s'approfondit. On ne peut, selon lui, considérer que le peuple est incompétent, sauf si l'on défend un système oligarchique ou technocratique. À ses yeux, de nombreux sujets devraient être régulièrement soumis à consultation populaire, comme le mariage pour tous, l'euthanasie ou l'âge de départ à la retraite, sans que cela ne soit systématique, pour éviter la banalisation et le risque d'abstention.

Plusieurs tendances politiques, notamment à gauche, sont ainsi favorables à un élargissement du RIP et à la création d'un référendum d'initiative citoyenne (RIC) qui permettrait au peuple de provoquer directement un vote sur des questions qu'il jugerait pertinentes ou pour abroger une loi. La droite et l'extrême droite souhaitent, quant à elles, un élargissement de la pratique du référendum, notamment sur les questions d'immigration.

Le 5 novembre 2023, dans une lettre aux chefs des partis politiques, E. Macron a proposé d'abaisser à 1 million d'électeurs le seuil pour permettre l'organisation d'un RIP, ainsi que le nombre de parlementaires requis (93 contre 185). Il a aussi souhaité « *donner aux citoyens la possibilité de prendre l'initiative* » de ce RIP, réservée actuellement aux seuls parlementaires. Il suggère enfin d'élargir le champ du référendum aux « *questions de société* », telles que l'immigration ou la fin de vie. Mais après avoir consulté les divers partis politiques, il renonce à ce projet le 17 novembre 2023.

Le RIP, une procédure encadrée

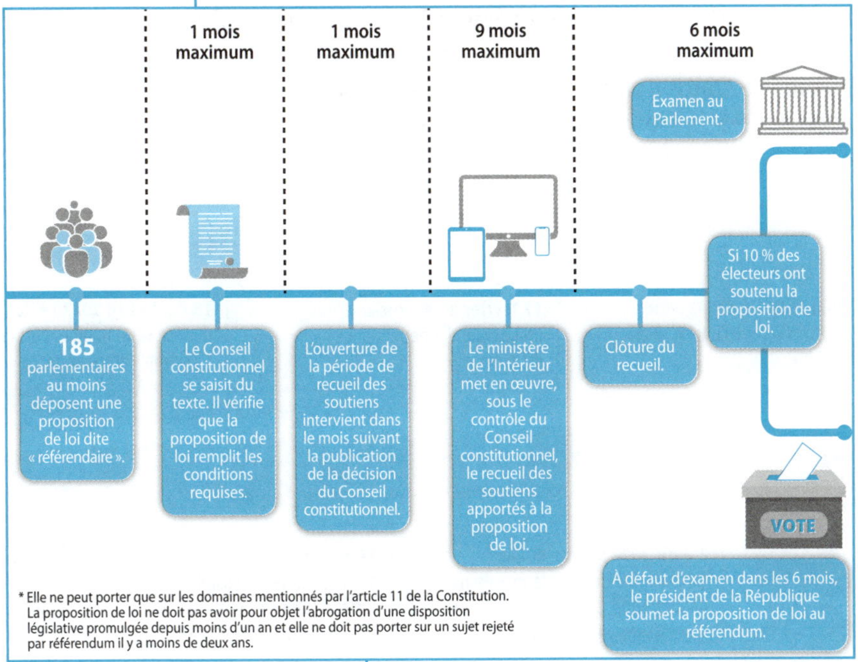

Source : Ministère de l'Intérieur – Conseil constitutionnel

Mise en perspective

En Suisse, le peuple est très régulièrement amené à se prononcer sur des lois ou des propositions de révision de la Constitution. Le référendum facultatif permet au peuple de demander l'organisation d'un scrutin populaire pour s'opposer à un acte législatif adopté par le Parlement. Il existe aussi des référendums obligatoires sur certaines questions. L'initiative populaire, enfin, permet au peuple de proposer une modification partielle ou totale de la Constitution si 100 000 signatures de citoyens et citoyennes disposant du droit de vote sont réunies en dix-huit mois. Le problème reste que la démocratie directe aboutit souvent à des décisions très conservatrices. En juin 2021, les Suisses ont ainsi repoussé par référendum une loi qui instaurait des taxes pour lutter contre le réchauffement climatique.

L'indépendance du Kosovo quinze ans après : un statut toujours contesté

par Barbara Tissier

Le 17 février 2023, le Kosovo a célébré le quinzième anniversaire de sa déclaration unilatérale d'indépendance, neuf ans après la fin de la guerre qui l'opposait à la Serbie. Ce statut a depuis été reconnu par 98 États dans le monde mais reste contesté par 95 autres, dont la Serbie, la Russie et la Chine. Pourquoi, quinze ans après sa proclamation, l'indépendance du Kosovo partage-t-elle encore le monde en deux camps ?

- **10 juin 1999** Fin de la guerre du Kosovo suite à l'intervention de l'OTAN.
- **3 avril 2007** Remise du plan Athisaari concernant le processus d'indépendance du Kosovo « sous supervision internationale ».
- **17 février 2008** Proclamation unilatérale d'indépendance du Kosovo.
- **27 octobre 2015** Signature de l'accord de stabilisation et d'association (ASA) entre l'Union européenne et le Kosovo.
- **15 décembre 2022** Le Kosovo dépose sa demande d'adhésion à l'Union européenne.
- **17 février 2023** Célébration du quinzième anniversaire de la déclaration d'indépendance du Kosovo.

Un pays né d'un conflit encore ouvert

Lors du morcellement de la Yougoslavie, la Slovénie, la Croatie, la Bosnie-Herzégovine, le Monténégro et la Macédoine ont proclamé leur indépendance entre 1991 et 1992. Dans la Constitution de 1974, ces républiques avaient le même statut que le Kosovo jusqu'à ce qu'il soit révoqué en 1989. Cette révocation, vécue comme une annexion à la Serbie, déclenche aussitôt un mouvement de révolte des Albanais (à majorité musulmans) qui représentent alors près des trois quarts de la population du Kosovo, où vit aussi une grosse minorité serbe (orthodoxe). La création, en 1996, de l'Armée de libération du Kosovo (UÇK) signe le début d'un conflit armé entre la Serbie et le Kosovo. Après l'échec des négociations de Rambouillet, l'OTAN procède, en 1996, à une campagne de bombardement en Yougoslavie qui contraint les forces serbes à se retirer du Kosovo. Cette intervention de l'OTAN sans mandat onusien est considérée comme illégitime tant par la Serbie que par la Russie. Le Kosovo est un territoire hautement symbolique pour le nationalisme serbe. La région, abritant de nombreux monastères et le siège patriarcal de l'Église orthodoxe, est considérée comme le « berceau de la civilisation serbe ».

Le 10 juin 1999, le Conseil de sécurité de l'ONU vote une résolution prévoyant une opération de maintien de la paix, qui fait du Kosovo un protectorat international sous son mandat. Pour y mettre fin et tandis que le nord du Kosovo, peuplé en majorité de Serbes, est contrôlé *de facto* par la République de Serbie, l'ONU mandate en 2005 l'ancien président finlandais Martti Ahtisaari pour négocier entre Belgrade et Pristina, la capitale du Kosovo. Soumises au Conseil de sécurité en 2007, ses propositions d'accorder au Kosovo le statut d'État indépendant « sous supervision internationale » sont soutenues par les États-Unis et l'UE mais rejetées par la Russie et la Chine qui opposent leur veto.

▸ Une indépendance contestée

Le plan Ahtisaari a servi de base à la proclamation unilatérale d'indépendance du Kosovo un an plus tard, en février 2008. D'emblée, des États prennent l'initiative de reconnaître son indépendance : la France, l'Allemagne, le Royaume-Uni, l'Italie, les États-Unis et la Suisse, notamment. La Cour internationale de justice, saisie par la Serbie, finit par statuer que la déclaration d'indépendance du Kosovo « *n'a pas violé le droit international* ».

Cependant, de nombreux États se refusent à la reconnaître : la Russie et la Chine, mais aussi en Europe Chypre, l'Espagne, la Grèce, la Roumanie et la Slovaquie. Certains s'y opposent pour des problèmes qui leur sont propres : l'Espagne (Catalogne, Pays basque), Chypre (partie turque), la Roumanie (minorité hongroise), la Russie (Ossétie du Sud, Abkhazie), etc. S'y ajoute une solidarité orthodoxe de la part de pays comme la Grèce et la Russie. Enfin, pour certains pays « non alignés » (comme l'Algérie, le Vietnam ou le Venezuela), le Kosovo est considéré comme un « produit » de l'OTAN. Une vision partagée et alimentée par la Russie.

La tendance à une reconnaissance croissante s'est d'ailleurs inversée depuis 2017. À la suite d'une campagne diplomatique menée par la Serbie avec un soutien russe, 18 États – principalement africains – sont revenus sur leur décision. Après la signature d'un accord commercial avec la Serbie, l'Ouganda a par exemple révoqué sa reconnaissance en 2023.

Ce relatif isolement creuse les difficultés économiques du pays. Le Kosovo est l'un des pays les plus pauvres d'Europe et son taux de chômage, s'il tend à diminuer, s'élève à près de 26 % de la population active.

Reconnaissance internationale du Kosovo

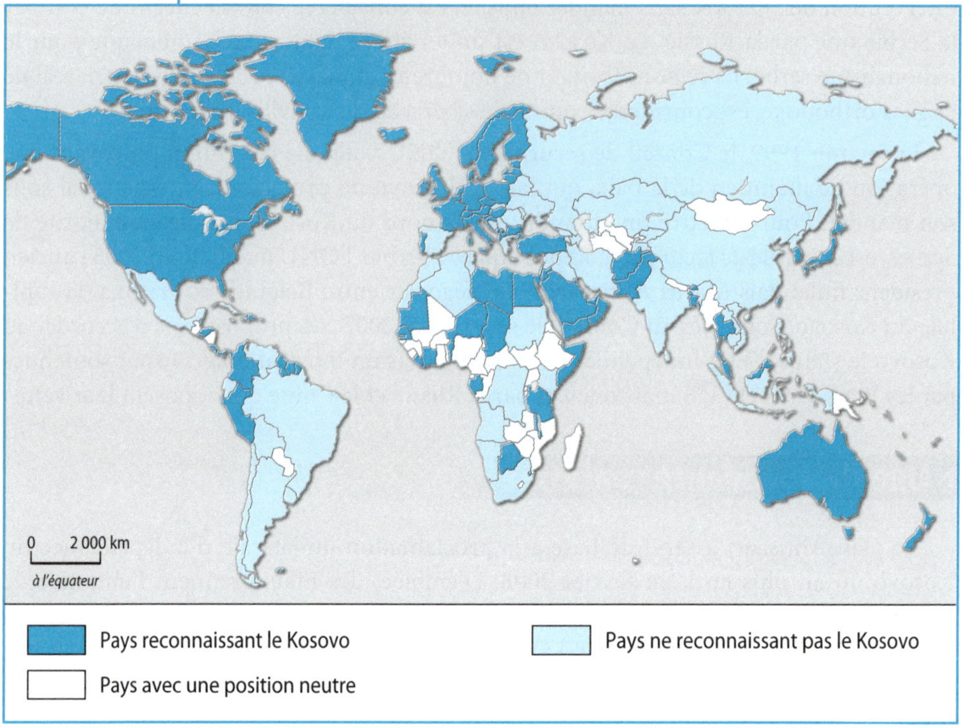

▸ Escalade des violences sur fond d'adhésion à l'UE ?

Cependant, quelques avancées ont eu lieu. Le Kosovo a été admis dans plusieurs organisations internationales comme la Banque mondiale, le Fonds monétaire international, le Comité international olympique ou la Fédération internationale de football. Et si l'Union européenne ne reconnaît pas officiellement le Kosovo (à cause du refus de certains de ses États membres), elle œuvre à la normalisation des relations serbo-kosovares. Le Processus de Berlin a été lancé par l'Allemagne lors de la conférence des États des Balkans occidentaux en 2014. En 2015, un accord de stabilisation et d'association (ASA) entre le Kosovo et l'UE est signé, alors qu'un accord du même type régule ses relations avec la Serbie depuis 2013.

Le 15 décembre 2022, le Kosovo a déposé officiellement sa demande d'adhésion à l'Union européenne, alors que la Serbie l'a fait en 2009. Un plan franco-allemand suggère l'adhésion du Kosovo aux Nations unies sans reconnaissance bilatérale avec la Serbie, sur le modèle des deux Allemagnes d'après-guerre. Finalement, un accord entre les deux anciens belligérants est accepté verbalement le 18 mars 2023 à Ohrid, en Macédoine. Une feuille de route est établie. En avril 2023, contre l'avis de la Serbie, le Comité des ministres du Conseil de l'Europe décide, à la majorité des deux tiers, de « *transmettre pour avis* » la demande d'adhésion du Kosovo à l'Assemblée parlementaire du Conseil de l'Europe.

Mais ces initiatives portées par l'UE et les États-Unis opèrent à double tranchant et confortent les arguments de Moscou. La Russie dénonce une manipulation permettant d'intégrer un nouvel allié de l'OTAN aux Nations unies. La Chine joue aussi sa partition, souhaitant prévenir la constitution d'un front pro-américain au sein de l'Union européenne. Son plan pour une « *nouvelle route de la soie* » accorde d'ailleurs une belle place (et un tiers des prêts alloués au projet) à la Serbie.

Au Kosovo, en mai 2023, dans quatre villes du nord du pays, les élections municipales – boycottées par la majorité serbe – sont remportées par des maires kosovars albanais. Des heurts entre manifestants serbes et membres de la Force internationale au Kosovo emmenée par l'Alliance atlantique s'ensuivent. Ils font plusieurs dizaines de blessés et entraînent le déploiement de forces supplémentaires de l'OTAN pour sécuriser la zone. Et depuis le printemps 2023, une escalade des violences est observée dans les zones frontalières. La guerre en Ukraine a ravivé les tensions en Europe et nourrit la vision d'un monde surmilitarisé clivé entre pro- et anti-OTAN. Le 24 septembre 2023, un commando serbe s'est introduit dans un village kosovar puis s'est réfugié dans un monastère orthodoxe. Au cours des échanges de tirs, un policier a été tué.

Données statistiques sur le Kosovo

	Kosovo	Serbie	UE
Population en 2023	1,664 million d'habitants	7,149 millions d'habitants	448 millions d'habitants
Espérance de vie en 2023	79,7 ans	75,2 ans	80,7 ans
Âge médian de la population	31,5 ans	43,2 ans	44,4 ans

PIB par habitant en dollars US courants

Année/pays	Kosovo	Serbie	UE
2008	2 965,4	7 101	37 043,6
2015	3 520,8	5 589	30 485,8
2022	5 351,4	9 393,6	37 149,6

Mise en perspective

Si la réconciliation entre la Serbie et le Kosovo n'est pas d'actualité, ils sont tous les deux engagés dans un processus similaire à travers le dépôt de leur candidature pour devenir États membres de l'Union européenne. Ces deux pays à la population jeune et aux résultats économiques largement inférieurs à la moyenne européenne partagent des ambitions similaires de développement. Des ambitions non conjointes mais parallèles qui pourraient faire de l'Union européenne une puissance d'équilibre, de médiation mais aussi de coercition.

L'adhésion de la Finlande à l'OTAN, un tournant historique

par Alice Volkwein

Mettant fin à une longue tradition de neutralité liée à sa position frontalière de la Russie, la Finlande a finalement rejoint l'OTAN début avril 2023, moins d'un an après avoir déposé une demande d'adhésion avec la Suède. Pour la Finlande, comme pour la Russie et l'OTAN, cette évolution marque un tournant historique qui signe l'échec de la stratégie du Kremlin et confirme le renforcement de l'Alliance atlantique en Europe du Nord.

1946-1991 La Finlande fait le choix de la neutralité pendant la guerre froide.

1er janvier 1995 La Finlande entre dans l'UE mais pas dans l'OTAN.

24 février 2022 La Russie attaque l'Ukraine.

18 mai 2022 Demande conjointe de la Finlande et de la Suède d'adhésion à l'OTAN.

4 avril 2023 Adhésion de la Finlande à l'OTAN.

▸ L'abandon de la neutralité au nom de la sécurité

Partageant une frontière de 1 340 km avec la Russie, la Finlande, sous domination russe au XIXe siècle jusqu'à son indépendance en 1917, a appris à se méfier de son puissant voisin. La Finlande conserve surtout le souvenir douloureux de la tentative d'annexion de son territoire par l'Union soviétique fin novembre 1939. En mars 1940, elle doit céder 10 % de son territoire à l'URSS. Lorsque l'Allemagne nazie attaque l'Union soviétique l'année suivante, la Finlande devient *de facto* l'alliée des forces de l'Axe. En raison de cette alliance, elle perd en outre, au sortir de la guerre, la région de Petsamo bordée par l'océan Arctique au profit de l'URSS à laquelle elle doit verser de lourdes réparations.

Le président Juho Kusti Paasikivi (1946-1956) et son successeur Urho Kekkonen, resté près de trente ans à la tête du pays (1956-1982), optent alors pour une politique de stricte neutralité pendant toute la guerre froide. Helsinki soigne ses relations avec Moscou sans négliger Washington. Si le terme de « finlandisation » est employé de façon critique à l'Ouest pour dénoncer l'influence de l'URSS sur son petit voisin et une neutralité forcée, la population finlandaise soutient ce choix stratégique. La chute du Rideau de fer permet à la Finlande de s'ancrer plus à l'Ouest. Le pays rejoint en 1994 le programme de partenariat pour la paix de l'OTAN et adhère à l'UE en 1995 mais ne rejoint pas l'Alliance, une large majorité de Finlandais (60 à 70 %) restant alors opposée à cette adhésion.

La question s'est de nouveau posée en 2014 au moment de l'annexion illégale de la Crimée par Moscou, mais les Finlandais ont, jusqu'en février 2022, toujours défendu la neutralité et préféré, pour leur sécurité, miser sur l'UE, au sein de laquelle la Finlande a plaidé pour une coopération militaire accrue. La coopération entre pays nordiques, et notamment avec la Suède, est également largement plébiscitée. Cependant, l'attaque russe contre l'Ukraine le 24 février 2022 a radicalement changé la donne, la Finlande étant après l'Ukraine le pays européen ayant la plus longue frontière côté russe. En quelques semaines, l'opinion publique et la majorité politique ont basculé en faveur d'une adhésion à l'OTAN. Celle-ci a été officiellement demandée en mai 2022, avec la Suède.

Carte de l'expansion de l'OTAN

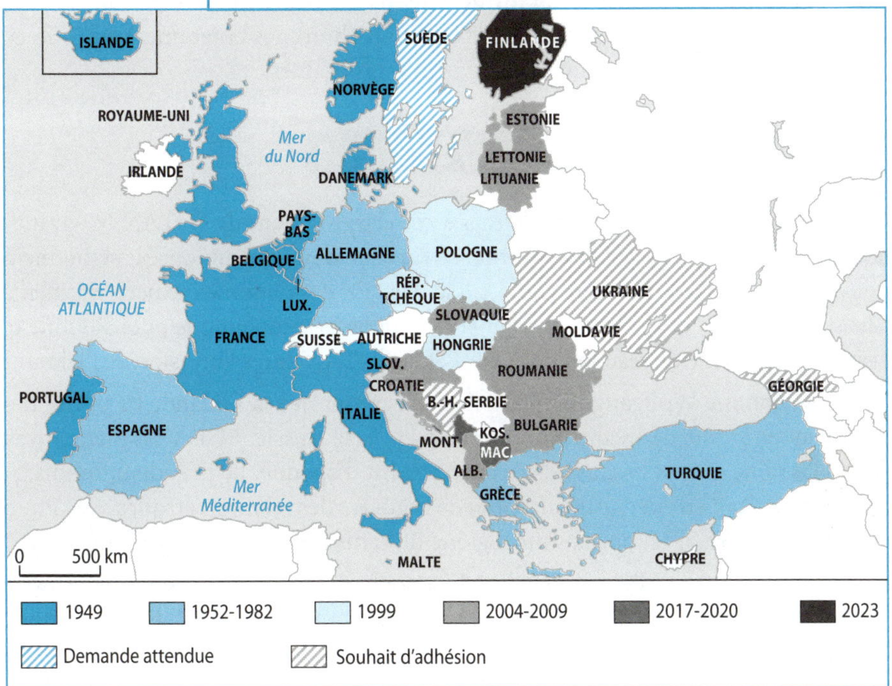

Source : Statista/OTAN

▸ Pour l'OTAN, un renforcement stratégique en Europe du Nord

À l'issue d'un processus particulièrement rapide, la Finlande est devenue, le 4 avril 2023, le 31e pays membre de l'OTAN. La Turquie avait, dans un premier temps, bloqué sa demande d'adhésion et celle de la Suède, afin d'obtenir l'extradition de Kurdes considérés par Ankara comme des terroristes, mais elle a finalement accepté fin mars 2023 que la Finlande rejoigne l'organisation.

C'est un grand soulagement pour la Finlande qui obtient la protection de l'article 5, l'engagement de défense collective selon lequel une attaque contre un membre de l'Alliance atlantique « *sera considérée comme une attaque contre tous les membres* ». Mais c'est aussi une évolution positive pour l'OTAN. Non seulement elle peut mettre en échec la volonté affichée de Moscou de combattre l'expansion de l'OTAN à l'Est mais elle affirme plus que jamais sa présence aux frontières directes de la Russie et sur la mer Baltique qui devient un nouveau terrain d'affrontement. L'accord tacite conclu à la fin de la guerre froide de ne pas accepter dans l'OTAN de pays frontalier avec la Russie est ainsi devenu caduc.

Au plan militaire, la Finlande devient un partenaire non négligeable au sein de l'OTAN. La neutralité historique de la Finlande est en effet toujours allée de pair avec une politique de défense nationale ambitieuse relativement à la taille du pays. Helsinki dispose ainsi d'une armée moderne : elle a investi dans des chasseurs américains et des missiles sophistiqués. Pour un petit pays de 5,6 millions d'habitants, elle compte 12 000 soldats professionnels mais forme plus de 20 000 conscrits par an. En cas de conflit, elle peut rassembler au total 280 000 soldats (hommes et femmes) aptes au combat, ainsi que près de 600 000 autres réservistes mobilisables.

▸ Menace « existentielle » pour la Russie

Sans surprise, la Russie a très mal réagi à cet élargissement de l'OTAN, y voyant une menace existentielle pour sa propre sécurité. Le Kremlin a aussitôt annoncé le stationnement de nouvelles troupes à la frontière finno-russe. De fait, de nombreux experts occidentaux, tel Christian Mölling, estiment qu'il s'agit là d'un désastre géopolitique pour Poutine qui a sous-estimé la capacité de réaction de l'Ouest et de l'OTAN après l'invasion de l'Ukraine.

D'autres, comme Wolfgang Richter, ont pu regretter que la Finlande ne puisse désormais plus jouer le rôle de médiateur entre l'Ouest et la Russie. Mais c'est bien l'invasion russe de l'Ukraine qui est la cause de ce changement d'époque. Le président finnois, Sauli Niinistö, entretenait en effet jusqu'au début de la guerre des relations étroites avec Poutine. L'adhésion à l'OTAN n'est que la suite logique du refus finlandais de cette agression.

Celle-ci augmente-t-elle aujourd'hui le risque d'une escalade entre la Russie et l'OTAN ? Du côté russe, la menace a été brandie avant même la ratification de l'adhésion finlandaise et le ministre russe de la Défense, Sergueï Choïgou, a confirmé le transfert vers la Biélorussie d'avions susceptibles de transporter des ogives nucléaires. Poutine n'a pas intérêt à provoquer une réaction militaire de l'OTAN. L'armée russe est déjà mobilisée sur le front ukrainien et fortement affaiblie par une guerre qui dure plus longtemps que prévu. Rien de précis n'a d'ailleurs été annoncé depuis, sinon que Moscou surveillerait de près l'évolution de la présence de l'OTAN sur le sol finlandais pour déterminer en conséquence les mesures « nécessaires ».

La Finlande, un pays doté d'un puissant système de défense territoriale face à la menace russe (graphique datant de 2015)

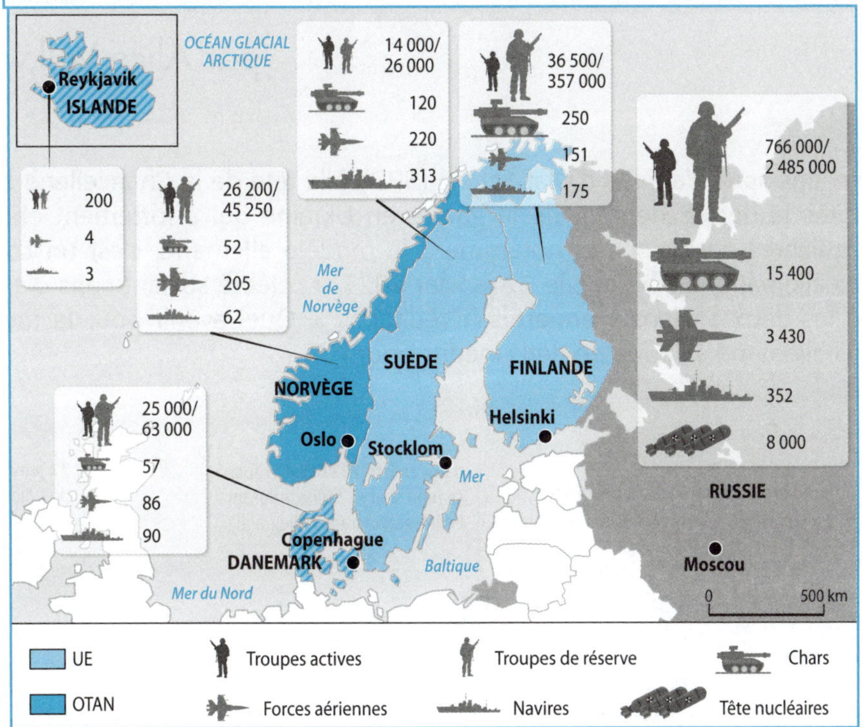

Source : Global firepower

Mise en perspective

Il aura fallu dix-huit mois de tractations avant que la Turquie donne finalement son accord, le 10 juillet 2023, pour que la Suède devienne le 32e membre de l'OTAN. Stockholm a dû faire plusieurs concessions. L'embargo sur la livraison d'armes à la Turquie, en vigueur depuis 2019, a d'abord été levé. Accusée par R. T. Erdogan de servir de refuge aux membres du Parti des travailleurs du Kurdistan (PKK), la Suède a ensuite adopté une nouvelle loi antiterroriste qui a permis, en juin 2023, l'extradition d'un sympathisant du PKK et la mise en examen d'un militant. Et, le 9 juillet suivant, à la surprise générale, le président turc a exigé de la Suède qu'elle *« ouvre la voie à la Turquie dans l'UE »*, alors que les négociations avec Bruxelles sont au point mort depuis 2019. Stockholm a dû s'engager à « redynamiser » ce processus avant d'obtenir finalement gain de cause, le lendemain.

60 ans du traité de l'Élysée, la relation franco-allemande en thérapie

par Alice Volkwein

Deux ans après l'arrivée d'Olaf Scholz (SPD) à la tête de la Chancellerie et un an après le déclenchement de la guerre en Ukraine qui a fortement ébranlé les équilibres européens et notamment le modèle allemand, c'est un couple franco-allemand affaibli qui, le 22 janvier 2023, a célébré soixante ans d'amitié entre les deux anciens « ennemis héréditaires ». Quel avenir pour le moteur franco-allemand à l'aube de défis inédits pour l'UE ?

- **8 décembre 2021** Olaf Scholz remplace Angela Merkel à la Chancellerie.
- **24 février 2022** La Russie attaque l'Ukraine. Olaf Scholz annonce un « *changement d'époque* ».
- **4 novembre 2022** Olaf Scholz se rend seul en Chine, refusant la délégation franco-allemande.
- **19 janvier 2023** Traité d'amitié et de coopération de Barcelone entre la France et l'Espagne.
- **22 janvier 2023** 60 ans du traité de l'Élysée. Célébrations à Paris.

▸ Une relation historique et incontournable

L'histoire de la relation franco-allemande a longtemps été une histoire de haine réciproque. Le rejet de Napoléon par ses sujets allemands a joué un rôle de catalyseur dans l'émergence du sentiment national outre-Rhin au début du XIXe siècle, puis cette haine s'est retrouvée au cœur de trois guerres meurtrières, dont deux mondiales, en 1870-1871, 1914-1918 et 1939-1945. La signature, le 22 janvier 1963, par le chancelier Adenauer et le président de Gaulle, héros de la résistance contre l'Allemagne nazie, d'un traité d'amitié et de coopération entre ces deux « ennemis héréditaires » marque, de fait, un tournant historique dans la relation entre les deux pays.

Ce traité répond à des intérêts nationaux des deux côtés du Rhin : garder le contrôle sur la RFA et profiter de sa puissance économique côté français ; retrouver une crédibilité au sein du bloc de l'Ouest pour Adenauer. Mais il est avant tout fondé sur la volonté partagée d'éviter le retour de la guerre en Europe en engageant les deux pays réconciliés dans le projet d'unification européenne.

Cette amitié a su trouver des images fortes pour s'ancrer au cœur des récits nationaux et de l'histoire européenne, du discours que de Gaulle prononce en 1962 en allemand, à Ludwigsburg, à l'adresse des jeunes (« *enfants d'un grand peuple* ») au « geste de Verdun » de 1984 où Mitterrand et Kohn se tiennent main dans la main durant une cérémonie pour commémorer les victimes de la guerre à l'ossuaire de Douaumont.

Le traité de l'Élysée inaugure de nombreux échanges au niveau des administrations. Mais, ayant tiré les leçons de l'échec du premier rapprochement franco-allemand entre Briand et Stresemann dans l'entre-deux-guerres, il ancre cette amitié au cœur de la société civile à travers les jumelages et les échanges de jeunes. L'Office franco-allemand pour la jeunesse (OFAJ), créé en 1964, a ainsi permis à 9,5 millions de jeunes gens de participer à l'un des 400 000 projets interculturels montés depuis.

Les relations franco-allemandes

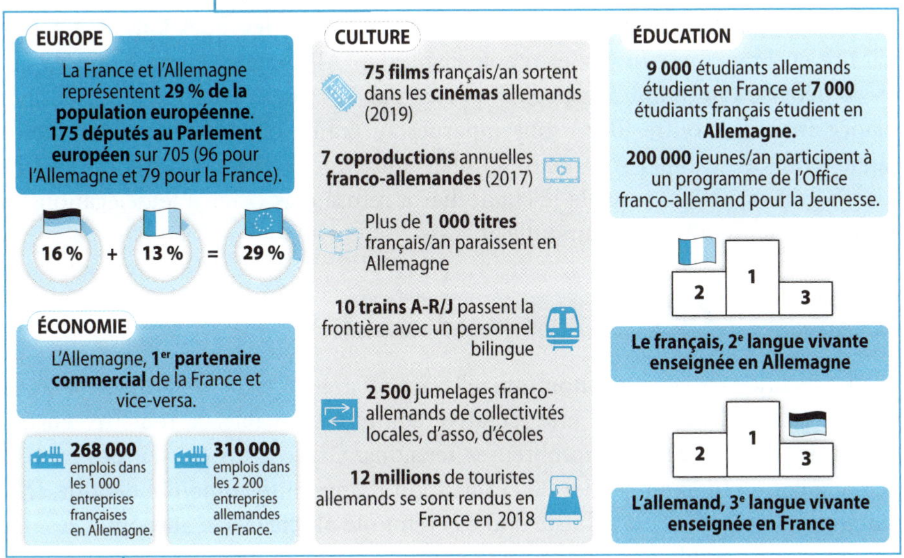

Source : Eurostat/Ministère des Affaires étrangères et du Développement international

▸ Un équilibre de plus en plus fragile entre Paris et Berlin

Le niveau d'échange politique, sociétal mais aussi économique est unique entre la France et l'Allemagne qui demeure, de loin, le premier partenaire commercial de la France. Le « moteur » franco-allemand est également unique au sein de l'Union européenne. C'est le cadre privilégié du couple franco-allemand qui a permis de faire accepter le principe, longtemps tabou en Allemagne, d'un endettement européen partagé et d'impulser le plan de relance de 750 milliards d'euros en pleine crise du Covid-19.

En 2017, l'amitié franco-allemande et la construction européenne sont au cœur du projet présidentiel d'Emmanuel Macron. En 2019, le couple Macron-Merkel signe un nouveau traité d'amitié à Aix-la-Chapelle, renforçant la coopération parlementaire bilatérale ainsi que le rôle pionnier des régions frontalières dans la coopération économique et fiscale. Un fonds citoyen franco-allemand est créé pour subventionner des projets de la société civile.

Cependant, l'équilibre entre les deux pays est mis à mal depuis plusieurs années. La France a d'abord vu son poids économique relatif décroître puis, récemment, son influence politique se ternir au plan international alors que les crises sociales se multiplient. À l'inverse, la stabilité économique et politique de l'Allemagne, incarnée par la longévité d'Angela Merkel restée seize ans au pouvoir (2005-2021), a renforcé son poids politique, au niveau européen et mondial. A. Merkel a accueilli avec frilosité le plan macroniste de relance du projet européen, notamment en termes de défense.

L'arrivée à la Chancellerie, fin 2021, d'O. Scholz, pragmatique et peu familier du dossier franco-allemand, puis le début de la guerre en Ukraine ont relégué la relation franco-allemande à l'arrière-plan des préoccupations d'une Allemagne désormais inquiète pour son modèle économique, mis à mal par la crise du gaz russe et les crispations du marché mondial. Les dissensions franco-allemandes sur les questions énergétiques (nucléaire en France *versus* gaz et renouvelables en Allemagne) comme sur les questions de défense (ambition européenne portée par la France *versus* priorité donnée à l'Alliance atlantique outre-Rhin) sont apparues au grand jour en 2022, alors que l'Allemagne tente de rattraper son retard au plan militaire. La visite d'O. Scholz en Chine début novembre 2022, à laquelle le chancelier a refusé d'associer une délégation française, a été perçue comme un camouflet à Paris.

Des noces de diamant en demi-teinte

Dans ce contexte, la célébration officielle des 60 ans du traité de l'Élysée, le 22 janvier 2023, est apparue comme une tentative commune louable de remettre en avant une relation affaiblie par ces nombreuses tensions. Grâce à un conseil des ministres franco-allemand réussi en janvier 2023 (création d'une unité conjointe de lutte contre l'immigration irrégulière) et au faste d'une cérémonie officielle à la Sorbonne, le couple franco-allemand semble avoir retrouvé le goût du symbole. Renouant avec les accents lyriques de 2017, E. Macron y glisse une référence au *Faust* de Goethe, invoquant « *deux âmes battant dans la même poitrine* ».

Cet anniversaire a été également accompagné d'une multitude d'initiatives émanant des différents acteurs, OFAJ en tête. Dans l'esprit initial du traité, 60 000 billets de train ont été offerts à des jeunes pour favoriser la mobilité dans le pays voisin. Une liaison grande vitesse et un train de nuit entre Paris et Berlin ont également été annoncés pour fin 2023-début 2024.

Si la relation franco-allemande reste unique, les déceptions et couacs des dernières années ont toutefois amené la France à chercher d'autres alliances. Certes, le Brexit a rapidement mis fin à la vision portée par Nicolas Sarkozy d'un renforcement de l'alliance franco-britannique, mais son idée d'une communauté solidaire entre pays du sud de l'Europe a trouvé concrétisation sous la présidence d'E. Macron. Ce dernier a successivement conclu deux traités d'amitié et de coopération avec l'Italie (traité du Quirinal en 2021) puis l'Espagne (traité de Barcelone en 2023). Ce dernier, signé trois jours avant les commémorations du traité de l'Élysée, fut accueilli avec une bienveillance polie côté allemand mais le calendrier choisi avait un petit air de provocation.

Les couples franco-allemands (1963-2023)

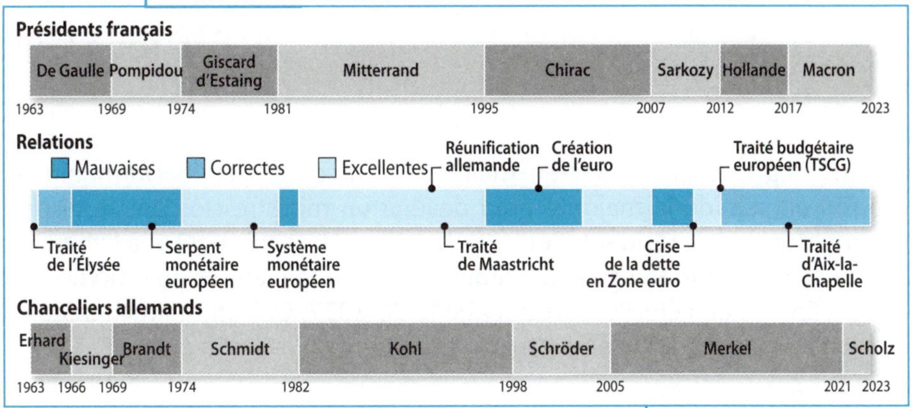

Source : Ambassade de France

Mise en perspective

Le 22 janvier 2023, O. Scholz et E. Macron ont fait le nécessaire pour redorer le blason de la relation franco-allemande. Mais les sujets de tension persistent alors qu'un autre défi est apparu : relancer l'apprentissage de la langue du partenaire, en baisse dramatique dans les deux pays. Pour la première fois, la part d'élèves apprenant l'allemand en France est passée en 2022 sous la barre des 15 %. Une stratégie commune de relance a été publiée mais, à l'heure du « tout anglais », le défaitisme domine sur le terrain.

ZOOM SUR… Gérald Darmanin, un ministre aux grandes ambitions

Par Yann Guillo

Issu des Républicains et ancien maire de Tourcoing, Gérald Darmanin a su s'imposer au sein de la majorité pour devenir un ministre clé dans le dispositif gouvernemental du président. Cette confiance a été acquise grâce à l'affirmation d'une position ferme à l'égard de l'immigration irrégulière et des mouvements radicaux. En vue de l'élection présidentielle de 2027, G. Darmanin cherche-t-il à affirmer sa propre ligne au sein du gouvernement d'Élisabeth Borne ?

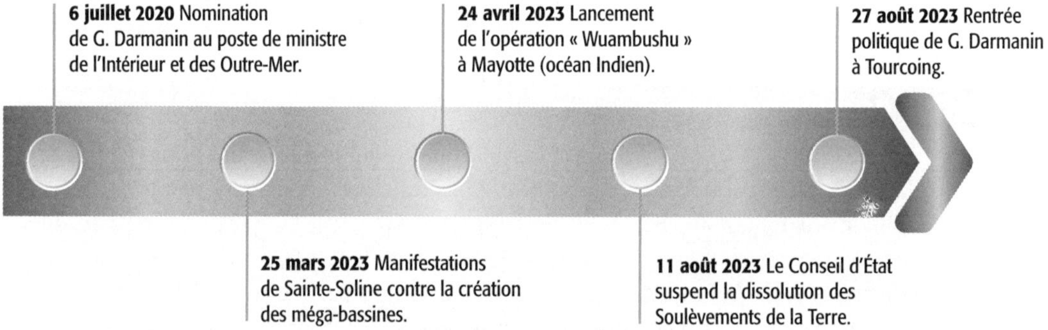

▸ Une position de fermeté face à l'immigration irrégulière

Lancée le 24 avril 2023, l'opération policière dite « Wuambushu » (mot mahorais pris au sens de « reprise en main ») vise la destruction de bidonvilles, l'expulsion des étrangers en situation irrégulière et la lutte contre la criminalité au sein de l'archipel de Mayotte (devenu département français en 2011). Au total, près d'un tiers de la population présente à Mayotte serait en situation irrégulière, principalement de nationalité comorienne. À ce titre, l'archipel est une exception française, avec la suppression depuis 2018 du droit du sol pour les enfants d'étrangers nés sur ce territoire.

Dénoncée dès ses débuts par les associations qui y voient une mesure « antipauvres » et une violation des droits des étrangers, cette opération reste soutenue par la plupart des élus locaux et la majorité de la population mahoraise. Initialement, l'objectif affiché par le ministre de l'Intérieur est la démolition de 1 250 logements illégaux d'ici à la fin de l'année 2023 ainsi que l'expulsion de 20 000 illégaux en quelques mois. Le bilan est pourtant mitigé : l'opération a dû être reportée suite à sa suspension obtenue par un collectif d'avocats et aux réticences des autorités comoriennes pour récupérer leurs ressortissants en mai et juin. Mi-septembre 2023, selon G. Darmanin, 400 logements des bidonvilles ont été détruits, « *1 327 interpellations, dont la quasi-totalité des chefs de gangs qui avaient été identifiés (55 sur 59)* », ont eu lieu, et les violences sur les personnes – comme les vols avec violence – ont baissé de 10 %. À travers cette opération qui se prolonge, G. Darmanin et le gouvernement souhaitent montrer leur fermeté et contrer les accusations de laxisme émanant de la droite et de l'extrême droite quant à l'expulsion des étrangers en situation irrégulière. Le projet de loi asile et immigration est le prochain tournant dans la politique du gouvernement en matière de droit des étrangers.

▸ La criminalisation des mouvements radicaux

« *Premier flic de France* », G. Darmanin assume la défense sans concession de la police nationale et fustige les mouvements radicaux issus de la gauche, des écologistes et de l'extrême droite. Au cours des manifestations récentes, le ministre de l'Intérieur a réfuté toute « *violence policière* » et justifié l'usage de la force. Dans le souci d'assurer l'autorité de l'État, le ministre de l'Intérieur a alors déployé des forces controversées telles que l'unité motorisée (BRAV-M) lors des manifestations contre la réforme des retraites et s'est engagé dans un affrontement à Sainte-Soline avec les écologistes radicaux.

La disqualification des mouvements écologistes par G. Darmanin se fait sur le terrain juridique et celui de la sémantique. Le ministre de l'Intérieur dénonce une forme d'« *écoterrorisme* » à Sainte-Soline et déclare la dissolution par décret du mouvement Les Soulèvements de la Terre le 21 juin 2023 pour « *sabotage* », « *dégradations matérielles* » et « *provocations à la violence* ». Cette dissolution sera pourtant suspendue en référé par le Conseil d'État le 11 août pour manque d'éléments probants.

▸ La menace de l'extrême droite : G. Darmanin comme dernier rempart pour l'élection présidentielle de 2027 ?

Entouré de 90 parlementaires issus de la majorité et d'autres formations politiques, le ministre de l'Intérieur a fait sa rentrée politique dans son fief de Tourcoing le 27 août 2023. Il y développe un nouveau credo autour de la défense des classes populaires dont le mouvement macroniste n'a pas su se saisir. Réaffirmant sa fidélité au président, G. Darmanin cherche à se différencier malgré la présence de dernière minute de la Première ministre, qui agit comme un rappel de ses obligations au gouvernement.

Évoquant la menace de l'extrême droite pour l'élection présidentielle de 2027, il se fait le représentant de l'ordre et des classes populaires. Ainsi, il se pose en rempart à Marine Le Pen dont il n'hésite pas à reprendre certains thèmes, et même à critiquer sa « *mollesse* » face aux islamistes. Plusieurs obstacles restent encore à surmonter. Les candidats pressentis à l'élection présidentielle se multiplient au sein de la majorité et les accusations d'abus sexuels, en dépit d'un non-lieu confirmé en appel, ternissent l'image du potentiel candidat.

Surpopulation carcérale : la France en quête de solutions

par Églantine Yelles

Le 10 octobre 2023, le projet de loi d'orientation et de programmation du ministère de la Justice 2023-2027 est adopté à l'Assemblée nationale. L'ouverture prévue de 15 000 places de prison est une mesure phare pour lutter contre la surpopulation carcérale. Le nombre de détenus augmentant beaucoup plus vite que le nombre de places, les prisons sont de nouveau mises sous tension avec des implications quantitatives et qualitatives. Dans quelle mesure la surpopulation carcérale est-elle un problème structurel de la justice française ?

30 janvier 2020 Condamnation de la France par la Cour européenne des droits de l'homme pour « *traitements inhumains ou dégradants* » dans ses prisons.

18 octobre 2021 États généraux de la justice réunissant 400 citoyens à Rodez pour un débat public.

Novembre 2022 Plan « zéro délinquance » mis en place par G. Darmanin en vue des JO 2024, qui tend à multiplier les opérations de sécurisation.

Décembre 2022 Le Conseil de l'Europe exprime sa vive préoccupation face à l'aggravation de la situation pénitentiaire française.

8 juin 2023 É. Dupond-Moretti est interpellé par les avocats au sujet de la surpopulation carcérale.

▸ La prison, un choix de sanction par défaut

Selon l'ancien contrôleur général des lieux de privation de liberté, Jean-Marie Delarue, l'augmentation de la population en prison n'est pas liée aux évolutions de la délinquance et de la criminalité en France, mais aux politiques pénales. Le nombre de pénalisations de certains comportements n'a cessé d'augmenter, avec la création de nouveaux délits comme la mendicité agressive ou l'occupation d'un terrain en réunion. De plus, au cours du premier mandat d'Emmanuel Macron, 120 infractions punissables de prison ont été durcies, augmentant à la fois la durée des peines et la possibilité d'être jugé en comparution immédiate. Cette procédure rapide permet de juger une personne directement après la fin de la garde à vue sur demande du procureur, uniquement pour des délits punissables d'au moins deux ans de prison, ou d'au moins six mois en cas de flagrant délit.

Entre 2000 et 2005, on constate une augmentation de 47 % du recours à la comparution immédiate. Les maisons d'arrêt n'ont pas eu le temps nécessaire pour s'adapter à l'arrivée massive soudaine de nouveaux détenus. Ce phénomène ne concerne pas les établissements de peine qui accueillent les condamnés à de longues peines de plus de deux ans. Les centres de détention reçoivent les détenus présentant les meilleures perspectives de réinsertion sociale, tandis que les maisons centrales sont plus axées sur la sécurité et accueillent des détenus potentiellement dangereux. C'est pourquoi le gouvernement a toujours été attentif à ne pas y créer de surnombre, compte tenu des risques sécuritaires associés à ce type d'établissement, qui pourraient aussi nuire au principe de réinsertion.

« Une honte pour la République »

Au 1er mai 2023, la France comptait 73 162 personnes incarcérées pour 60 867 places opérationnelles, avec un taux moyen d'occupation de 142,2 % dans les maisons d'arrêt où sont incarcérés les détenus en attente de jugement, et donc présumés innocents, et ceux qui sont condamnés à de courtes peines. Alors que le principe d'encellulement individuel est affirmé dans la loi française depuis la IIIe République puis consacré dans des lois en 2000, 2009 et 2016, il n'est pas respecté. Sa vocation est de favoriser l'amendement moral des prisonniers, et de garantir la sécurité et la dignité humaine. Le bilan dressé par Dominique Simonnot, contrôleure générale des lieux de privation de liberté, met en exergue la très forte précarité des conditions de détention, avec jusqu'à quatre détenus dans une cellule de 10 m^2. Les conditions sanitaires sont désastreuses et propices au développement de maladies et d'infections, surtout en période de canicule.

La France a été condamnée plusieurs fois par les institutions européennes, notamment en 2020 par la Cour européenne des droits de l'homme pour « *traitements inhumains ou dégradants* ». Des représentants de l'État se sont indignés de cette situation. En 2000, le Sénat publie un rapport intitulé « Prisons : une humiliation pour la République ». En 2009, Nicolas Sarkozy dénonce «*une honte pour la République* » et Jean-Jacques Urvoas, garde des Sceaux en 2016, s'engage à « *en finir avec la surpopulation carcérale* ».

La surpopulation crée des risques pour la sécurité de la société. Elle peut accroître le risque de récidive en raison des difficultés de mise en place des politiques de réinsertion. Les ressources limitées entravent l'accès à l'éducation et à la formation professionnelle, qui sont pourtant essentielles pour la réintégration sociale des détenus. Cette surpopulation favorise par ailleurs les risques de radicalisation. Dans son livre *Le Jihadisme français : quartiers, Syrie, prisons* (Gallimard, 2020), le chercheur Hugo Micheron analyse la prison comme un espace majeur de la menace djihadiste en tant qu'étape dans le parcours d'un radicalisé : il en ressort souvent enhardi. La prison devient un terreau fertile pour faire du prosélytisme et développer des réseaux extrémistes.

Évolution du nombre de places de prison et de la population carcérale

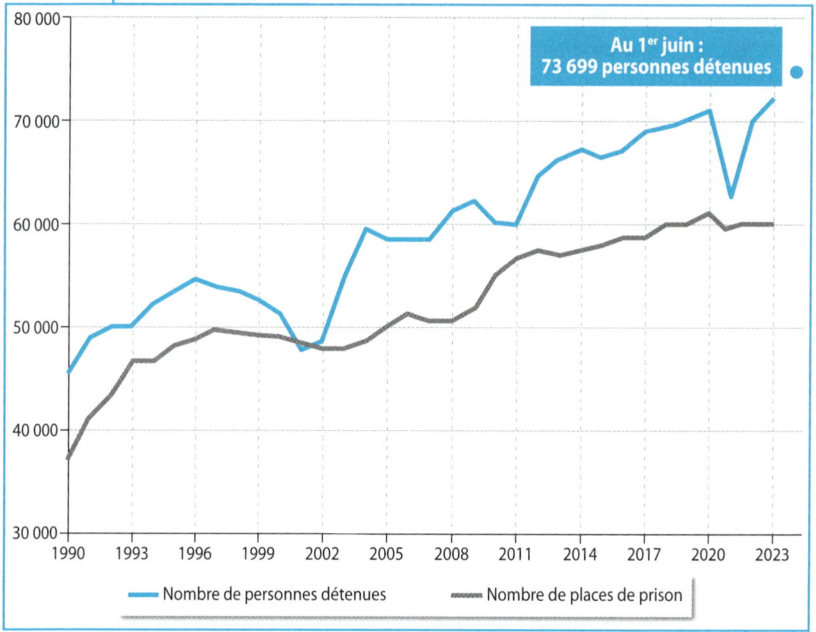

Source : Anpv

▸ Les pistes de réforme pour désengorger les prisons

Le 5 janvier 2023, à la suite des États généraux de la justice, le garde des Sceaux Éric Dupond-Moretti a annoncé une soixantaine de mesures dont trois concernent les prisons. La première est le développement du recours à des peines alternatives à la prison, notamment par le travail d'intérêt général. La deuxième est la mise en place d'un mécanisme de transfert des personnes en surnombre des maisons d'arrêt vers des établissements pour peine qui ne soient pas des espaces dits sensibles. Enfin, le ministre de la Justice a annoncé la construction de 15 000 nouvelles places de prison.

Pour certains juristes, l'ouverture de nouvelles places n'a jamais endigué le phénomène de surpopulation carcérale mais incite plutôt la justice à condamner à des peines de prison, augmentant encore le nombre de détenus. Certains juges dénoncent l'injonction contradictoire de devoir favoriser des peines alternatives face à une liste de délits prioritaires qui ne cesse de s'allonger et une opinion publique partisane de l'incarcération au détriment des peines en milieu ouvert comme le sursis probatoire. De plus, la Cour des comptes pointe les nombreux retards de construction.

Des juristes ont formulé d'autres pistes de réflexion, notamment autour de la régulation carcérale qui s'inspire du principe de la grâce collective présidentielle du 14 juillet abolie en 2008. Il s'agit d'un mécanisme établissant un seuil de suroccupation majeure dans les maisons d'arrêt. Lorsque le seuil y est dépassé, les détenus les plus proches de leur fin de peine sortent de prison pour laisser leur place aux nouveaux condamnés. Cette idée avait été retenue par les États généraux de la justice mais elle a été écartée par É. Dupond-Moretti.

Autre piste évoquée : rendre réellement plus communes les peines qui évitent l'incarcération, comme le sursis probatoire, le sursis avec mise à l'épreuve ou la détention à domicile avec bracelet. Le sursis est une dispense d'exécuter une peine d'emprisonnement. Les juristes s'accordent sur la nécessité de mener une réflexion globale et cohérente sur la place de la prison dans la société et les besoins auxquels elle doit répondre.

Mise en perspective

Le système pénitentiaire des Pays-Bas est souvent cité comme une référence en raison de la baisse de la population carcérale (58 personnes incarcérées pour 100 000 habitants contre 105 personnes en France) et de la fermeture de prisons. Le système est axé sur la réhabilitation des détenus avec un environnement favorable et des opportunités éducatives et professionnelles. Les taux de récidive sont relativement bas. Les peines de détention de moins de trois mois sont plus nombreuses pour améliorer la rotation au sein des prisons et créer un effet dissuasif. Ce principe de dissuasion est inspiré de la pensée du philosophe italien Cesare Beccaria qui écrivait en 1764, dans son *Traité des délits et des peines*, que « *la certitude d'une punition, même modérée, fera toujours plus d'impression que la crainte d'une peine terrible si, à cette crainte, se mêle l'espoir de l'impunité* ».

Surpopulation carcérale : la France mauvaise élève

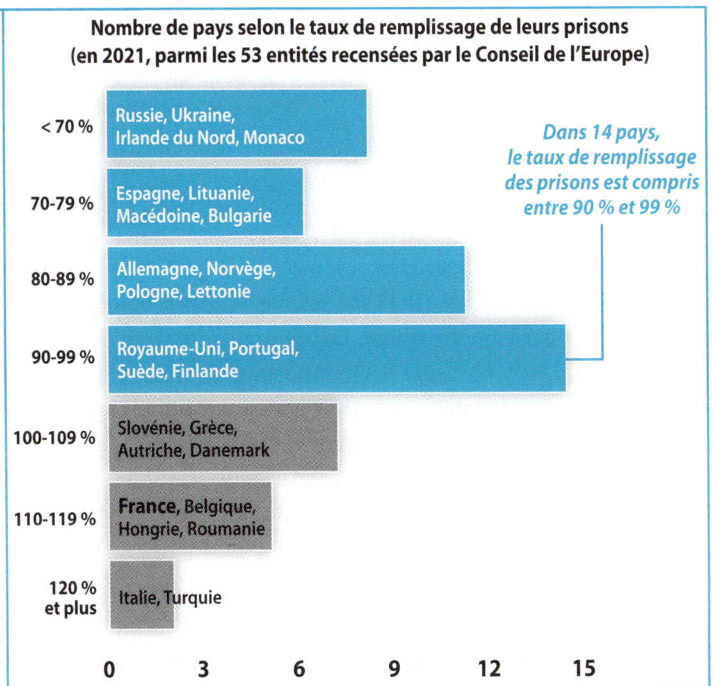

Source : Pour l'*Éco*

ZOOM SUR... Charles III : un nouveau roi pour un Royaume en difficulté

par Jérôme Calauzènes

Le 8 septembre 2022, au château de Balmoral, la reine Elizabeth II s'est éteinte à l'âge de 96 ans, après soixante-dix ans de règne. Son fils lui a immédiatement succédé, sous le nom de Charles III. Son couronnement, ainsi que celui de la reine consort, Camilla Parker Bowles, a eu lieu le 6 mai 2023, à l'abbaye de Westminster. Successeur d'une reine très populaire, le nouveau roi aura fort à faire dans un pays qui connaît de nombreuses difficultés.

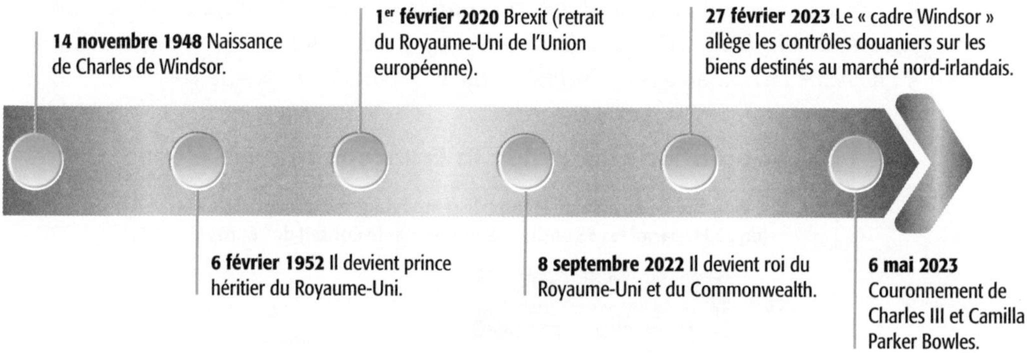

▸ Un prince dans l'ombre de la reine

Né en 1949, fils aîné d'Elizabeth II et du prince Philip, duc d'Édimbourg, Charles devient l'héritier du trône à l'âge de 4 ans, au moment du couronnement de sa mère. Après avoir étudié au Trinity College, il effectue une carrière d'officier de marine. Il épouse à 32 ans Diana Spencer et de cette union naîtront William (en 1982) et Harry (en 1984). Après que leurs problèmes de couple eurent fait la Une de nombreux journaux, ils se séparent en 1992 puis divorcent en 1996. Charles épouse finalement Camilla Parker Bowles en 2005, avec qui il avait eu une relation extraconjugale.

Après avoir reçu en 1958 le titre de prince de Galles et comte de Chester, il s'engage dans des actions caritatives. Il crée notamment le Prince's Trust qui aide les jeunes en matière de formation, d'éducation ou de retour à l'emploi. Sur le plan écologique, il prend la direction du WWF International, qu'il conserve jusqu'en 1996. En 2007, il annonce la création du Prince's Rainforest Project qui a pour but de sensibiliser à la déforestation.

Si son rôle au sein de la monarchie est croissant, il est cependant touché en 2010 par l'affaire des *black spiders memos*, des lettres qu'il a fait parvenir aux membres du gouvernement britannique et à des hommes politiques entre 2004 et 2005, alors que les monarques sont traditionnellement neutres sur la scène politique.

▸ 55 % d'opinions favorables

Lorsqu'il accède au trône, il décide d'utiliser le nom de Charles III, à la suite de Charles Ier décapité en 1649 après la première révolution anglaise, et Charles II qui a dû s'exiler de son pays pendant plus de huit ans.

Devenu monarque à 73 ans (à l'âge le plus avancé de toute la monarchie britannique), il prononce sa première allocution officielle où il écarte l'éventualité d'une abdication immédiate en faveur de son fils William alors que 46 % des Britanniques souhaitaient qu'il renonce au trône.

La cérémonie du couronnement a été plus courte (deux heures) et s'est voulue plus moderne que celle de sa mère, intervenue soixante-dix ans plus tôt. Pour la première fois, trois évêques femmes ont participé au service religieux au côté du primat de l'Église anglicane, Justin Welby. Mais beaucoup ont parlé d'événement anachronique qui a coûté trop cher (115 millions d'euros).

La question de la survie de la monarchie britannique, aux pouvoirs surtout honorifiques, est de nouveau posée. Selon un sondage YouGov d'avril 2023, le soutien global à la monarchie est en recul, avec 58 % seulement d'opinions favorables. Le repli est très net chez les 18 à 24 ans : seuls 32 % des sondés dans cette tranche d'âge veulent un monarque héréditaire à la tête de l'État (contre 78 % des plus de 65 ans). Il est aussi reproché au roi de n'avoir pas payé de droits de succession lors du décès de sa mère, alors que sa fortune est estimée à 2 milliards d'euros.

▸ Les difficultés de l'après-Brexit

Le nouveau roi aura la difficile tâche d'incarner le chef d'un État en difficulté, notamment sur le plan économique après le Brexit : chute de la livre, envolée du prix de la dette. En 2023, le pays tarde à voir son inflation jugulée (elle a été la plus forte du G7 avec 8,7 % en mai 2023 sur un an) et ses citoyens souffrent d'une érosion importante du pouvoir d'achat. Les mouvements de grève se multiplient dans de nombreux secteurs, des médecins aux enseignants en passant par le clergé anglican, pour réclamer des revalorisations salariales.

Les difficultés résident aussi dans le risque de désunion du Royaume. L'indépendantisme écossais reste vif malgré le départ de Nicola Sturgeon.

Le 27 février 2023, l'UE et le Royaume-Uni sont néanmoins parvenus à un accord sur les modalités d'application du protocole sur l'Irlande du Nord, en vigueur depuis 2020. Les dispositions prévues par ce « cadre Windsor » réduisent les contrôles douaniers sur les marchandises de Grande-Bretagne arrivant en Irlande du Nord (restée après le Brexit dans le marché intérieur européen pour les biens), y compris les médicaments. Elles limitent aussi l'application de réglementations européennes en Irlande du Nord.

La loi de programmation militaire 2024-2030 face au défi de nouvelles menaces

par Églantine Yelles

En 2023, la nouvelle loi de programmation militaire a été votée pour le cycle 2024-2030. Elle prévoit 413 milliards d'euros sur toute la période, soit 40 % de plus que la précédente. Sa vocation est de « transformer » les armées dans le contexte de dégradation du contexte stratégique avec le retour de la guerre à haute intensité en Europe et le retard technologique accumulé par la France. La nouvelle LPM est-elle suffisante pour répondre aux nouvelles menaces ?

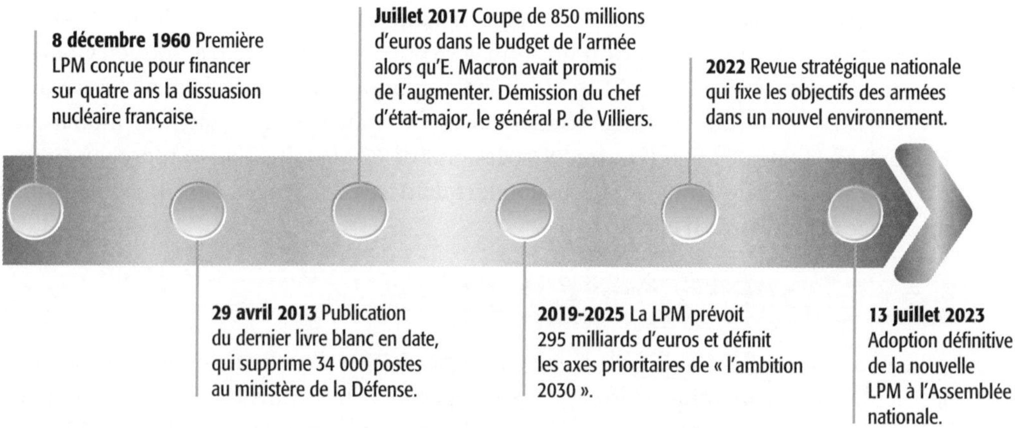

▸ Une loi d'orientation stratégique

La LPM permet de définir les objectifs et les moyens à court et long terme de la défense nationale et de les adapter à un contexte géopolitique mouvant. Elle représente l'engagement du gouvernement envers la représentation nationale. Même si on parle de programmation, la LPM n'a aucune valeur juridique contraignante, contrairement à une loi de finance classique. Elle peut être actualisée pour dresser un bilan de ce qui a été fait, vérifier si les moyens ont été en adéquation avec les résultats recherchés, et être ajustée en cas de changement de la menace. C'est ce que le gouvernement projette de faire en 2027 afin de soumettre un rapport d'exécution annuel devant le Parlement.

Elle s'accompagne d'une réflexion sur l'état de la menace et de documents stratégiques comme un livre blanc ou une revue stratégique. D'ici 2030, le gouvernement prévoit de produire un nouveau livre blanc. La LPM 2024-2030 s'inscrit dans un contexte particulier de rehaussement du budget des armées pour anticiper les nouvelles menaces. Les menaces identifiées dans le livre blanc de 2008 se sont amplifiées (terrorisme, cybermenaces, prolifération nucléaire) et de nouvelles sont apparues, comme l'hybridité des conflits ou de nouveaux champs de conflictualité dans l'espace ou les fonds marins.

La LPM est aussi la traduction philosophique du lien entre les armées et la population. Elle place le concept de « forces morales », c'est-à-dire l'implication des civils dans la protection du pays comme objectif prioritaire. Un appel à la réserve opérationnelle est prévu pour atteindre le ratio d'un réserviste pour deux militaires d'actif. Elle prévoit aussi le plan Famille II pour améliorer les conditions de vie des militaires et de leurs proches et surtout faciliter l'engagement avec un soutien à la parentalité et un allongement du préavis de mutation à cinq mois.

Présentation générale par grandes natures de dépenses du budget 2023 pour la Défense

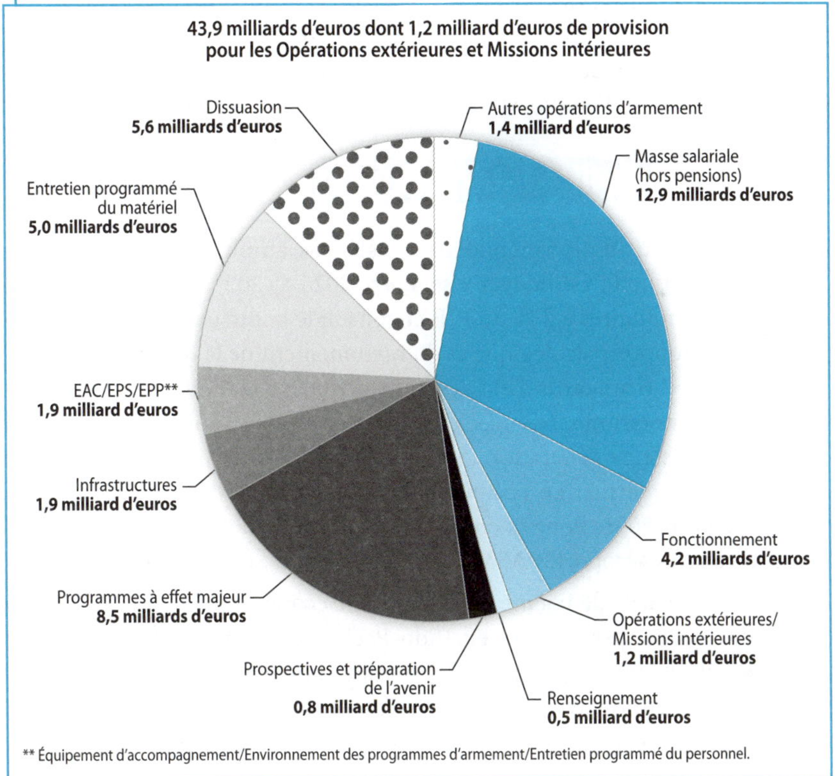

Source : Ministère de la Défense

▸ D'importants investissements de modernisation des armées

La LPM tient compte du chiffrement des besoins des armées pour répondre à ses six fonctions (anticipation, prévention, dissuasion, intervention, protection et influence). Le budget du ministère des Armées s'articule autour de quatre programmes. L'effort prioritaire de cette LPM concerne l'industrie de défense. Ainsi, 268 milliards d'euros doivent être alloués au programme 146 « équipement des forces », soit une augmentation de 56 % par rapport à la dernière LPM qui avait accordé 172 milliards de crédit. Le ministère des Armées prévoit de moderniser son arsenal pour éviter une rupture technologique. De nombreux matériels de guerre ont été commandés, dont 42 avions de combat multirôle Rafale ou 36 satellites Syracuse. L'innovation est au cœur de cette loi avec de nouveaux domaines comme l'IA ou les premières unités robotisées. Le soutien à l'industrie de défense est un enjeu à la fois stratégique et économique. La Base industrielle et technologique de défense (BITD) française représente 200 000 emplois mais elle est dépendante des exportations pour soutenir son activité.

Le budget de trois services de renseignement va être doublé, en particulier celui de la DGSE qualifiée de « *locomotive technologique pour l'ensemble de la communauté du renseignement* » par le ministre des Armées Sébastien Lecornu. Son budget de 500 millions d'euros en 2017 devrait atteindre le milliard d'ici 2030. Cette augmentation financera le nouveau siège de la DGSE au Fort-Neuf de Vincennes, ses nouveaux équipements technologiques et satellites, et l'emploi de 600 nouveaux agents.

▸ Un outil de crédibilité internationale

L'annonce de l'augmentation du budget de la défense amplifie la crédibilité des armées françaises à l'international. Ce budget vise, entre 2025 et 2027, l'objectif de l'OTAN de porter les dépenses militaires à 2 % du PIB et consolide la dissuasion nucléaire qui est la clé de voûte de l'autonomie stratégique et du rayonnement de la défense française. Sur la période 2024-2030, 53,6 milliards d'euros seront attribués à la modernisation de la dissuasion nucléaire, avec notamment la mise en service en 2035 du sous-marin nucléaire lanceur d'engins de troisième génération (SNLE-3G) et du nouveau missile balistique M51 pour sa composante marine. Le remplacement du porte-avions nucléaire Charles-de-Gaulle est prévu pour 2038. Pour sa composante aérienne, la LPM permet la rénovation des missiles nucléaires aéroportés ASMP-A et le projet du SCAF, le futur Rafale.

La France dispose de la deuxième plus vaste zone économique exclusive. La LPM renforce le rôle des Outre-mer, surtout en Indo-Pacifique où la France souhaite être une puissance d'équilibre. Stratégiquement, cela se traduit par l'amélioration des capacités de projection et d'intervention avec six nouveaux patrouilleurs outre-mer qui assurent une présence dans tous les océans ainsi que le rayonnement des armées françaises à travers des missions de souveraineté comme la surveillance maritime ou la lutte contre les trafics.

Prévoir une LPM permet d'assurer un socle solide de négociations pour le budget des armées lors du vote de la loi de finance initiale qui répartit le budget global entre tous les ministères. Pourtant, si cette LPM annonce un rehaussement budgétaire des armées, beaucoup dénoncent une manipulation des chiffres. Il n'y a pas de prise en compte de l'inflation, ce qui pourrait grever entre 30 et 50 milliards d'euros. Quelque 300 milliards d'euros sont consacrés à des dépenses de fonctionnement incompressibles. En réalité, les nouvelles ressources s'élèvent à seulement 100 milliards d'euros, dont 13 milliards sont assez incertains car inscrits en ressources extrabudgétaires.

Dépenses publiques dédiées au secteur de la défense en France de 2017 à 2030 (en milliards d'euros)

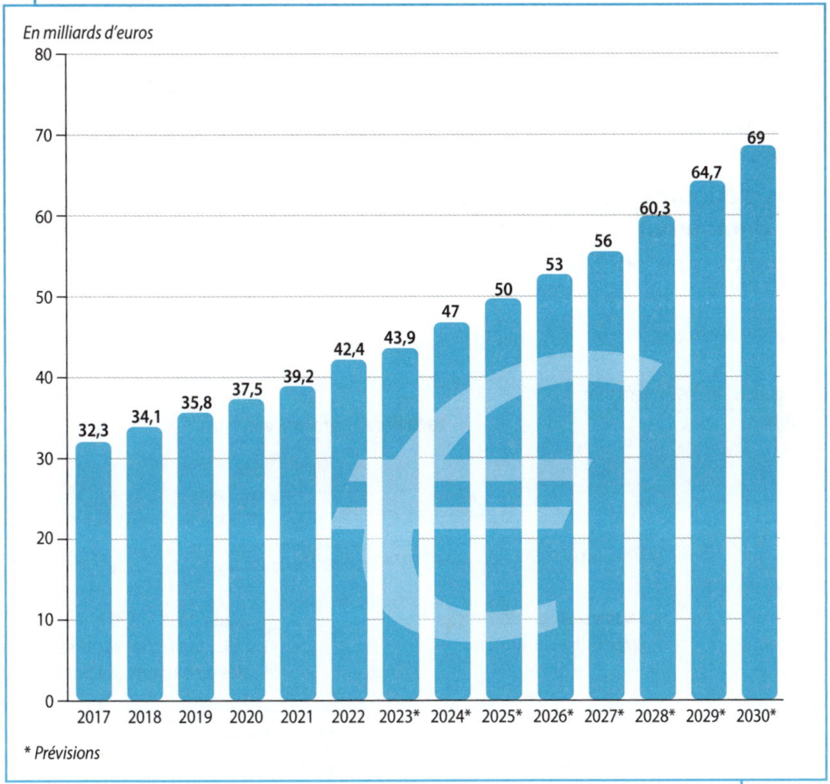

Source : Statista

Mise en perspective

La France est en huitième place mondiale en dépenses militaires et troisième en Europe. Elle a été dépassée par l'Allemagne et le Royaume-Uni. Les États-Unis représentent 39 % du budget militaire mondial (877 milliards de dollars) et la Chine 13 % (271 milliards de dollars). Cependant la France est devenue le deuxième exportateur d'armement depuis 2023 grâce à la vente de ses Rafale à l'Inde. Le 14 juillet 2023 a été marqué par la visite officielle du président indien Narendra Modi, venu pour négocier l'accord d'achat de 26 Rafale et de 3 sous-marins Scorpène. La France devient le premier fournisseur de l'Inde, devant les États-Unis.

Vers une politique migratoire et d'asile commune aux 27 pays de l'UE ?

par Jérôme Calauzènes

« Montrons que l'Europe peut gérer les migrations avec efficacité et compassion. Finissons le travail ! », a martelé Ursula von der Leyen, lors de son discours annuel sur l'État de l'Union, le 13 septembre 2023. Elle a ainsi demandé aux députés européens d'adopter le pacte migratoire européen conçu en 2020. Pourtant, des difficultés demeurent sur cette question qui clive. Les États européens vont-ils réussir à définir une politique commune en matière migratoire ?

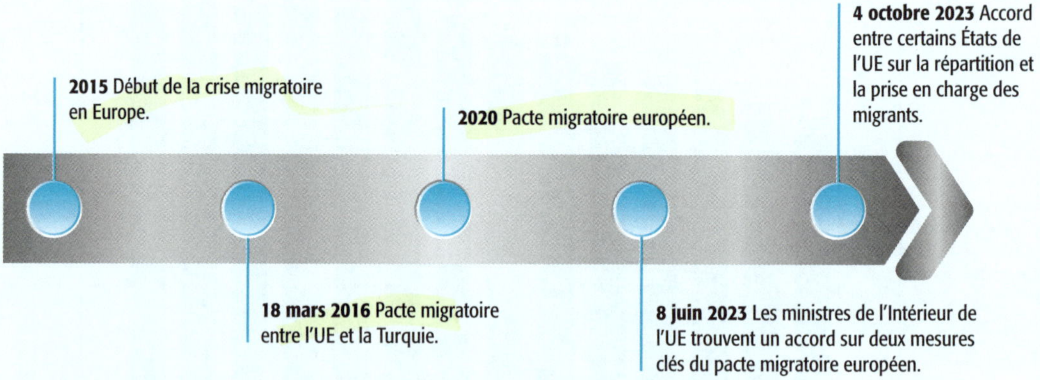

▸ La nécessité d'une politique migratoire commune

Depuis les années 2000, l'UE a fait face à des arrivées de migrants de plus en plus nombreuses. Entre 2000 et 2020, le solde migratoire (différence entre entrées et sorties de personnes) oscille généralement entre 700 000 et 1,5 million par an. À partir de 2015, on parle de crise migratoire, tant les flux ont été importants. Le nombre de demandes d'asile a explosé entre 2010 et 2015, passant de 260 000 à plus d'1,3 million. En 2022, 962 000 demandes ont été enregistrées. La même année, 3 millions de migrants légaux se sont installés sur le territoire de l'UE. L'agence Frontex a estimé le nombre d'illégaux à 330 000, en hausse de 64 % par rapport à 2021, et a relevé 80 700 franchissements irréguliers aux frontières extérieures de l'UE sur les quatre premiers mois de 2023.

Outre l'augmentation de ces flux, les drames qui se jouent en mer interrogent sur la gestion de cette crise par l'UE. Entre janvier et septembre 2023, plus de 2 500 personnes seraient mortes ou auraient disparu en Méditerranée en tentant de parvenir en Europe.

Pourtant, l'immigration représente aussi un enjeu démographique pour l'UE. Depuis 2012, le solde naturel (différence entre les naissances et les décès) est négatif au sein de l'UE et l'immigration pourrait être un bon moyen de compenser le vieillissement de la population et le manque d'actifs, à terme. Ainsi, on estime que d'ici à 2070, la part des personnes en âge de travailler passera de 65 % en 2019 à 54 % de la population totale de l'UE. Cela risque d'aggraver les déficits de la Sécurité sociale et des retraites. Paradoxalement, la montée des populismes favorise une volonté de fermeture des frontières et un contrôle plus strict de l'immigration illégale.

Les pays de l'UE ne sont pas égaux devant les arrivées et les demandes d'asile. D'une part, cinq États membres de l'UE ont reçu en 2022 près des trois quarts de l'ensemble des premières demandes d'asile déposées dans l'UE. L'Allemagne en a enregistré 25 %, suivie de la France (16 %), de l'Espagne (12 %), de l'Autriche (11 %) et de l'Italie (9 %). Surtout, le règlement Dublin III impose que le migrant effectue sa demande d'asile dans le pays où il est arrivé en premier, ce qui signifie que l'Italie, l'Espagne ou la Grèce supportent presque tout le poids de cette tâche.

Les demandeurs d'asile en France et dans l'UE en 2022

	France	UE
Nombre de demandes d'asile	**131 254 demandes officielles d'asile** en 2022. + 27 % par rapport à 2021. 56 000 demandes ont été acceptées, soit 42 %. On dénombre près de 547 102 réfugiés sur le sol français.	Les pays de l'UE et associés ont reçu environ **966 000 demandes d'asile en 2022**, soit 53 % de plus par rapport à 2021. 646 000 décisions sur des demandes en première instance ont été prises.
Profil et lieu des demandes d'asile	63 % des demandeurs sont des hommes. 1 demandeur sur 2 est célibataire. Environ 70 % des demandes en 2022 ont été déposées dans cinq pays d'accueil : **l'Allemagne** (244 000), **la France** (131 000), **l'Espagne** (118 000), **l'Autriche** (109 000) et **l'Italie** (84 000)	
Pays d'origine	15 % des demandes proviennent de citoyens afghans (17 000 demandes en tout, + 37 % entre 2021 et 2022). Ensuite, il y a les réfugiés du Bangladesh, de Turquie et de Géorgie (chacun 7 %). La France compte aussi 36 % de ressortissants issus du continent africain. C'est une spécificité française (les quatre pays africains que sont la Côte d'Ivoire, la Guinée, la République démocratique du Congo et le Nigéria ne constituaient que 1 à 1,8 % des demandes d'asile au niveau de l'Union européenne).	Les principaux pays d'origine étaient la **Syrie** (138 000) et **l'Afghanistan** (132 000), suivis de la **Turquie** (58 000), du **Venezuela** (51 000) et de la **Colombie** (43 000).
	Le cas des réfugiés ukrainiens a été traité à part avec un statut de « protection temporaire ». Les demandes d'asile en provenance de la Russie ont par contre bondi de 75 % (2 617 demandes).	

Source : vie-publique.fr

▸ Un compromis pour 2024 ?

En septembre 2020, le Pacte européen sur la migration et l'asile a été proposé par la Commission européenne, avec pour objectif de réformer la politique migratoire européenne. Il vise à « *instaurer un climat de confiance et un nouvel équilibre entre responsabilité et solidarité* » entre les 27 États membres de l'UE et à créer un cadre harmonisé à l'échelle du continent. Il se traduit par diverses mesures qui font l'objet de négociations depuis trois ans entre le Parlement européen et le Conseil européen. L'objectif est de finaliser l'accord avant les prochaines élections européennes de juin 2024.

Réunis le 8 juin 2023, les ministres de l'Intérieur de l'UE ont trouvé un compromis sur deux propositions clés du pacte :

- une proposition établissant un cadre commun pour la gestion de l'asile et de la migration. Il s'agit en fait de remplacer le règlement Dublin. Le texte ne remet pas en cause le principe de responsabilité de la demande d'asile pour le premier pays d'entrée mais il envisage de mieux répartir les migrants. Ainsi, au moins 30 000 demandeurs d'asile seront relocalisés chaque année vers des pays moins exposés aux arrivées. Les États qui refuseraient cette relocalisation devraient verser une compensation financière de 20 000 euros par migrant ;
- une autre proposition introduit de nouvelles procédures obligatoires aux frontières extérieures de l'UE afin d'évaluer, dans les cinq jours, si les demandes d'asile sont fondées ou non. Dans le cas contraire, une procédure de retour sera immédiatement engagée (la durée totale de la procédure d'asile et de retour ne devra pas excéder six mois). Le texte fixe également des droits (à une assistance juridique, à un interprète, etc.) pour les demandeurs d'asile.

Il s'agira aussi de renforcer la coopération avec les pays d'origine ou de transit (comme les États des Balkans) afin de limiter les arrivées mais aussi de lutter contre les réseaux de passeurs et le trafic de migrants. D'autres textes restent en négociation, comme le règlement Eurodac qui doit permettre une information plus complète sur les demandeurs d'asile. Tous devront encore être adoptés par le Parlement européen.

▸ Des difficultés et des oppositions demeurent

Depuis 1999, l'UE essaie de développer une politique d'asile commune par la mise en place d'un régime d'asile européen commun (RAEC) qui fixe des normes minimales communes pour le traitement des demandes d'asile (notamment sur les conditions d'accueil : logement, soins, marché du travail). Mais les États mènent des procédures d'asile autonomes et la proportion de décisions positives relatives à l'obtention de l'asile varie par conséquent dans les différents États membres.

Si, le 4 octobre 2023, certains États membres de l'UE ont réussi à trouver un accord sur la répartition de la prise en charge des migrants, la Hongrie et la Pologne, d'une part, ont fait part de leur opposition à cet accord sur la réforme migratoire, tandis que la Bulgarie, la Slovaquie et la République tchèque, d'autre part, se sont abstenues. Rappelons que lorsqu'en 2015, Jean-Claude Juncker, au plus fort de la crise migratoire, avait proposé un système de quotas de migrants par pays de l'UE en fonction de la population de ceux-ci, certains de ces États s'y étaient fermement opposés.

Certains textes restent encore en suspens, notamment le volet du pacte sur les situations de crise. Plusieurs pays comme l'Allemagne, qui demande des garanties sur la situation des mineurs reconduits à la frontière, font blocage. Les discussions sont en effet très politisées et les États savent que des enjeux nationaux doivent être pris en compte. Le Rassemblement National, en France, s'est par exemple prononcé contre ces accords.

Reste enfin que si ces textes sont adoptés, il faudra rester attentifs à leur réelle concrétisation, notamment sur les droits des demandeurs d'asile. Et s'ils ne sont pas adoptés, cela pourrait marquer la faillite du projet européen, que l'extrême droite instrumentalisera pour son propre profit.

L'évolution des demandes d'asile dans l'UE

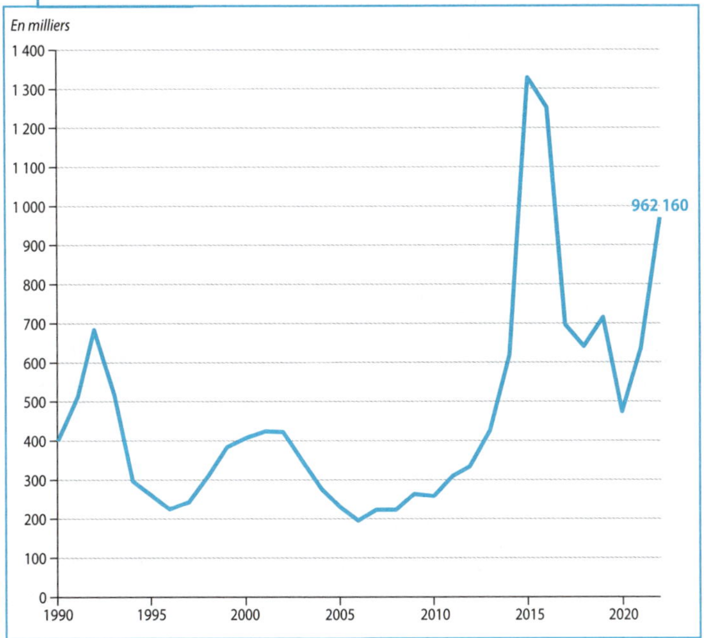

Source : vie-publique.fr – Eurostat

Mise en perspective

En 2023, plus de 40 millions de personnes vivant aux États-Unis sont immigrées, soit 12 % des 330 millions d'habitants et 1/5 des migrants dans le monde. En avril 2023, sous la pression d'une partie de l'électorat, l'administration Biden a annoncé des mesures pour limiter les migrations illégales (procédures d'expulsion accélérée, interdiction d'entrée aux États-Unis pendant 5 ans en cas d'expulsion, présomption d'inéligibilité à l'asile), élargir les voies légales d'entrée (regroupement familial facilité, doublement du nombre de réfugiés provenant du continent américain et notamment du Venezuela, du Nicaragua, de Cuba et d'Haïti) et faciliter « un traitement des migrants ordonné, sûr et dans des conditions humaines » (traitement rapide des dossiers). La collaboration avec les autres pays du continent sera renforcée.

AUTRES FAITS

Dimanche 1er janvier La Suède prend la présidence du Conseil de l'Union européenne pour six mois.

Dimanche 22 janvier En France, le Parti socialiste annonce la victoire d'Olivier Faure, réélu au poste de premier secrétaire, malgré les contestations persistantes de son adversaire, Nicolas Mayer-Rossignol.

Mardi 24 janvier En France, 15 femmes et 32 enfants sont rapatriés depuis les camps de prisonniers djihadistes où ils étaient détenus dans le nord-est de la Syrie.

Samedi 28 janvier En République tchèque, Petr Pavel remporte le second tour de l'élection présidentielle.

Mercredi 15 février En Écosse, la Première ministre Nicola Sturgeon annonce sa démission.

Lundi 6 mars En Estonie, le parti de la cheffe du gouvernement, Kaja Kallas, remporte les élections législatives.

Mercredi 8 mars En Grèce, en réaction à la catastrophe ferroviaire de Larissa, à 350 kilomètres d'Athènes, qui a provoqué la mort de 57 personnes le 28 février, plus de 50 000 personnes manifestent dans plusieurs villes du pays pour dénoncer la dégradation des services publics et réclamer la démission des dirigeants responsables.

Vendredi 10 mars En Géorgie, après des manifestations massives dans les rues de la capitale, le gouvernement annonce finalement le retrait de la loi « agent de l'étranger », qui prévoyait de contraindre les ONG et médias étrangers à s'enregistrer auprès des autorités afin de poursuivre leur activité dans le pays.

Jeudi 23 mars En Grande-Bretagne, Boris Johnson est auditionné par le Parlement pendant plusieurs heures dans le cadre de l'enquête sur le scandale du « partygate ».

Mercredi 29 mars En France, une enquête conjointe menée par France 2 et l'hebdomadaire *Marianne* révèle que le fonds Marianne, créé par Marlène Schiappa après à la mort de Samuel Patty, doté de 2,5 millions d'euros, aurait été détourné. Censé financer des associations promouvant les valeurs de la République et luttant contre les discours séparatistes, ce fonds aurait enrichi une poignée de personnes et n'aurait pas poursuivi son but initial.

Jeudi 27 avril En Allemagne, le chrétien-démocrate Kai Wegner (CDU) est élu maire de Berlin. La mairie était aux mains du SPD (parti social-démocrate) depuis 2001.

Dimanche 30 avril En Polynésie française, les élections territoriales se soldent par la victoire des indépendantistes face au candidat autonomiste, proche d'Emmanuel Macron. L'assemblée, composée de 57 membres élus pour cinq ans, doit ensuite élire le président de la collectivité, qui constituera par la suite son gouvernement.

Lundi 22 mai En Biélorussie, l'opposant Roman Protassevitch obtient une grâce présidentielle après avoir accepté de collaborer avec le régime d'Alexandre Loukachenko.

Lundi 29 mai En Espagne, le Premier ministre Pedro Sanchez dissout le Parlement après le net recul, la veille, de la gauche aux élections locales.

Dimanche 4 juin En Pologne, plus de 500 000 personnes se rassemblent dans les rues de Varsovie pour manifester contre le gouvernement nationaliste et populiste.

MARQUANTS 2023

- **Mardi 13 juin** En Méditerranée, au large de la Grèce, le naufrage d'un chalutier parti de Lybie, transportant 750 personnes, cause la mort de 600 personnes. Depuis 2014, près de 27 000 migrants sont morts en Méditerranée.
- **Mercredi 14 juin** En France, la secrétaire d'État Marlène Schiappa est auditionnée par la Commission d'enquête sénatoriale chargée d'enquêter sur la gestion du fonds Marianne.
- **Dimanche 25 juin** En Grèce, les élections législatives se soldent par la reconduction du parti conservateur de Kyriákos Mitsotákis.
- **Mercredi 19 juillet** À Bruxelles, la lobbyiste étatsunienne Fiona Scott Morton renonce finalement à briguer le poste d'économiste en chef de la Direction générale de la concurrence.
- **Lundi 28 août** En Slovénie, Charles Michel, président du Conseil européen, affirme lors d'une conférence de presse que l'Union européenne doit intégrer de nouveaux membres d'ici à 2030, faisant référence aux pays actuellement candidats (Albanie, Bosnie, Macédoine du Nord, Monténégro, Serbie, Ukraine et Moldavie).
- **Dimanche 1er octobre** En Pologne, à Varsovie, un million de personnes manifestent contre le gouvernement.
- **Dimanche 1er octobre** En Slovaquie, les élections se soldent par la victoire du parti national-populiste (Smer-SD), qui obtient 23 % des voix. Le chef de ce parti pro-russe, Robert Fico, qui souhaite s'aligner sur la politique défendue par la Hongrie, devrait se hisser au poste de Premier ministre.
- **Vendredi 13 octobre** En France, dans une cité scolaire d'Arras, un homme armé d'un couteau tue un enseignant, Dominique Bernard, et blesse trois autres personnes. Le tueur présumé, âgé de 20 ans, est un ancien élève du lycée, fiché S.
- **Dimanche 15 octobre** En Pologne, les élections législatives se soldent par la victoire de Donald Tusk, chef de la coalition centriste pro-européenne. Les populistes du parti Droit et Justice (PiS) et l'extrême droite sont battus.
- **Lundi 16 octobre** À Bruxelles, un attentat revendiqué par l'organisation État islamique est commis contre des supporters suédois. Deux personnes d'origine suédoise sont assassinées et un troisième homme est gravement blessé. Le suspect est tué lors de son interpellation.
- **Dimanche 22 octobre** En Suisse, la droite populiste remporte les élections législatives, loin devant les socialistes, le centre et les verts.
- **Lundi 6 novembre** En France, le procès du ministre de la Justice, Éric Dupond-Moretti, pour « prises illégales d'intérêts », démarre ce jour.
- **Jeudi 16 novembre** En Espagne, le Premier ministre Pedro Sanchez est reconduit dans ses fonctions pour un mandat de quatre ans.
- **Samedi 18 novembre** En France, dans la Drôme, un jeune homme de 16 ans est assassiné après avoir été violemment agressé en marge d'un bal de village. Dans les jours suivants, des manifestations et descentes de partis d'ultra et d'extrême-droite sont organisées à Crépol et dans les environs.

QCM

Pour chaque question, une seule réponse est correcte.

1 Quel est l'âge légal de départ à la retraite déterminé par la nouvelle réforme ?

- a. 65 ans.
- b. 64 ans.
- c. 63 ans.

2 À combien s'élève le déficit annuel des retraites ?

- a. 7 milliards.
- b. 17,7 milliards.
- c. 13,5 milliards.

3 Pourquoi le gouvernement a-t-il privilégié le report de l'âge légal plutôt qu'une hausse des cotisations ?

- a. Pour ne pas dégrader le pouvoir d'achat des actifs.
- b. Pour rattraper l'âge légal moyen des autres pays européens.
- c. Parce qu'il existait un consensus en France sur le report de l'âge légal.

4 Que montre le rapport de juin 2023 du COR ?

- a. Que les dépenses liées aux retraites sont contenues par rapport aux richesses nationales.
- b. Que les dépenses liées aux retraites tendent à augmenter par rapport aux richesses nationales.
- c. Que le déficit des retraites sera totalement contenu en 2030.

5 Les violences policières…

- a. sont légitimes puisque l'État a « le monopole de la violence légitime ».
- b. sont une légende urbaine.
- c. sont une réalité française qui inquiète la communauté internationale.

6 La perception et la condamnation des violences…

- a. font largement consensus en France.
- b. sont l'objet d'un débat politique, médiatique et générationnel.
- c. ont fait l'objet d'une communication officielle de la part du gouvernement.

7 Le niveau de violence des manifestants lors de cortèges…

- a. ne peut être évalué.
- b. est visiblement en hausse avec la normalisation de tactiques politiques violentes.
- c. n'a pas augmenté depuis mai 1968.

8 La jeune génération…

- a. a fortement confiance en la police.
- b. est majoritairement très violente.
- c. est de plus en plus défiante envers la police et les médias traditionnels.

9 Avec quel pays d'Afrique du Nord l'Italie a-t-elle conclu un accord pour lutter contre l'immigration irrégulière ?

❍ a. L'Égypte. ❍ b. La Tunisie. ❍ c. Le Maroc.

10 Quelle loi encadre l'avortement en Italie ?

❍ a. La loi 194 de 1978. ❍ b. La loi 210 de 1986. ❍ c. La loi 10 de 2004.

11 Durant quel événement le gouvernement Meloni a-t-il supprimé le « revenu de citoyenneté » ?

❍ a. La fête nationale italienne.
❍ b. La Journée du droit des femmes.
❍ c. La fête du Travail.

12 Le 7 août 2023, Matteo Salvini, vice-président du Conseil des ministres italiens, a annoncé la création d'une taxe sur…

❍ a. Les superprofits des banques italiennes.
❍ b. Les entreprises étrangères présentes en Italie.
❍ c. Le carburant.

13 Combien de référendums nationaux ont-ils été organisés depuis 1970 en France ?

❍ a. Aucun. ❍ b. 5. ❍ c. 10.

14 Quel motif ne peut pas être invoqué pour utiliser l'article 11 de la Constitution et organiser un référendum ?

❍ a. Les traités internationaux.
❍ b. La politique environnementale.
❍ c. Les questions budgétaires.

15 Dans quel article de la Constitution le référendum local est-il inscrit ?

❍ a. Article 11. ❍ b. Article 72. ❍ c. Article 89.

16 Qu'est-ce que le RIC ?

❍ a. Référendum d'initiative citoyenne.
❍ b. Référendum d'initiative collective.
❍ c. Référendum d'initiative constitutionnelle.

17 Combien de pays reconnaissent-ils le Kosovo ?

❍ a. 101. ❍ b. 95. ❍ c. 98.

18 Lequel de ces pays européens ne reconnaît pas le Kosovo ?

❍ a. L'Italie. ❍ b. L'Espagne. ❍ c. La Slovénie.

19 Quelle est la capitale du Kosovo ?

❍ a. Belgrade. ❍ b. Pristina. ❍ c. Sarajevo.

20 **Où a eu lieu la dernière réunion entre la Serbie et le Kosovo en vue d'une normalisation ?**

❍ a. à Ohrid. ❍ b. à Berlin. ❍ c. à La Haye.

21 **La neutralité de la Finlande pendant la guerre froide…**

❍ a. avait été exigée par les Alliés au sortir de la guerre.
❍ b. était feinte, la Finlande soutenant en réalité le bloc de l'Est.
❍ c. fut plébiscitée par les Finlandais pour ne pas provoquer le puissant voisin russe.

22 **La Finlande a choisi de rompre avec sa politique de neutralité…**

❍ a. en 1991 avec la chute du Rideau de fer.
❍ b. en 2022 seulement, à la suite de l'invasion russe en Ukraine.
❍ c. en 1995 en adhérant à l'UE.

23 **L'adhésion de la Finlande à l'OTAN…**

❍ a. profite uniquement à la Finlande qui peut compter sur l'article 5.
❍ b. est bénéfique pour la Finlande comme pour l'OTAN qui s'en trouve renforcée.
❍ c. n'a aucune conséquence géopolitique.

24 **Pour la Russie, l'adhésion de la Finlande à l'OTAN…**

❍ a. était prévisible mais sans importance.
❍ b. ne peut avoir d'autres conséquences qu'une guerre ouverte avec l'OTAN.
❍ c. est un désastre géopolitique confirmant l'extension de l'OTAN à l'Est.

25 **Le traité de l'Élysée…**

❍ a. est un traité de paix signé au sortir de la Première Guerre mondiale.
❍ b. a été signé en 2019 entre A. Merkel et E. Macron.
❍ c. est un traité d'amitié et de coopération franco-allemande signé le 22 janvier 1963.

26 **Le traité de l'Élysée…**

❍ a. a ouvert la voie d'une coopération économique et fiscale entre les deux pays.
❍ b. a ancré l'amitié franco-allemande dans la société civile en ciblant la jeunesse.
❍ c. n'est resté que symbolique et n'aura eu aucun effet concret.

27 **Pour la relation franco-allemande, l'année 2022…**

❍ a. fut une année faste avec plusieurs grandes réalisations communes.
❍ b. fut riche en tensions sur les questions énergétiques et commerciales.
❍ c. fut une année anniversaire.

28 **Les 60 ans du traité de l'Élysée…**

❍ a. ont été annulés en raison du traité de Barcelone signé trois jours plus tôt.
❍ b. ont été célébrés en petit comité à Berlin.
❍ c. ont été célébrés avec faste afin de faire oublier les tensions des mois précédents.

29 **Quel mouvement écologiste a été temporairement dissout par Gérald Darmanin ?**

❍ a. Greenpeace.
❍ b. Les Soulèvements de la Terre.
❍ c. Sea Shepherd.

30 **Où Gérald Darmanin a-t-il effectué sa rentrée politique de 2023 ?**
- a. Tourcoing.
- b. Mayotte.
- c. Paris.

31 **De quel pays sont originaires la plupart des étrangers en situation irrégulière présents à Mayotte ?**
- a. Madagascar.
- b. L'Éthiopie.
- c. Les Comores.

32 **Quel est la prochaine échéance politique majeure pour le ministre de l'Intérieur ?**
- a. Les élections européennes
- b. La loi asile et immigration
- c. Les élections municipales

33 **Quel type d'établissement est concerné par la surpopulation carcérale ?**
- a. Établissement pour peine.
- b. Centre de détention.
- c. Maison d'arrêt.

34 **Quel est l'ordre de grandeur du nombre de détenus en France en 2023 ?**
- a. 62 000.
- b. 73 000.
- c. 85 000.

35 **Dans quel cas le procureur peut-il demander une comparution immédiate ?**
- a. Flagrant délit passible d'un mois de prison.
- b. Délit passible de deux ans de prison.
- c. Délit passible d'un an de prison.

36 **Qu'est-ce que la régulation carcérale ?**
- a. Une diminution globale de la durée des peines de prison.
- b. Un système de détention une semaine sur deux.
- c. Un mécanisme où, lorsqu'un seuil d'occupation est dépassé, des détenus sont libérés.

37 **Quel est le nom de l'accord trouvé entre l'UE et le Royaume-Uni en février 2023 ?**
- a. Le cadre Balmoral.
- b. Le cadre Westminster.
- c. Le cadre Windsor.

38 **Quel aurait été le coût de la cérémonie du couronnement de Charles III ?**
- a. 115 millions d'euros.
- b. 215 millions d'euros.
- c. 315 millions d'euros.

39 **Comment se nomme le fonds créé par Charles de Windsor en faveur de l'emploi et de la réinsertion ?**
- a. Prince's Rainforest Project.
- b. Prince's Trust.
- c. Prince's Fondation for Employment.

40 **Par quelle affaire le prince Charles a-t-il été touché en 2010 ?**
- a. Les black spiders memos.
- b. Les black panthers memos.
- c. Les black dogs memos.

41 **Parmi ces propositions sur la LPM, laquelle est fausse ?**
- ❍ a. Elle n'a aucune valeur juridique contraignante.
- ❍ b. Elle respecte le principe d'annualité.
- ❍ c. Elle est associée à une réflexion sur l'état de la menace.

42 **Qu'est-ce qui constitue la clé de voûte de la défense nationale française ?**
- ❍ a. Son industrie de défense.
- ❍ b. Sa dissuasion nucléaire.
- ❍ c. Ses services de renseignement.

43 **Quel est le budget prévu par la LPM 2024-2030 ?**
- ❍ a. 295 milliards d'euros.
- ❍ b. 356 milliards d'euros.
- ❍ c. 413 milliards d'euros.

44 **Quel programme du ministère des Armées a le plus grand budget ?**
- ❍ a. Environnement et prospective de la politique de défense.
- ❍ b. Préparation et emploi des forces.
- ❍ c. Soutien de la politique de la défense.

45 **Combien de demandes d'asile ont-elles été enregistrées dans l'UE en 2022 ?**
❍ a. 260 000. ❍ b. 962 000. ❍ c. 1,3 million.

46 **Quels pays européens se sont opposés à l'accord de répartition des migrants en 2023 ?**
- ❍ a. La Bulgarie et la Roumanie.
- ❍ b. L'Autriche et la Suède.
- ❍ c. La Pologne et la Hongrie.

47 **Quel pays de l'UE arrive en tête pour le nombre de demandes d'asile déposées en 2022 ?**
❍ a. L'Allemagne. ❍ b. La France. ❍ c. L'Italie.

48 **Entre janvier et septembre 2023, combien de personnes seraient mortes en tentant de traverser la mer Méditerranée ?**
❍ a. 1 500. ❍ b. 2 500. ❍ c. 3 500.

Corrigé

1. b, 2. c, 3. a, 4. a, 5. c, 6. b, 7. b, 8. c, 9. b, 10. a, 11. c, 12. a, 13. b, 14. c, 15. b, 16. a, 17. c, 18. b, 19. b, 20. a, 21. c, 22. b, 23. b, 24. c, 25. c, 26. b, 27. b, 28. c, 29. b, 30. a, 31. c, 32. b, 33. c, 34. b, 35. b, 36. c, 37. c, 38. a, 39. b, 40. a, 41. b, 42. b, 43. c, 44. c, 45. b, 46. c, 47. a, 48. b

PARTIE 3

ÉCONOMIE, ENTREPRISES ET MONDE DU TRAVAIL

La faillite de la Silicon Valley Bank, quel impact pour l'économie ?

par Emma Fauquembergue

Le 10 mars 2023, l'organisme fédéral de garantie des dépôts bancaires aux États-Unis, la Federal Deposit Insurance Corporation (FDIC) a annoncé la fermeture de la Silicon Valley Bank (SVB) en banqueroute. La chute express de la SVB n'est pas sans rappeler l'onde de choc économique, aux lourdes conséquences, provoquée par la faillite de Lehman Brothers en 2008. Pourquoi, contre toute attente, la faillite de la SVB a-t-elle finalement eu des conséquences limitées à l'échelle mondiale ?

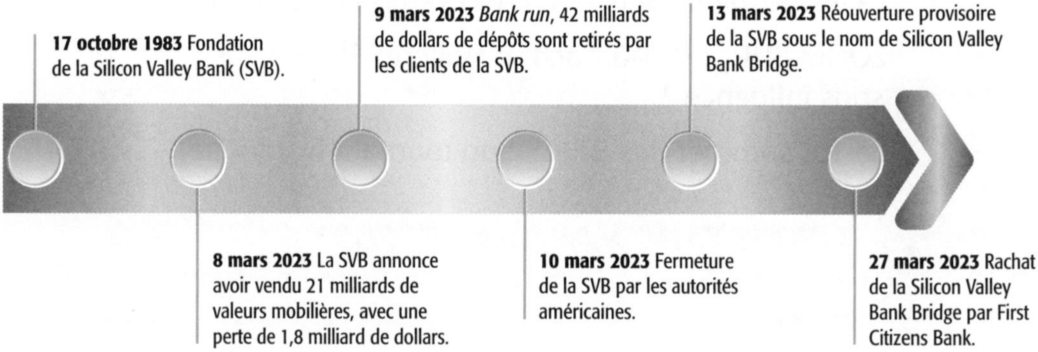

▸ Une banque emblématique de la tech

La Silicon Valley Bank, assez peu connue du grand public, se tenait pourtant au 16ᵉ rang des banques américaines par la taille de ses actifs. Localisée au cœur de la Silicon Valley, à Santa Clara, la SVB était la banque du secteur de l'innovation, surtout spécialisée dans l'accompagnement et le financement des start-up et des entreprises de la tech. Ses clients se concentraient dans les domaines de la technologie, du capital-risque, de la santé et des sciences de la vie. Il s'agissait de la moitié des start-up américaines et de 44 % des entreprises de technologie et de soins de santé, financées par capital-risque et entrées en Bourse en 2022 aux États-Unis.

La croissance de la SVB a été exponentielle depuis vingt ans avec le développement du secteur de la tech. Ses actifs sont passés de 4,5 milliards de dollars en 2003 à 212 milliards de dollars fin 2022. Le Covid-19 a constitué un élément supplémentaire d'expansion pour la SVB, grâce à des politiques favorables pour les start-up, avec une base de dépôts de la banque passée de 62 milliards de dollars au premier trimestre 2020 à 198 milliards au premier trimestre 2022. Au total, à la fin de l'année 2022, la SVB comptait 209 milliards de dollars d'actifs et environ 175,4 milliards de dépôts. Les activités concentrées des clients de la SVB impliquaient le plus souvent des levées de fonds importantes, de diverses origines, par conséquent les montants déposés auprès de la SVB étaient considérables (93,9 % de dépôts supérieurs à 250 000 dollars).

▸ Le résultat d'un choc macroéconomique et sectoriel

Malgré des résultats prometteurs, la Silicon Valley Bank s'est trouvée être le maillon faible du système bancaire américain. Le domaine restreint et trop homogène de la banque californienne a été un facteur prédominant de sa chute. Les clients de la SVB étaient tous soumis aux mêmes aléas économiques et surtout aux mêmes besoins de liquidités, urgents et importants. L'année 2022 a marqué un coup d'arrêt dans l'euphorie de l'économie flamboyante de la tech depuis quelques années, augmentant les nécessités en liquidités de ses clients. Ces derniers ont donc commencé à retirer leurs actifs au cours de l'année 2022.

Par ailleurs, la SVB avait fait le choix de placer de façon très homogène ses actifs en bons du Trésor, dont le cours avantageux était soutenu par des taux d'intérêts faibles (0 % jusqu'en avril 2022), grâce à des politiques monétaires complaisantes depuis 2008, ce qui en faisait un investissement très rentable. La SVB était donc particulièrement exposée à un bouleversement économique. Ainsi, lorsque, pour diminuer l'inflation, la Réserve fédérale américaine a pris la décision d'augmenter ses taux d'intérêts de 0 à 4,5 %, mettant fin à une période de taux quasi nuls depuis presque quinze ans (2008-2022), la valeur nominale de l'actif de la SVB en a considérablement diminué.

L'élément déclencheur de la chute de la SVB est intervenu le 8 mars 2023, avec la publication de résultats trimestriels décevants. Pour faire face aux demandes de retraits, la SVB avait été forcée de vendre précipitamment un portefeuille de bons du Trésor américain et d'obligations pour 21 milliards de dollars, enregistrant une perte de 1,8 milliard de dollars, puis de lancer une augmentation de capital pour tenter de se remettre à flot. Ces informations relayées sur les réseaux sociaux ont créé un vent de panique parmi ses clients. Ce *bank run* (« panique bancaire ») redouté a conduit au retrait de 42 milliards de dollars de dépôts sur la seule journée du 9 mars, soit 25 % du total. La SVB ne pouvait plus faire face à de tels retraits et le FDIC a annoncé sa fermeture le 10 mars. Le sauvetage de la SVB est le second plus gros opéré par le FDIC après celui de Washington Mutual, en 2008.

Évolution du cours de la SVB entre le 7 et le 9 mars 2023

Source : Capture d'écran bourse Google

▸ Les conséquences de la faillite

La comparaison inévitable avec la crise de 2008 semble pourtant difficile à tenir. L'intervention rapide de la FDIC a certainement permis de limiter l'onde de panique. En effet, la politique d'assurance des fonds de la SVB était en réalité assez faible, considérant que les montants déposés étaient dans 90 % des comptes supérieurs à la limite de 250 000 dollars garantie par la FDIC. Aussi, l'intervention dès le 10 mars 2023 de la FDIC qui a pris le contrôle de la banque en faillite et annoncé garantir l'intégralité des fonds des clients, au-delà de la limite habituelle de 250 000 dollars, a grandement limité l'impact du *bank run* et éloigné le risque de faillites en cascade. Les déposants devraient pouvoir recouvrer leur argent. En revanche les actionnaires ne retrouveront pas leur investissement. La contagion interbancaire intervenue en 2008 n'a rien de comparable avec la seule fuite des dépôts induite par la faillite de la SVB. Bien que les risques d'une crise financière ne soient pas complètement éloignés, il semble peu probable qu'elle s'étende au reste du monde. Le secteur borné de la tech touché par la SVB empêche la propagation d'une crise. En effet, au lendemain de la faillite de la SVB, la baisse des cours à Wall Street et dans de nombreux établissements financiers majeurs en Europe a rapidement été rattrapée.

La faillite de la SVB s'apparente à l'explosion d'une « bulle tech » : le montant de liquidités exponentiel affluant dans le secteur depuis quelques années avec peu de visibilité était considéré comme risqué par nombre d'économistes. Sans mettre à mal le milieu de la tech puisque des banques comme JP Morgan Chase ou Bank of America ont enregistré une hausse des dépôts dans les jours suivants.

Le 27 mars 2023, la Silicon Valley Bank Bridge, entité créée par la FDIC pour reprendre la gestion de la SVB, a été rachetée par la banque américaine First Citizens. Cette dernière devra donc gérer les prêts et les dépôts, et les clients ont été appelés, notamment sur les réseaux sociaux, à remettre des fonds au successeur de la SVB.

Les plus grandes faillites bancaires aux États-Unis.

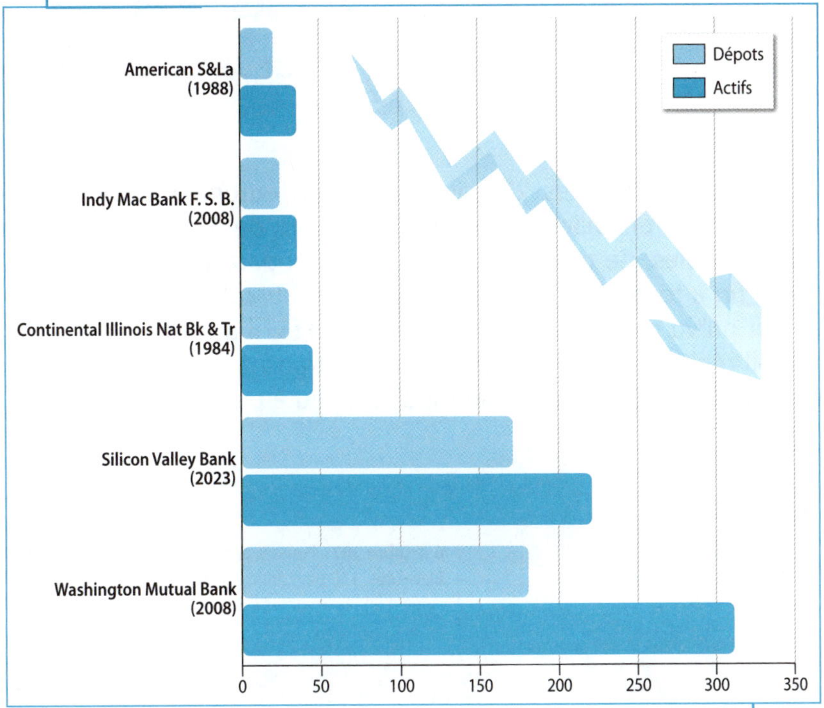

Source : FDIC

Mise en perspective

Après la crise de 2008, un ensemble de réformes avait été mis en place pour réguler les institutions bancaires afin qu'elles puissent mieux absorber les chocs et répondre aux demandes de liquidités des clients. La loi Dodd-Frank de 2010 renforçait la surveillance des banques, leur imposait un seuil minimal de fonds propres leur permettant de faire face aux chocs et plafonnait leurs participations spéculatives sur les marchés. Mais, en 2018, Donald Trump a fortement assoupli cet ensemble d'obligations réglementaires et prudentielles en remontant le seuil de surveillance de 50 à 250 milliards de dollars d'actifs. C'est ainsi que de nombreuses banques de taille moyenne, comme la SVB, sont passées sous les radars de la réglementation bancaire. La faillite successive de la SVB et de Signature Bank a poussé Joe Biden à demander, en mars 2023, le rétablissement des contraintes réglementaires pour les banques américaines.

Vers un impôt mondial sur les multinationales en 2024 ?

par Jérôme Calauzènes

Le 15 décembre 2022, les 27 pays de l'Union européenne ont donné leur feu vert à la mise en place d'une taxe mondiale de 15 % sur les bénéfices des multinationales. Ce projet issu d'un accord auparavant signé par 137 pays doit mettre fin à toutes les formes d'optimisation fiscale et aux paradis fiscaux. Initialement prévu pour entrer en vigueur en 2023, il a été reporté à 2024. Cet impôt va-t-il réellement contraindre les firmes transnationales (FTN) à payer ce qu'elles doivent aux États ou risque-t-il d'être peu à peu vidé de sa substance ?

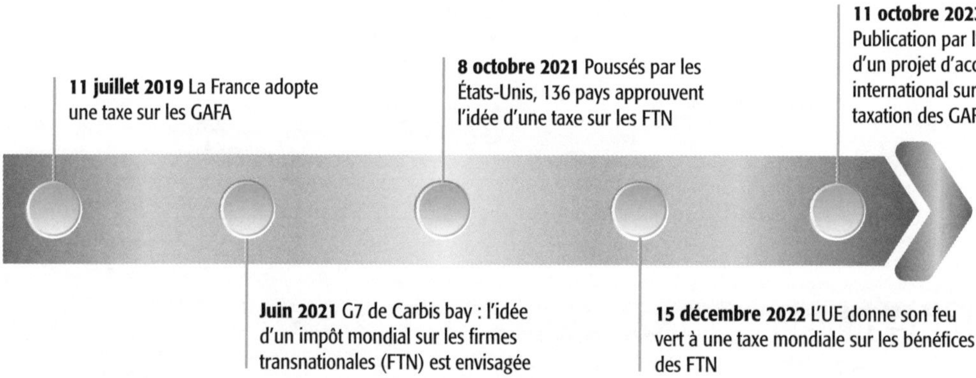

▸ Une nécessité face à l'évasion fiscale

Dans un contexte de dérégulation financière, les États ont perdu beaucoup d'influence face à l'émergence de nouveaux acteurs, et notamment les firmes transnationales (FTN). Ces dernières ont acquis une puissance importante en termes de chiffre d'affaires et de capitalisation boursière.

Nombre de ces entreprises pratiquent l'optimisation fiscale afin de réduire leurs impôts. Économiste français spécialiste de l'évasion fiscale, Gabriel Zucman estime qu'en 2017, plus de 40 % des profits réalisés par les multinationales sont délocalisés artificiellement dans les paradis fiscaux. Il s'agit de tirer légalement profit des failles des législations nationales. Deux techniques sont particulièrement connues :

- le « sandwich hollandais » consiste à installer une holding (société qui prend des participations financières dans d'autres sociétés et qui en dirige ou contrôle l'activité) aux Pays-Bas et à créer une filiale à l'étranger. La holding facture à cette filiale des services à un prix appelé « prix de transfert ». La maison-mère augmente alors le prix de ces services pour que la filiale ait un bénéfice le plus faible possible. De plus, grâce à un accord de double imposition (convention fiscale conclue entre le pays de la filiale et les Pays-Bas de sorte que l'entreprise ne soit pas taxée dans les deux pays), l'entreprise choisit d'être taxée aux Pays-Bas, un pays connu pour sa faible fiscalité sur les entreprises. Ensuite, les bénéfices récupérés par la holding des Pays-Bas sont expédiés dans une autre holding située dans un paradis fiscal, comme les Antilles néerlandaises, avec lesquelles les Pays-Bas ont un accord de défiscalisation ;
- le « double irlandais avec sandwich hollandais » est particulièrement utilisé par Apple. Quand Apple vend un produit sur le sol américain, les montants collectés sont reversés à une filiale irlandaise au titre de royalties sur des brevets que cette société possède. Quand Apple vend à l'étranger, les produits de cette vente sont versés à une autre filiale domiciliée en Irlande, ce pays ayant signé des traités fiscaux qui exonèrent d'impôt certains transferts intra-européens. Telle est la technique du double irlandais. Apple fait ensuite transiter ces montants par une troisième filiale située cette fois aux Pays-Bas : c'est le sandwich hollandais décrit plus haut. Si un « tax holiday » est signé, c'est-à-dire une baisse exceptionnelle de l'imposition par les États-Unis sur les transferts en provenance de l'étranger, l'argent est rapatrié aux États-Unis et n'est ainsi taxé qu'à 5 % (au lieu de 35 %).

« Sandwich hollandais » et « double irlandais »

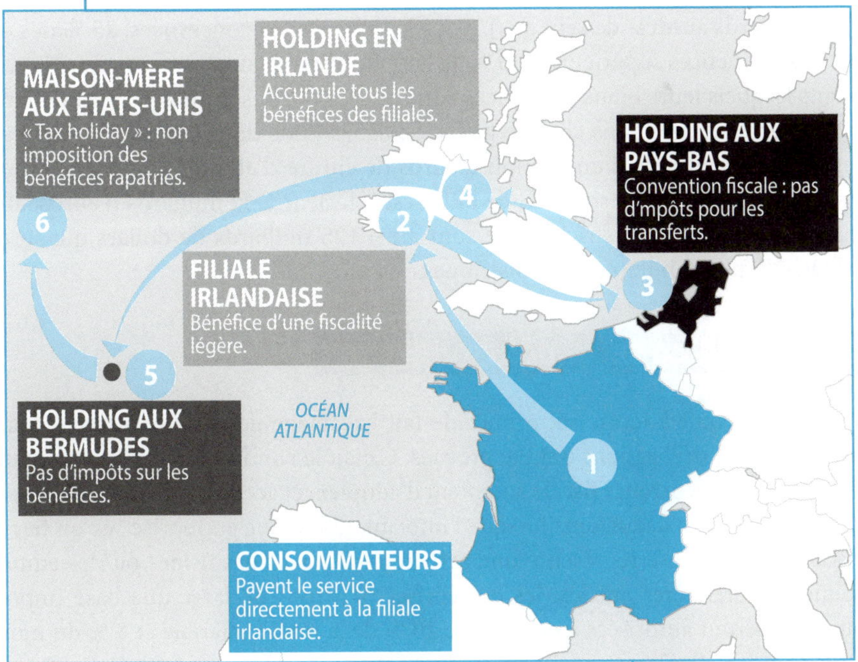

Source : La finance pour tous

▸ Un projet relativement ambitieux

Il a fallu attendre les années 2010 pour voir naître l'idée d'une taxe imposée aux GAFAM (Google, Amazon, Facebook, Apple, Microsoft). La France a été à l'initiative d'une taxe sur les seules GAFA, mise en place en 2019 (taxe de 3 % sur le chiffre d'affaires). Mais cet impôt avait divisé les pays de l'UE et grippé les relations avec les États-Unis (sous la présidence Trump).

L'OCDE a relancé l'idée d'un impôt mondial en 2016 puis lors de la conférence du G7 de juin 2021 à Carbis Bay (Royaume-Uni). À la suite des États-Unis (sous la présidence Biden), 137 pays ont approuvé cette décision le 8 octobre 2021, dont la Chine et l'Inde pourtant réticentes au départ.

Cet impôt repose sur deux piliers :

- un impôt mondial de 15 % sur les bénéfices des sociétés d'un pays signataire générant plus de 750 millions d'euros de chiffre d'affaires annuel cumulé. Quel que soit le pays dans lequel une multinationale déclare ses bénéfices, ces derniers seront *in fine* taxés à un taux minimal identique. Ainsi, lorsque l'entreprise paiera moins de 15 % d'impôts dans un pays étranger où elle possède des filiales (paradis fiscal ou non), le pays dans lequel se situe son siège social récupérera la différence. Selon l'OCDE, ce seront 150 milliards de dollars supplémentaires qui rentreront annuellement dans les caisses des États signataires ;
- mieux répartir les bénéfices entre les pays. Un projet d'accord international a été dévoilé par l'OCDE sur ce point en octobre 2023. Cela concerne l'impôt des 100 multinationales les plus rentables, celles dont le chiffre d'affaires dépasse 20 milliards d'euros (puis 10 milliards au-delà de sept ans). Pour les entreprises concernées, 25 % des « surprofits » (les bénéfices supérieurs à 10 % de leur chiffre d'affaires) seront répartis vers les pays dans lesquels leurs biens et services sont utilisés et consommés (la part dépend du chiffre d'affaires réalisé dans chaque pays). Seuls les États dans lesquels les entreprises concernées réalisent plus d'un million d'euros de chiffre d'affaires en bénéficieront. Le seuil passe à 250 000 euros si le PIB de l'État est inférieur à 40 milliards d'euros, afin de favoriser les pays les moins riches. Ce sont ainsi 125 milliards de dollars qui seraient, selon l'OCDE, plus équitablement distribués.

▸ L'efficacité d'un tel impôt en question

Cet impôt devrait à terme supprimer de fait l'avantage des paradis fiscaux. Mais un certain nombre de dérogations ont été prévues. C'était la condition pour que les États qui bénéficient de la concurrence fiscale acceptent d'adopter cet accord. L'OCDE a par exemple consenti à prévoir des déductions lorsque l'implantation d'une entreprise sur un territoire à la fiscalité avantageuse représente une activité réelle, avec des usines ou des employés. De même, les premières années, les entreprises pourront déclarer une base imposable réduite. Elles seront autorisées à en déduire 10 % de la masse salariale et 8 % du montant des actifs corporels (les biens qu'elles possèdent et utilisent effectivement). Enfin, les entités publiques, organisations internationales, organisations à but non lucratif, fonds de pension et fonds d'investissement ne sont, sauf exception, pas concernés par ce volet de la réforme.

De nombreuses FTN sont aussi montées au créneau en interpelant l'OCDE. Les grands groupes français et le Medef s'inquiètent de la quantité et du type d'informations qui devront être fournies dans les déclarations envoyées aux administrations. Ils expriment aussi leurs inquiétudes quant à la protection des données économiques sensibles. Le projet actuel crispe les entreprises car n'importe lequel des 137 pays signataires de l'accord sur l'impôt minimum mondial peut en théorie leur réclamer des informations. Et tous les États ne fournissent pas les mêmes garanties, notamment la Chine.

Les 10 FTN dont le chiffre d'affaires est le plus important en 2022 (classement 2023)

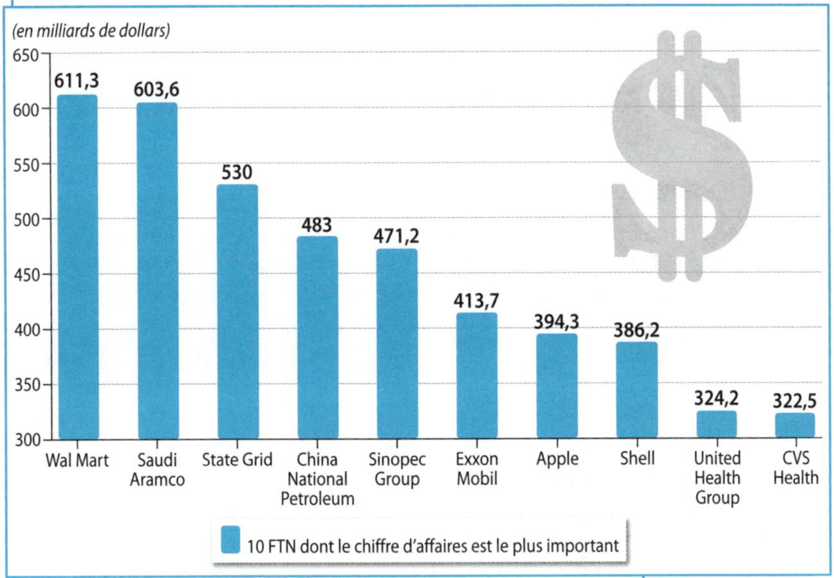

Source : Magazine *Fortune*

Mise en perspective

Une plus juste imposition des personnes physiques doit aussi être envisagée, selon Gabriel Zucman, chercheur à l'École d'économie de Paris, directeur de l'Observatoire européen de la fiscalité. Il fait remarquer que les taux d'imposition des ultra-riches sont très faibles par rapport aux autres catégories sociales. Les 380 ménages aux revenus les plus élevés en France ont ainsi un taux d'imposition sur l'ensemble de leurs revenus de seulement 2 %. Le contre-argument généralement présenté est que si l'on force ces ménages à payer les impôts dont ils devraient normalement s'acquitter, ils vont chercher une autre résidence fiscale. Mais cela semble difficile à entendre, notamment pour des classes moyennes qui s'estiment très souvent victimes d'impôts trop importants.

L'IA, une nouvelle course à la puissance ?

par Églantine Yelles

Fin mars 2023, des centaines de personnalités du numérique, dont Elon Musk, ont lancé un appel à faire une pause dans le développement de l'intelligence artificielle (IA) afin de développer un moratoire et définir des limites éthiques. L'IA n'a cessé de se perfectionner avec le *machine learning* et l'amélioration de la puissance de calcul du *big data* grâce à l'analyse de métadonnées en un temps très court. Les applications sont multisectorielles et permettent de développer des avantages stratégiques. L'IA est-elle un nouvel instrument de puissance qui pourrait redéfinir la géopolitique mondiale ?

1956 Conférence de Dartmouth : apparition du terme « intelligence artificielle ».

1997 Le superordinateur Deep Blue d'IBM bat le champion du monde d'échecs Garry Kasparov – c'est la première fois qu'une machine bat un humain.

27 mai 2017 Le logiciel AlphaGo bat le Chinois Ke Jie, meilleur joueur du monde au jeu de go, grâce au *deep learning* – une défaite vécue comme une humiliation par la Chine.

2019 La Chine dépasse les États-Unis en nombre de brevets liés à l'IA.

11 mai 2023 L'UE propose un règlement pour encadrer l'IA et interdire certaines applications.

30 octobre 2023 Le président américain Biden signe un premier décret établissant des normes de sécurité pour l'IA.

▸ La domination des géants privés du numérique

Si historiquement la course à la puissance scientifique, comme la conquête spatiale, relevait des États ou d'un groupe d'États, la compétition pour l'IA est d'abord maîtrisée par les grandes plateformes numériques que sont les GAFAM américaines (Google, Amazon, Facebook, Apple, Microsoft) et les BATX chinoises (Baidu, Alibaba, Tencent, Xiaomi). Contrairement aux États, leur pouvoir d'investissement en recherche et développement est largement plus élevé. Ces entreprises disposent surtout de la matière première pour faire fonctionner l'IA, c'est-à-dire l'ensemble des données de leurs millions d'utilisateurs qui forment le *big data*.

La maîtrise de l'IA est une course qui tend à la concentration de la puissance économique numérique grâce à l'influence qu'elle permet d'exercer sur les utilisateurs. Les plateformes numériques fonctionnent avec les effets de réseau. Plus le nombre d'utilisateurs est élevé, plus il y a de données, et plus la performance de la plateforme se trouve accrue. La tendance monopolistique de ce marché incite les GAFAM et BATX à maximiser leur captation de données et de connaissances sur l'IA, en rachetant des licornes européennes, ce qui déséquilibre encore plus la concurrence. DeepMind, l'entreprise britannique pionnière en IA qui a développé le programme AlphaGo, a été rachetée par Google en 2014 et l'entreprise allemande de robotique Kuka par le géant chinois Midea en 2016.

Ces acquisitions s'inscrivent dans un contexte national. En Chine, les BATX servent à défendre une culture de l'entrepreneuriat digital patriotique. Aux États-Unis, l'IA fait l'objet d'une rivalité entre les GAFAM et l'État américain en raison de la divergence des intérêts qui animent chaque acteur. Le gouvernement américain essaie de favoriser une politique concurrentielle pour lutter contre la centralisation du pouvoir numérique entre les mains d'un petit nombre d'acteurs. Le 12 septembre 2023 s'est ouvert le procès de Google, accusé par une coalition d'États, dont la Californie, d'avoir abusé de la position dominante de son moteur de recherche pour étouffer la concurrence.

Les pays où l'on investit le plus dans l'IA

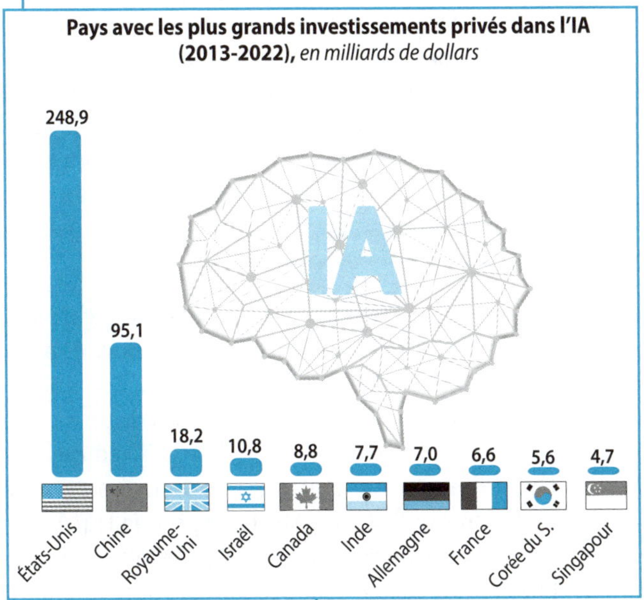

Source : Statista – Artificial intelligence report 2023

▸ Le duopole sino-américain

La course à l'IA est aussi alimentée par les États-Unis et la Chine qui cristallisent leur rivalité sur ce terrain technologique. Pékin a vécu son « moment Spoutnik » en 2017 avec la défaite du meilleur joueur chinois au jeu de go, Ke Jie, face à AlphaGo financé par

Google. Pékin a alors publié une stratégie nationale ambitieuse, avec comme objectif de devenir le premier centre de l'innovation en IA d'ici 2030. La Chine a dépassé les États-Unis en nombre de brevets déposés. Elle diplôme plus d'élèves en sciences, ingénierie et technologie mais est toujours deuxième en recherches avec seulement 39 000 chercheurs chinois en IA contre 78 000 américains. Enfin, Pékin est encore dépendant de Washington pour la technologie des processeurs et des puces nécessaires au *machine learning*.

L'IA est un moyen de puissance à la fois politique, militaire, économique et stratégique qui permet d'atteindre une supériorité technologique. Les deux pays investissent massivement dans l'implémentation de l'IA dans leur armée pour permettre l'automatisation d'aéronefs et de robots, une meilleure aide à la prise de décision ou encore l'amélioration du renseignement. Politiquement, l'IA peut donner aux gouvernements la possibilité d'influencer leur population. La Chine se sert de cette technologie pour faire fonctionner le « crédit social » : chaque citoyen a un nombre de points déterminé par ses données personnelles qui va indiquer s'il est un bon citoyen. En 2016, le scandale Cambridge Analytica a révélé que des technologies à base d'IA avaient pu favoriser l'élection de Donald Trump. Enfin, l'IA s'inscrit aussi dans les stratégies globales comme les « routes digitales de la soie » lancées en 2016 par Pékin.

L'Afrique est un terrain où les implantations industrielles chinoises numériques se multiplient. L'entreprise chinoise Transsion est l'un des plus gros vendeurs de smartphones en Afrique. Le géant des télécoms ZTE fournit les infrastructures numériques au gouvernement éthiopien. Pour ne pas accentuer leur retard, les États-Unis ont aussi commencé à investir sur le continent, avec en 2023 l'ouverture par Google du premier centre de recherche en IA au Ghana. Cette compétition a été qualifiée de « *cyber-colonisation* » par le mathématicien Cédric Villani, qui avait été chargé d'un rapport sur l'IA publié en 2018.

▸ Un enjeu de souveraineté numérique

Bien que la plupart des pays européens aient publié une stratégie pour promouvoir le développement et l'utilisation de l'IA, l'Union européenne souffre d'un énorme retard en investissements publics et privés. Elle se concentre plus sur la définition d'un cadre juridique et éthique, avec ses travaux autour de l'IA Act. L'Américain Sam Altman, l'un des fondateurs d'Open AI, a menacé de priver l'UE de ChatGPT en cas de réglementation trop stricte qui empêcherait l'innovation et l'accès aux données personnelles. L'UE est bien plus axée que les États-Unis ou la Chine sur le respect de la personne humaine, de sa vie privée et de la protection des données avec le Règlement général sur la protection des données (RGPD). Elle court le risque d'empêcher sa propre montée en puissance en cherchant à réguler l'IA plutôt qu'à mettre en œuvre les moyens de son développement. Cependant, dans une première décision de contrôle, le président américain Joe Biden a publié le 30 octobre 2023 un décret exigeant notamment que les développeurs d'IA informent le gouvernement fédéral et partagent les résultats de tous les tests de sécurité avant de les proposer au public. Cette obligation concerne les projets pouvant présenter « *un risque sérieux en termes de sécurité nationale, de sécurité économique nationale, ou de santé publique* ».

La montée en puissance de la Chine dans la course à l'IA

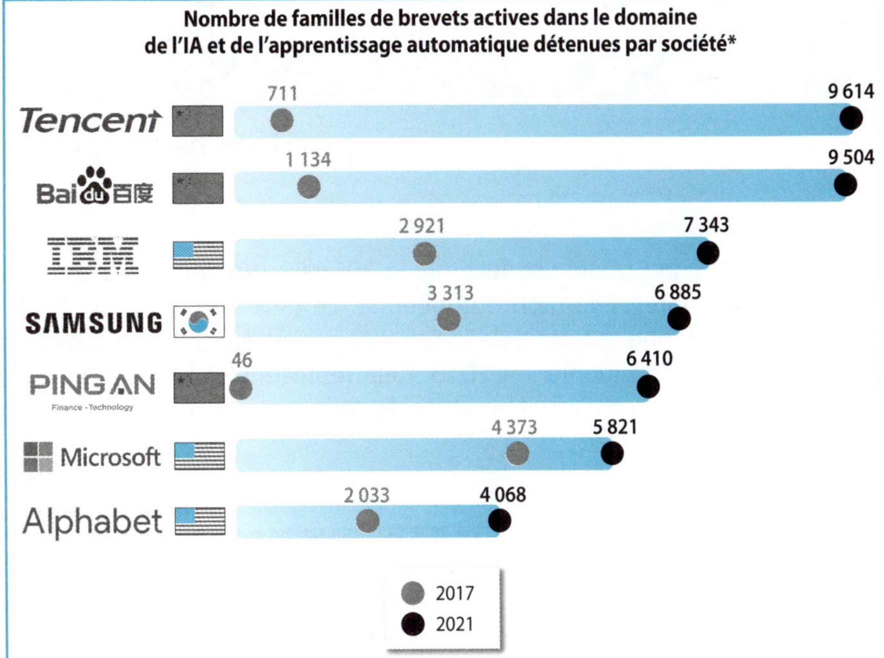

* Sélection des entreprises avec plus de 4 000 familles de brevets en 2021.

Source : Statista – LexisNexis PatentSight

D'autres pays essaient de s'insérer dans cette compétition internationale en se spécialisant sur des segments précis. Israël développe beaucoup de technologies liées à la cybersécurité et à la reconnaissance faciale. L'Inde se positionne sur le marché des pays en voie de développement et investit beaucoup dans la formation, ayant déjà parmi les meilleurs ingénieurs au monde. Cependant, la plupart sont aspirés par les entreprises de la Silicon Valley. Ils représentent un tiers des ingénieurs et leur nombre de hauts cadres ne cesse d'augmenter, à l'instar de Sundar Pichai, le directeur de Google.

Mise en perspective

La *blockchain* est une autre technologie qui s'insère dans la compétition mondiale. C'est une base de données distribuée sans autorité centrale. Ses principales applications sont les cryptomonnaies comme le bitcoin, et les NFT. Le programme européen Horizon 2020 a une enveloppe budgétaire de 1,5 milliard d'euros pour financer des projets concernant aussi bien l'IA que la *blockchain*. L'UE souhaite développer la European Blockchain Service Infrastructure qui rassemblerait un ensemble de services publics disponibles sur une même plateforme. L'Estonie est le premier pays à avoir développé sa *blockchain* nationale, qui rassemble tous les services publics pour à la fois proposer à ses citoyens une administration plus efficace et se prémunir des cyberattaques russes.

L'entrée de la Croatie dans la zone euro

par Jérôme Calauzènes

Le 1er janvier 2023, la Croatie est devenue le 20e pays membre de la zone euro, dix ans après avoir intégré l'Union européenne. Le taux de change a été fixé à 7,5345 kunas (l'ancienne monnaie de la Croatie) pour 1 euro. Aucun pays n'avait adopté l'euro depuis la Lituanie, en 2015. Cela représente à la fois un avantage pour un pays en pleine mutation et un véritable défi pour la zone euro qui s'élargit.

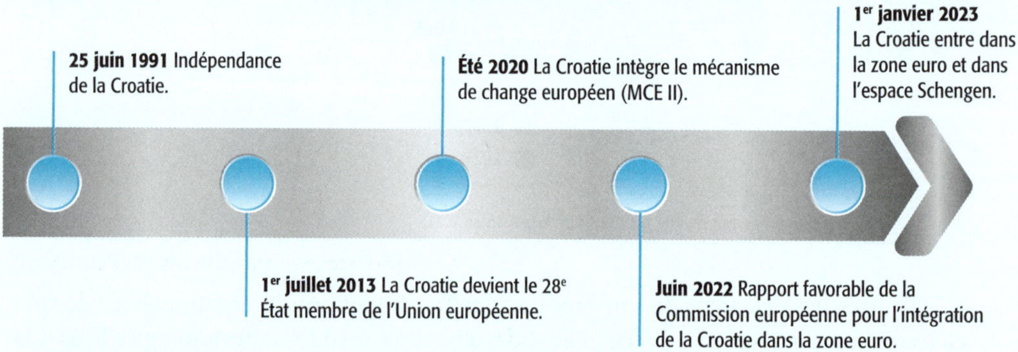

Un pays prospère sur le plan économique

Dans un rapport publié en juin 2022, la Commission européenne a donné son feu vert pour que la Croatie rejoigne la zone euro dans la mesure où elle satisfaisait aux quatre critères de convergence :

- l'inflation est maîtrisée. Après avoir atteint des sommets à la fin des années 1980 et au début des années 1990, celle-ci est jugulée à partir de 1995. Elle a cependant connu un rebond en novembre 2022, à 13 %, dans un contexte général d'augmentation des prix ;
- les finances publiques sont saines. Le pays a réussi à maîtriser sa dette et à l'infléchir. La dette publique croate représente ainsi 70,2 % de son PIB, contre 87,0 % en 2020. L'assainissement des finances publiques s'est d'ailleurs fait à un rythme plus élevé que celui attendu par l'UE pour accepter un pays dans la zone euro : selon certaines projections, la dette ne devrait plus représenter que 63,5 % du PIB en 2025, très proche des 60 % visés par le traité de Maastricht ;
- le taux de change est stable. Depuis que la Croatie a rejoint le mécanisme de change avec la zone euro (MCE II) en juillet 2020, la kuna fluctue de +/- 1 % autour du cours pivot, soit bien en deçà des marges autorisées de fluctuation de +/- 15 % ;

• les taux d'intérêts sont stables et la convergence économique semble durable avec l'UE dont elle est très dépendante. En 2021, 74,3 % des importations et 67,4 % des exportations du pays avaient pour origine ou destination le reste de l'UE.

D'autres indicateurs témoignent de la bonne santé de l'économie croate. La croissance économique est particulièrement dynamique : en 2022, l'économie croate a crû de 6,3 % contre 3,5 % pour la zone euro. Elle se développe notamment grâce au tourisme qui représente, à lui seul, 20 % du PIB croate. Depuis 1991, les revenus liés aux touristes internationaux ont bondi de 145 %.

Ces bons chiffres sont à mettre en perspective avec l'histoire mouvementée du pays qui a eu un passé difficile : domination soviétique dans le cadre de la guerre froide puis guerre violente d'indépendance contre la Serbie entre 1991 et 1995, qui a fait près de 20 000 morts en Croatie.

Les critères de convergence (chiffres de 2021, issus du rapport 2022).

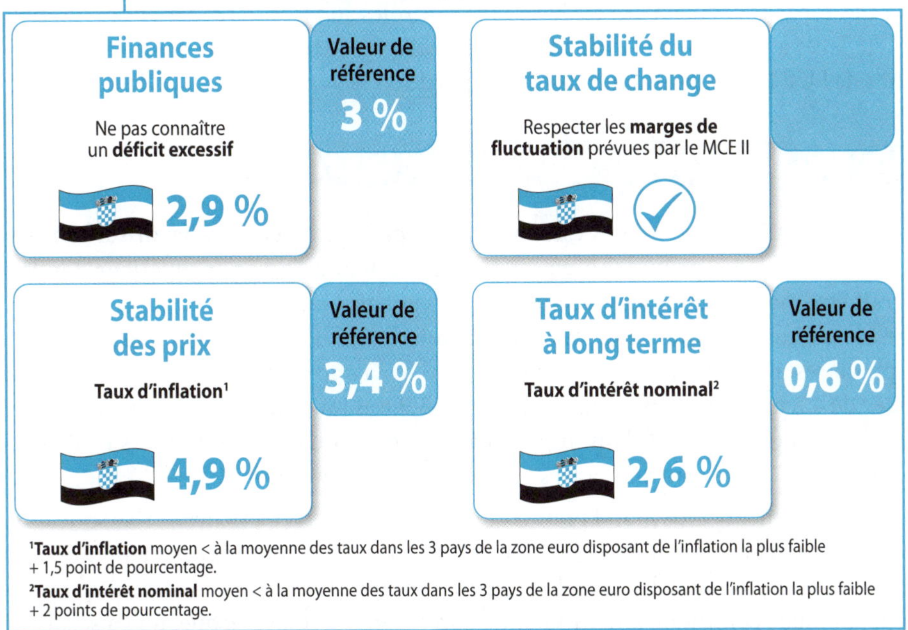

Source : La finance pour tous d'après un rapport du Conseil de l'Union européenne chiffres de 2021 (issus du rapport 2022)

▸ Euro et contrôles aux frontières levés : avantages pour la Croatie

L'adoption de l'euro réduira les coûts de transaction et de financement. Elle sera d'ailleurs facilitée par le fait que l'utilisation de l'euro est déjà répandue. En 2018, près de 80 % des exportations de biens et 75 % des importations croates étaient libellées en euros.

L'euro permettra aussi de réduire le risque de change et diminuera donc la vulnérabilité du secteur bancaire croate. Par ailleurs, fin 2021, 71 % de la dette publique croate était libellée en euros selon la Banque nationale de Croatie (HNB). L'élimination du risque de change sur la dette publique augmentera non seulement la résilience des finances publiques, mais bénéficiera également au secteur bancaire croate.

L'adoption de l'euro favorisera encore plus la convergence réelle de l'économie croate vers celle de la zone euro et offrira de nouvelles possibilités de croissance. Le passage à l'euro adresse en effet aux partenaires commerciaux un message politique positif d'arrimage à l'UE, un espace commercial dynamique de presque 450 millions de consommateurs, qui représente près de 20 % du PIB mondial.

La Croatie, si elle renonce à sa politique monétaire, participera aussi à la gouvernance de la monnaie unique au sein de la Banque centrale européenne.

La Croatie est enfin, parallèlement, entrée dans l'espace Schengen. Cela signifie que les déplacements humains seront facilités. Depuis le 1er janvier 2023, les contrôles des personnes aux frontières terrestres et maritimes intérieures entre la Croatie et les autres pays de l'espace Schengen ont été levés. Les contrôles aux frontières aériennes intérieures ont été levés à partir du 26 mars 2023. Cela facilitera le tourisme notamment en provenance de l'UE (14 millions en 2021, dont plus de 65 % venant d'un pays de la zone euro).

▸ Un défi pour la zone euro et pour la Croatie

Pourtant, 87 % des Croates estiment que le passage à l'euro va favoriser l'inflation. Si la conversion des prix se fait en effet généralement à l'arrondi supérieur, l'inflation devrait être maîtrisée par les mécanismes de régulation de la zone euro. Surtout, le passage à la monnaie unique ne va pas résoudre tous les maux de la Croatie : la baisse démographique est inquiétante. Le pays a perdu 10 % de sa population en dix ans, celle-ci étant passée de 4,2 millions de personnes en 2011 à 3,9 millions en 2021, en raison d'un faible taux de natalité et surtout d'un important mouvement d'émigration (vers l'Allemagne, l'Autriche et l'Irlande surtout) après l'entrée du pays dans l'UE.

Le défi est encore plus grand pour la zone euro. Les écarts de richesse, s'ils sont appelés à diminuer entre la Croatie et les autres pays membres de la zone euro, restent importants, de l'ordre de 1 à 6. Mais pour l'UE, l'intégration de la Croatie est un signal qui montre que la monnaie commune attire toujours, après la grave crise grecque qui l'a secouée il y a sept ans. De plus, des mécanismes ont été mis en place de sorte que beaucoup de doutes semblent avoir disparu (mécanisme européen de stabilité, fonds de résolution unique qui permet le sauvetage de banques en difficulté, rôle de la BCE prêteur en dernier ressort).

Se pose également la question de futurs élargissements puisqu'en théorie, tous les pays de l'UE ont vocation à adopter l'euro. Sept pays sont donc toujours en attente d'intégration : Bulgarie, Danemark (mais ce pays a obtenu une option de retrait pour ne pas intégrer la zone euro), Hongrie, Pologne, Roumanie, Suède, République tchèque. Mais seulement deux le souhaitent vraiment, la Roumanie et la Bulgarie. La Bulgarie semblait satisfaire à tous les critères de convergence à la fin de l'année 2022 mais le Conseil européen a rejeté sa candidature à cause de son instabilité politique (quatre élections générales en dix-huit mois), ses scandales de corruption et son ambivalence vis-à-vis de la Russie.

Les dates d'adhésion des pays d'Europe à la zone euro

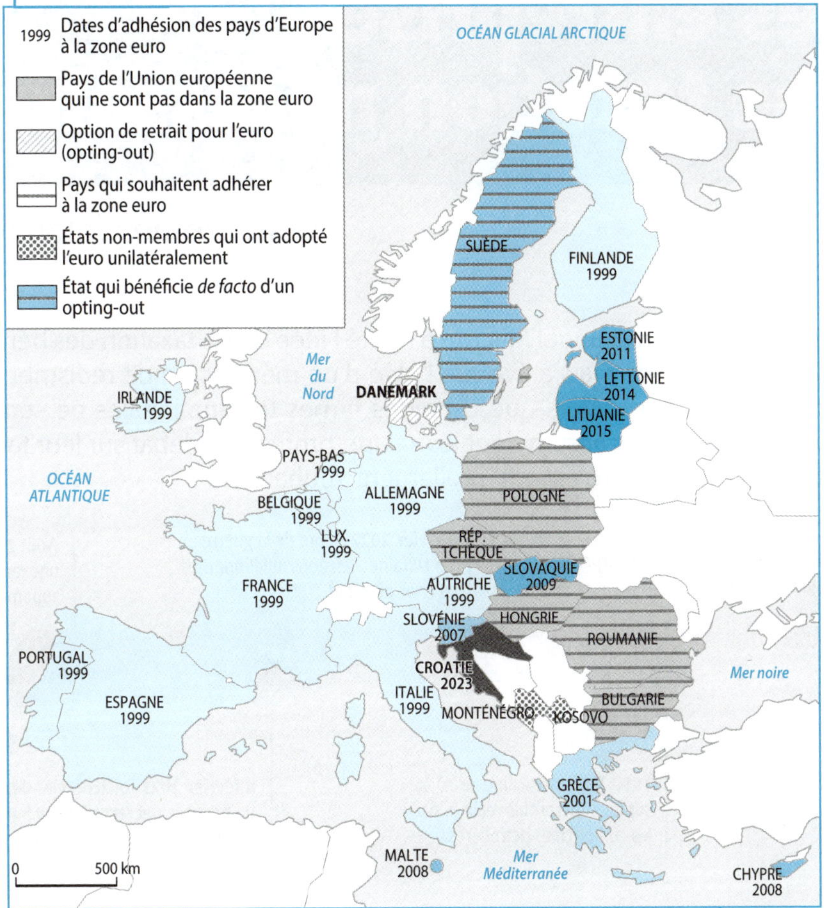

Source : *Les Échos*

Mise en perspective

Le dollar domine toujours comme monnaie de réserve mondiale puisqu'il représente, en 2022, 61 % des réserves mondiales de change. L'euro vient, assez loin, en deuxième position avec 20,5 %, suivi par le yen (5,7 %) ou la livre sterling (4,6 %), le yuan (ou renminbi) chinois (2 %), le dollar canadien (1,9 %) et le dollar australien (1,7 %). L'UE rêve de détrôner à terme le dollar mais cela semble compliqué, même si la suprématie du dollar tend à être ébranlée par la Chine et la Russie qui tentent de se défaire de leurs avoirs en monnaie américaine. La crise de la dette souveraine dans la zone euro a durablement affecté la confiance en la monnaie commune malgré sa stabilité et le fait que 31,6 % des échanges mondiaux étaient libellés en euros en 2022 (contre 47,6 % en dollars américains).

ZOOM SUR… Les superprofits des entreprises : une taxation nécessaire ?

par Jérôme Calauzènes

Le 22 mars 2023, Emmanuel Macron a rejeté l'idée d'une taxation des bénéfices record des entreprises mais a évoqué l'idée d'un mécanisme de redistribution à l'intention des salariés. Alors que certaines firmes transnationales ne semblent pas connaître la crise et accumulent les « superprofits », le débat sur leur taxation est relancé. Cette mesure est-elle réellement souhaitable ?

1916 Taxation à 60 % des superprofits de guerre en France.

1980 Taxe américaine de 70 % sur les superprofits réalisés par les compagnies pétrolières.

Février 2022 Début de la guerre en Ukraine : tensions inflationnistes et choc pétrolier.

8 février 2023 TotalEnergies dévoile un bénéfice net record de 20,5 milliards de dollars (19,5 milliards d'euros) pour l'année 2022.

Août 2023 L'Italie annonce une taxe de 40 % sur les superprofits des banques.

Un débat relativement ancien

On entend par superprofits des profits exceptionnels qui ont été réalisés par effet d'aubaine à mettre en lien avec des circonstances exceptionnelles et extérieures qui n'ont rien à voir avec un changement de stratégie de l'entreprise.

L'origine de ce terme remonte au XIXe siècle, sous la plume de Karl Marx. Mais c'est surtout après la Première Guerre mondiale que le mot prend tout son sens. Il renvoie alors aux « profiteurs de guerre », aux entreprises qui se sont considérablement enrichies du fait du conflit, et notamment les entreprises d'armement. Ainsi, en 1916, le gouvernement dirigé par Aristide Briand, socialiste indépendant, crée la « contribution extraordinaire sur les bénéfices de guerre » (taxation à 60 % des bénéfices supérieurs à 500 000 francs, ce taux passant à 80 % en 1917). Et si la collecte de cet impôt s'avère difficile, l'idée est passée dans la loi et constitue un précédent.

Les chocs pétroliers des années 1970 et de l'année 2005, qui inaugure la période du supercycle des matières premières, font réapparaître des bénéfices record pour les entreprises du secteur de l'énergie et le débat resurgit. Sous l'administration Carter, le Sénat américain vote en 1980 une taxe de 70 % sur les profits supplémentaires réalisés par les grandes compagnies sur le pétrole découvert avant 1979 et vendu au-delà de 13 dollars le baril.

▸ Un débat relancé aujourd'hui

À la faveur de la crise sanitaire liée au Covid-19, de la guerre en Ukraine et de l'inflation repartie à la hausse, l'idée d'une taxation des superprofits a réapparu.

Selon l'organisation caritative Oxfam, 722 multinationales ont engrangé 1 000 milliards de dollars de superprofits annuels en 2021 et 2022, soit un bond de 89 % des bénéfices totaux par rapport à la moyenne des bénéfices totaux de 2017-2020. Le secteur de l'énergie arrive en tête grâce à l'augmentation des prix du pétrole et du gaz. Pour l'année 2022, TotalEnergies a annoncé un bénéfice net record de 20,5 milliards de dollars (contre 16 milliards en 2021). Dans le secteur alimentaire, 18 entreprises ont réalisé chaque année en moyenne 14 milliards de dollars de superprofits.

Certains pays ont décidé de lancer des réformes pour taxer ces superprofits. En mai 2022, le Royaume-Uni a créé une taxe de 25 % supplémentaires sur les superprofits des entreprises pétrolières (portant leur imposition à 65 %). En août 2023, après l'Espagne en 2022, l'Italie a annoncé une taxe de 40 % sur les superprofits des banques. Le montant ne peut dépasser 25 % de la valeur de leurs actifs nets.

▸ Un sujet clivant

À l'été 2022, en France, le projet d'imposer les superprofits de certaines entreprises, proposé essentiellement par la gauche, a échoué à l'Assemblée nationale et au Sénat, principalement parce que la droite s'est ralliée à la majorité gouvernementale. L'annonce par TotalEnergies d'une baisse des prix à la pompe de 20 centimes par litre, avant l'examen du projet de loi, a fait pencher la balance. Le gouvernement était hostile à la mesure, Bruno Le Maire estimant que le taux d'imposition était déjà parmi les plus importants du monde.

La mise en place d'une telle taxe poserait aussi des problèmes. Il est d'abord difficile de définir de façon juste ce qui relève du profit et du superprofit. Ensuite, il y a le risque d'une inégalité fiscale entre des secteurs taxés et d'autres qui ne le seraient pas. La question des profits réalisés à l'étranger représente une autre difficulté à l'heure où les firmes transnationales réalisent l'essentiel de leur chiffre d'affaires hors de France. Enfin, cette surimposition risque d'entraîner des délocalisations et pourrait se répercuter sur le consommateur sous la forme d'une augmentation des prix.

Si les profits des entreprises sont nécessaires à l'investissement et à la création d'emplois, l'éditorialiste économique au *Monde* Philippe Escande considère néanmoins qu'« *il serait paradoxal et choquant de voir des entreprises s'enrichir considérablement d'une manne tombée du ciel, qui non seulement ne leur a demandé aucun effort, mais s'est constituée sur le dos du reste de la société* ».

La *fast fashion* : vers une réelle remise en question ?

par Barbara Tissier

En mai 2023, une plainte est déposée contre plusieurs groupes textiles, visant notamment l'infraction de recel de crimes contre l'humanité. Depuis l'effondrement de l'usine de Dacca au Bangladesh en 2013, qui a coûté la vie à plus d'un millier de personnes, l'industrie de la mode à bas coût est vivement critiquée tant pour son coût humain qu'écologique. Depuis 2018, ces critiques se cristallisent autour de la fabrication de vêtements issus du travail forcé des Ouïghours en Chine.

Un fléau écologique et éthique

Les industries de la *fast fashion* (mode éphémère) renouvellent leurs collections à bas coût de production plusieurs fois par saison, et celles de l'*ultra fast fashion* plusieurs fois par semaine. Cette surproduction fait de l'industrie textile l'une des plus polluantes. La culture des matières premières naturelles comme le coton, très gourmande en eau, entraîne une forte contamination des sols par les engrais chimiques et les pesticides. Quant aux matières synthétiques pétro-sourcées, leurs procédés de production rejettent de nombreux déchets toxiques dans les sols et les rivières. De plus, l'industrie de la mode produit près de 4 milliards de tonnes de CO_2 par an, soit 8 % du total mondial des gaz à effet de serre (GAES). Un impact plus important que celui des vols internationaux et du trafic maritime réunis. S'il continue sur la même lancée, le secteur textile pourrait produire 26 % des émissions globales de GAES en 2050, estime en 2022 l'Agence de l'environnement et de la maîtrise de l'énergie (Ademe).

Cette surproduction à bas coût va de pair avec les piètres conditions de travail des ouvriers du textile. En octobre 2022, un documentaire diffusé par Channel 4 dénonce les journées de travail de plus de 18 heures effectuées par les ouvriers qui fournissent le géant Shein. Salaires bas, absence de protection sociale, insalubrité des bâtiments, les *sweatshops* (« ateliers de la sueur ») n'ont pas disparu depuis la catastrophe de Dacca malgré les révélations du documentaire *The True Cost* en 2015. Certains se trouvent en Europe. En 2020, le groupe Boohoo est accusé de faire fabriquer ses vêtements dans des conditions d'esclavage dans des ateliers de Leicester au Royaume-Uni. La question éthique se cristallise aujourd'hui autour du recours au travail forcé des Ouïghours pour la récolte du coton chinois.

Itinéraire d'un jean

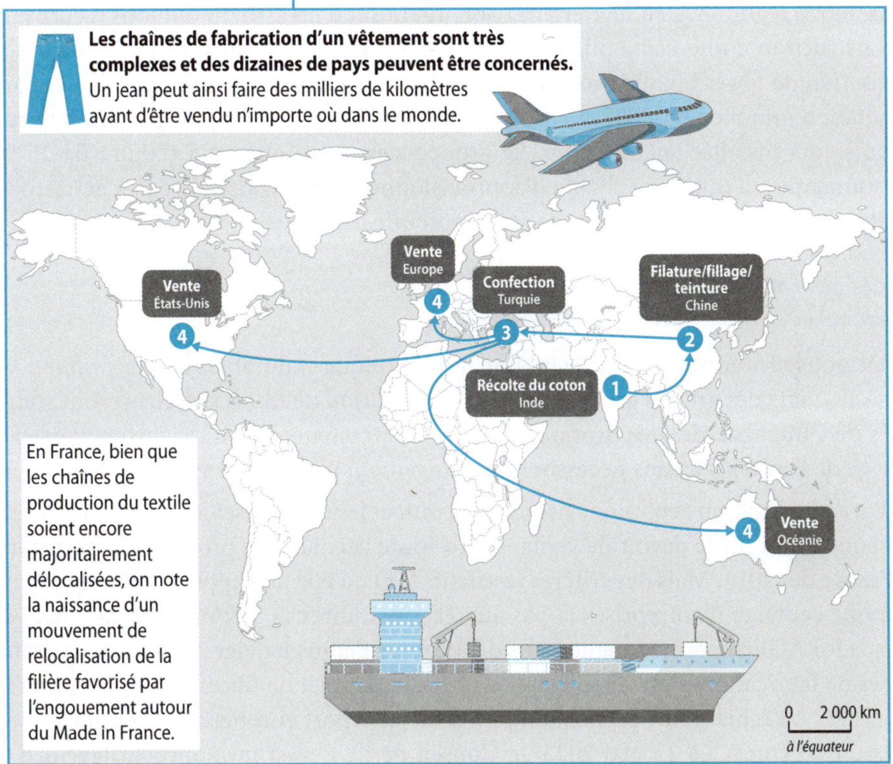

Source : Universal Love et l'ademe avec pour sources : Nature Reviews/Earth & Environment The environmental price of fast fashion, Avril 2020 – Brut média, Jamie retrace l'itinéraire d'un jean, 2019

▸ Contestations citoyennes et régulation législative

En France, après une première plainte classée sans suite, une nouvelle plainte est déposée contre Uniqlo, SMCP (marques Sandro, Maje, de Fursac, etc.), Inditex (Zara et Massimo Dutti entre autres) et le chausseur Skechers par plusieurs ONG en mai 2023 avec constitution de partie civile, de manière à ce que la justice enquête sur l'exploitation, dans la filière textile, de la minorité musulmane chinoise des Ouïghours dans la province du Xinjiang. Elle vise les infractions de recel de crimes contre l'humanité, génocide, réduction en servitude aggravée et traite des êtres humains en bande organisée.

À l'initiative de ces ONG, le Sénat a adopté le 1er juin 2023 une résolution destinée à interdire l'importation en Europe de produits issus du travail forcé de la population ouïghoure. Les États-Unis sont allés plus loin : aux termes d'une loi entrée en vigueur en juin 2022, les marchandises en provenance du Xinjiang sont automatiquement réputées enfreindre l'interdiction du travail forcé, sauf à ce que l'importateur prouve le contraire. À Bruxelles, la pétition « Agissez contre Shein et les ravages de la *fast fashion* ! » a été lancée par le député européen Raphaël Glucksmann en 2023.

Ces actions ont poussé les entreprises à se justifier et à prendre certaines dispositions. H&M a annoncé en février 2021 son intention d'investir 35 millions d'euros dans la construction d'une usine pilote en Suède destinée au développement puis à l'industrialisation de fibres textiles biologiques. Inditex, l'un des groupes les plus ciblés par les critiques, a annoncé en 2023 mettre (progressivement) fin à sa collaboration avec les fournisseurs installés en Birmanie. Le groupe s'est aussi engagé à réduire de 25 % la consommation d'eau de sa chaîne d'approvisionnement et à atteindre le « net zéro » en 2040, soit une réduction de 90 % de son empreinte carbone.

▸ Impact réel ou superficiel ?

De nouvelles entreprises prônent une mode éthique et durable : la *slow fashion*. Mais les gestes verts des grands groupes (comme l'utilisation de fibres recyclées) sont souvent taxés de campagne de *greenwashing* par leurs détracteurs : ils auraient un impact sur l'image de l'entreprise sans nécessiter de changement profond de système.

Un cadre légal, en évolution, vise alors à pousser les entreprises à respecter leurs engagements. La loi sur le devoir de vigilance sur toute la chaîne de production est instaurée en France dès 2017. Mais des critères restrictifs font qu'elle ne s'applique pour le moment qu'à une centaine d'entreprises et pas aux géants Inditex et H&M. La traçabilité, votée dans la loi AGEC, permet quant à elle de localiser depuis janvier 2023 les trois grandes étapes de fabrication d'un vêtement et de signaler le rejet de fibres microplastiques lors du lavage. À l'échelle européenne, un projet de passeport européen numérique des produits est à l'étude. Le 22 mai 2023, le Conseil de l'UE s'est prononcé en faveur d'une interdiction de détruire les vêtements neufs invendus sur laquelle le Parlement européen doit voter. En France, cette interdiction est en vigueur depuis janvier 2022 (loi AGEC).

Le comportement des consommateurs est aussi au cœur du changement. Le marché de la seconde main est en pleine expansion, surtout en ligne (Vinted, Vestiaire Collective). Ces achats permettent de diminuer la masse des déchets textiles (peu recyclés). Une étude de la plateforme de vente américaine ThredUp prévoit que le marché des vêtements d'occasion dépassera celui de la *fast fashion* en 2028.

Cependant, si le marché de la seconde main explose, celui de la *fast fashion* est loin d'être mis en péril. Le groupe Inditex a réalisé 4,13 milliards d'euros de profits nets en 2022 (soit une hausse de 27 % par rapport à 2021), et son bénéfice net a bondi de 54 % au premier trimestre 2023. Le groupe Shein déclare avoir atteint une rentabilité record au cours du premier semestre 2023. Sans parler du succès du nouveau géant chinois TEMU. Des performances qui relativisent les projections déclinistes des analystes.

Évolution parts de marchés Shein, H&M et Inditex en France, en Angleterre et en Espagne

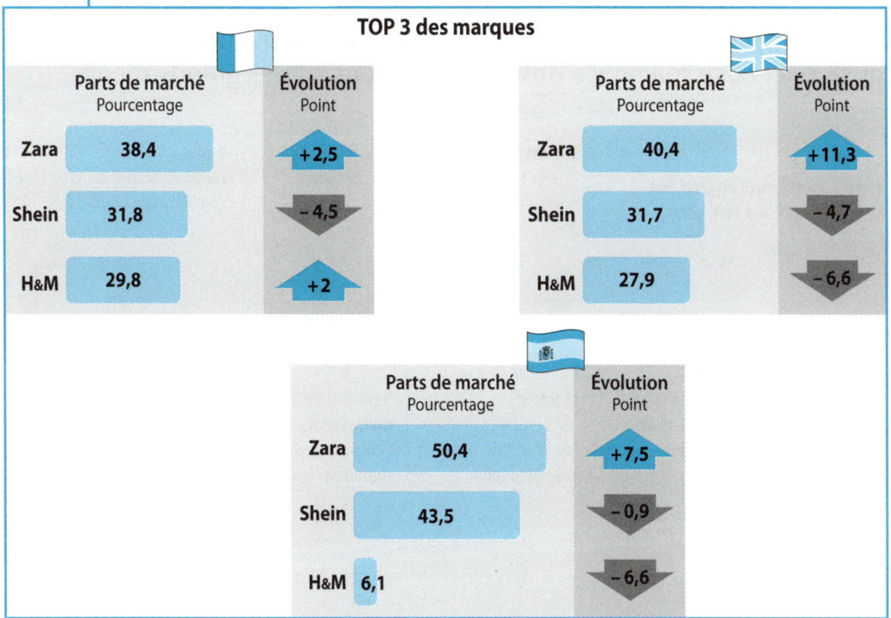

Source : Comarketing news/foxintelligence

Mise en perspective

Si les consommateurs ont diversifié leurs achats, la consommation responsable vient souvent se coupler à la *fast fashion* plutôt que de la remplacer. Des ONG alertent sur l'urgence d'une consommation quantitativement raisonnée. Mais sur les réseaux sociaux, les vidéos sponsorisées par la *fast fashion* cumulent des milliards de vues. La génération Z est confrontée à un paradoxe nommé « polyphasie cognitive » : l'attrait pour la *fast fashion* et l'aspiration à un monde durable. La loi du 9 juin 2023 visant à encadrer l'influence commerciale ne propose pas de cadre concernant le placement de produits textiles polluants ou non responsables.

PARTIE 3

ZOOM SUR… R. Murdoch, V. Bolloré : les médias sous influence ?

par Valérie Morin

La bataille politique se gagne aussi dans les médias. C'est bien ce qu'ont compris Rupert Murdoch dans les pays anglo-saxons ou Vincent Bolloré en France. Ces grands capitaines d'industrie construisent des empires médiatiques afin de pousser leurs idées politiques et les hommes qui peuvent les défendre. Comment stopper cette mainmise des grands patrons sur les grands médias ?

1996 Rupert Murdoch crée Fox News Channel aux États-Unis.

2011 Fermeture du tabloïd *News of the World* de l'empire Murdoch à la suite du scandale des écoutes en Grande-Bretagne.

Juin 2014 Arrivée de Vincent Bolloré à la tête du conseil de surveillance de Vivendi.

Septembre 2022 Sortie du livre de D. Colon, *Rupert Murdoch : l'empereur des médias qui manipule le monde.*

9 juin 2023 La Commission européenne valide le rachat du groupe Lagardère par Vivendi sous conditions.

Août 2023 Départs massifs des journalistes du *JDD* en opposition à l'arrivée de G. Lejeune (extrême droite) à la direction de l'hebdomadaire.

▸ Dominer les médias, dominer les esprits

Le milliardaire Rupert Murdoch a longtemps été à la tête de l'un des plus grands groupes médiatiques du monde, la News Corporation. Citoyen australien, il a fait ses études dans les grandes écoles en Angleterre. Il a construit son empire médiatique en achetant les journaux britanniques *The Sun* en 1969 et *The Times* en 1981. Il soutient alors le pouvoir de Margaret Thatcher, partageant avec elle le mépris des élites et l'ultralibéralisme.

En 1973, il déménage aux États-Unis et crée Fox News pour contrer CNN, chaîne alors dirigée par Ted Turner. Fox News devient un puissant outil pour peser sur la politique des États-Unis. R. Murdoch soutient Donald Trump, construit sa notoriété médiatique et promeut ses convictions très conservatrices. Il a attendu d'avoir 92 ans pour annoncer, le 21 septembre 2023, qu'il céderait à son fils aîné Lachlan la présidence de Fox Corporation et de News Corp en novembre, tout en restant présent dans le « *combat d'idées* ».

En France, Vincent Bolloré s'installe progressivement à la tête de Vivendi, entreprise au départ spécialisée dans la distribution de l'eau reconvertie en empire médiatique à partir des années 1990. Quatorzième fortune française, il investit dans les médias d'abord avec le rachat du groupe Canal+ puis d'I-Télé qui est transformée en CNews, sur le modèle de Fox News. En lançant une OPA sur le groupe Lagardère en juin 2021, V. Bolloré acquiert *Paris Match*, le *JDD* ainsi que les éditions Hachette, troisième groupe mondial de l'édition.

▸ Des méthodes similaires et efficaces

Pour arriver à leurs fins, les deux patrons fonctionnent de manière similaire. Les journaux, pour gagner de l'argent, doivent baisser en gamme pour toucher le plus grand nombre et notamment les classes populaires. Finies les enquêtes et la politique, place aux faits divers, aux scandales, au sport et aux célébrités dans leurs empires.

En France, V. Bolloré impose ses vues à ses journalistes. La longue grève d'I-Télé en 2016 a échoué face à sa méthode : nommer des figures clivantes sans tenir compte des résistances internes et imposer un bras de fer que les journalistes finissent toujours par perdre.

▸ Des réactions bien timides

« *Cancer de la démocratie* », « *offensive néo-réactionnaire* » : ainsi sont qualifiées les méthodes des deux magnats des médias. Leur domination ne rencontre pourtant que peu de résistance, en dehors de celle de la loi. En 2011, un scandale éclate en Grande-Bretagne lorsque le tabloïd *News of the World* est suspecté d'avoir utilisé des écoutes illégales, notamment contre la famille royale. R. Murdoch doit fermer son journal et payer d'importants dommages et intérêts aux personnes lésées.

La Commission européenne déclenche une enquête en septembre 2021 à la suite de l'OPA de V. Bolloré sur le groupe Lagardère. Vivendi accumulerait alors Hachette et Editis pour les éditions ainsi que Prisma Presse et *Paris Match* pour les journaux people. En juin 2023, le rachat est validé à condition que Vivendi se sépare d'Editis et de *Gala*, ce qui a été fait.

Les auditeurs résistent aussi : Europe 1 et Canal+ voient leurs audiences baisser régulièrement. La grève des journalistes du *JDD* a finalement pris fin après 6 semaines de mobilisation, ce qui fut inédit dans le monde de la presse française.

V. Bolloré conserve ses soutiens. Lorsque ses médias sont attaqués – accusés d'être « *d'extrême droite* » par l'ex-ministre de l'Éducation, Pap Ndiaye – il peut compter sur un aréopage de politiciens défendant la liberté de la presse et le silence gêné du gouvernement.

Le 15e sommet des BRICS : un tournant historique

par Jérôme Calauzènes

Du 22 au 24 août 2023 s'est tenu à Pretoria, en Afrique du Sud, le 15e sommet des BRICS, un groupe de cinq pays (Brésil, Russie, Inde, Chine, Afrique du Sud) formé en 2011. Entre autres décisions, a été annoncé l'élargissement de ce club de pays émergents, qui se réunit tous les ans, à six nouveaux membres. L'Arabie saoudite, l'Argentine, l'Égypte, les Émirats arabes unis (EAU), l'Éthiopie et l'Iran en feront officiellement partie dès le 1er janvier 2024. Les BRICS sont-ils à même de renverser la suprématie occidentale ?

Un groupe de pays émergents qui cherche à peser dans les relations internationales

Le terme « BRIC » (sans le S d'Afrique du Sud) est apparu en 2001 sous la plume de l'économiste de la banque Goldman Sachs pour désigner un groupe de pays alors « *à forte croissance* » et dont « *le poids dans l'économie mondiale* » augmentait. Selon un rapport publié par la même banque en 2003, le poids des BRIC allait égaler en 2040 celui du G6 (États-Unis, Allemagne, Japon, France, Royaume-Uni, Italie) dans la mesure où les quatre pays avaient réussi à intégrer l'économie de marché, attiraient les investissements directs étrangers (IDE) et avaient donc des perspectives de croissance très favorables. En 2011, l'Afrique du Sud rejoint le groupe. Le premier sommet des BRIC s'est tenu en 2009 à Iekaterinbourg, en Russie, et les suivants témoignent d'une volonté de former une nouvelle réalité géopolitique.

Ces pays ont tout d'abord renforcé leur poids dans l'économie mondiale. La Chine est devenue la 2e puissance économique mondiale, avec un PIB courant de 17 960 milliards de dollars en 2022 contre 25 460 milliards pour les États-Unis (et même la première si l'on prend en compte le PIB en parité du pouvoir d'achat). L'Inde est devenue la 5e économie mondiale, devançant désormais le Royaume-Uni et la France. Les BRICS représentent, en 2022, 25,7 % du PIB mondial contre 16 % en 2001.

Au sommet de Fortaleza en 2014, ils ont décidé de créer la Nouvelle Banque de développement (NBD), basée à Shanghai, avec pour objectif de concurrencer le FMI ou la Banque mondiale. Dotée d'un capital initial de 50 milliards de dollars, apportés à parts égales par les cinq fondateurs, elle a financé pour 33 milliards de dollars de projets d'infrastructures et de développement depuis sa création. Elle est attractive car elle n'assortit pas ses prêts de conditions, contrairement au FMI qui exige par exemple des réformes structurelles.

Les BRICS plaident pour la défense d'un « Sud global » qui partagerait les mêmes intérêts face à l'Occident. Ils militent pour une refondation des organisations internationales comme le Conseil de sécurité de l'ONU, le FMI ou la Banque mondiale. Alors qu'ils représentent plus de 40 % de la population mondiale, ils ne bénéficient que de 15 % des droits de vote à la Banque mondiale et 10 % au FMI.

BRICS, G7 et G20

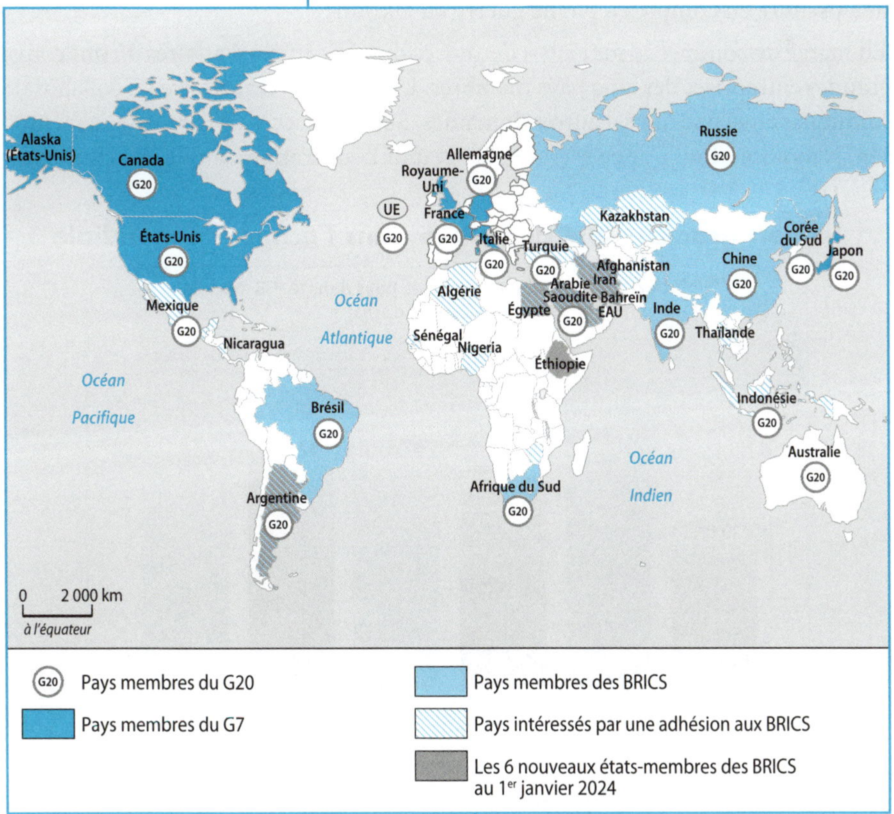

Source : Humanité.fr – FMI – Banque mondiale

▸ Un 15e sommet « historique » qui accroît la puissance des émergents

Près de quarante pays avaient manifesté leur volonté d'adhérer au BRICS et vingt-deux l'avaient formulé officiellement. Si seulement six pays vont intégrer le groupe en 2024, le président chinois, Xi Jinping, a salué « *un élargissement historique* » et prédit « *un avenir radieux pour les BRICS* ». Les onze pays représenteront alors 46 % de la population mondiale et 36 % du PIB à parité de pouvoir d'achat (PPA) global.

À Pretoria, les cinq pays ont aussi affiché la volonté d'instaurer une alternative au dollar. Pour cela, il s'agirait de créer une monnaie commune. Bien que 44 % des échanges commerciaux soient toujours libellés en dollars, cette « dédollarisation » semble avoir commencé. La Chine est aujourd'hui le principal bailleur de fonds de l'Afrique et elle pousse à la signature de contrats pétroliers en renminbi, sa monnaie. Depuis mars 2023, TotalEnergies a choisi cette solution pour facturer ses livraisons de GNL (gaz naturel liquéfié) depuis les Émirats arabes unis (EAU).

Avec l'entrée de l'Arabie saoudite et des EAU, le groupe s'étend au Moyen-Orient. Les BRICS accentuent ainsi leur poids sur les marchés des matières premières, un élément à prendre en compte en pleine guerre en Ukraine.

En marge du sommet se sont aussi déroulées des rencontres d'affaires où ont convergé les grandes entreprises des cinq pays membres. L'objectif est d'accroître les collaborations économiques ainsi que dans d'autres domaines. Suite au succès de l'alunissage du module indien, Narendra Modi a appelé à une plus grande coopération dans le domaine spatial.

La part grandissante des BRICS dans l'économie mondiale

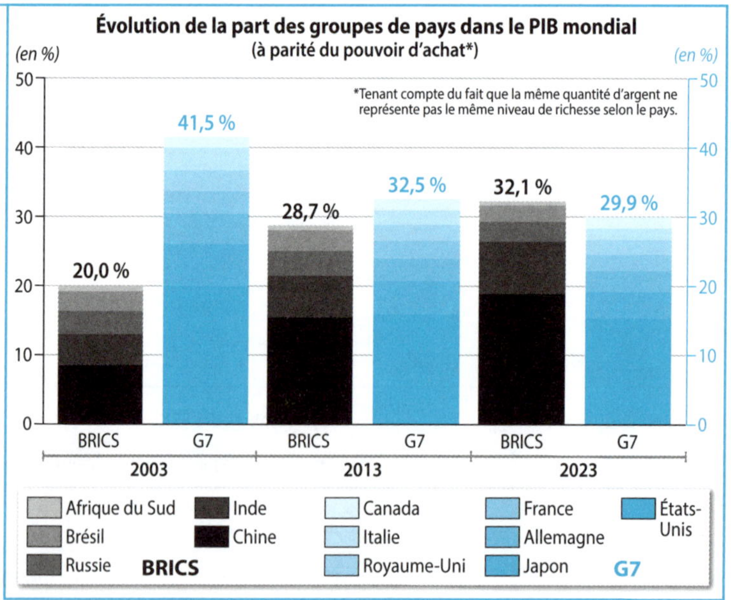

Source : Statista – FMI

La pression des émergents force d'ailleurs l'Occident, et notamment les États-Unis, à réagir. Non seulement l'administration américaine a annoncé que Joe Biden était favorable à une révision des droits de vote au FMI mais aussi l'Union africaine pourrait être intégrée au G20.

▸ Des divergences importantes au sein des BRICS

Les décisions des BRICS se prennent à l'unanimité et il a fallu de longues négociations pour aboutir à un accord sur cet élargissement, tant les intérêts étaient divergents. Les critères d'adhésion restent d'ailleurs assez flous et ne se limitent pas à la seule économie. Le Nigéria et l'Indonésie, non admis, représentent par exemple une puissance économique bien supérieure à celle de pays pourtant admis comme l'Éthiopie ou l'Égypte. D'un côté, la Chine et la Russie poussaient à l'accroissement du nombre de membres : la Chine parce qu'elle ambitionne d'accroître son influence dans le « Sud global » et la Russie pour rompre son isolement suite à l'invasion de l'Ukraine. L'Inde et le Brésil étaient plus réticents, les deux pays redoutant la trop grande influence de la Chine et le fait que leur rayonnement ne soit trop dilué.

Les BRICS pâtissent d'ailleurs de la rivalité entre l'Inde et la Chine. Alors que Pékin semble obsédé par la volonté de créer une alternative politico-économique à l'Occident, New Delhi adopte une stratégie multi-alignée. Rappelons par ailleurs que les deux pays se disputent une partie du Cachemire, autour de la région du Ladakh.

De même, l'économie des BRICS n'est pas vraiment complémentaire et les situations économiques sont très hétérogènes, ce qui limite la capacité à trouver des points de consensus. Il n'y a pas non plus d'homogénéité sur le plan politique. L'élargissement ne va pas arranger les choses : l'écart entre l'Arabie saoudite et l'Éthiopie, en termes de PIB par habitant, est de 1 à 55.

Enfin, l'intégration des nouveaux venus peut questionner. Si l'entrée de l'Iran peut être considérée comme une victoire politique pour le pays, il n'en reste pas moins qu'il est aux prises avec de grandes difficultés économiques et sous le coup des sanctions américaines. De plus, Téhéran ne pourra pas bénéficier de prêts de la NBD car les transactions s'y effectuent en dollars. L'Arabie saoudite est restée réservée sur sa propre intégration aux BRICS et entend étudier de plus près la proposition avant d'entrer officiellement dans un club qu'il faudra *a priori* renommer.

Mise en perspective

L'OCS (Organisation de coopération de Shanghai) est une autre organisation, pilotée par la Chine, qui ambitionne de désoccidentaliser le monde. Créée en 2001 par la Chine, la Russie et quatre pays d'Asie centrale (Kazakhstan, Kirghizistan, Tadjikistan, Ouzbékistan), elle s'est progressivement élargie à l'Inde et au Pakistan en 2016 et, depuis 2021, à l'Iran. La Mongolie, la Biélorussie et l'Afghanistan en sont membres observateurs. Ses buts se sont aussi élargis : s'il s'agissait au départ de stabiliser la région de l'Asie centrale suite à la chute du communisme, elle affiche de plus en plus des priorités économiques. L'organisation participe de la stratégie diplomatique chinoise de mise en place de partenariats avec des pays susceptibles de l'aider à faire contrepoids aux États-Unis. Dans un document de juin 2018, les pays membres affirment ainsi leur soutien à la politique chinoise des nouvelles routes de la soie.

AUTRES FAITS

Lundi 16 janvier En Suisse s'ouvre le 53e Forum économique de Davos, qui dure jusqu'au vendredi 20 janvier. Il rassemble 2 700 dirigeants et experts de 130 pays sur le thème « Coopérer dans un monde fragmenté ».

Vendredi 20 janvier Aux États-Unis, Alphabet, la société mère de Google, annonce que 12 000 emplois (soit plus de 6 % des effectifs mondiaux de l'entreprise) seront supprimés.

Jeudi 26 janvier En France, des chiffres officiels publiés pour la fin de l'année 2022 révèlent que le nombre de chômeurs radiés par Pôle emploi a augmenté de 10,4 %. Cette hausse des radiations explique en partie la baisse du nombre de chômeurs annoncée pour cette même période.

Lundi 6 février Au Royaume-Uni, le système de santé connaît la grève la plus importante de son histoire. Les grévistes, largement soutenus par l'opinion, réclament une revalorisation de leurs salaires et une augmentation du budget du système de santé. La mobilisation doit se poursuivre toute la semaine.

Mercredi 8 février En France, TotalEnergies annonce des bénéfices record de 19,5 milliards d'euros pour l'année 2022.

Jeudi 9 février En France, l'Arcom, Autorité de régulation de la communication audiovisuelle et numérique, impose une amende de 3,5 millions d'euros à la chaîne du groupe Canal+, C8, pour les insultes proférées par Cyril Hanouna contre le député Louis Boyard en novembre 2022. Il s'agit de la plus forte amende jamais infligée par l'Arcom.

Mardi 14 février Un consortium international réunissant plus de 100 journalistes issus de 30 médias internationaux publie une longue enquête, « Story Killers », sur les entreprises et les mercenaires spécialisés dans la désinformation. Ces derniers, bafouant la démocratie et la vérité, vendent leurs services à des États ou à des personnalités politiques et économiques afin d'influencer les opinions, de manipuler des élections, de nuire à la réputation d'une personne, etc.

Dimanche 19 mars En Centrafrique, neuf ressortissants chinois, salariés de l'entreprise Gold Coast Group, sont tués par des hommes armés.

Dimanche 19 mars En Suisse, la plus grande banque du pays, UBS, accepte de racheter sa rivale, la banque Credit Suisse, afin d'éviter une faillite qui aurait eu des répercussions sur l'ensemble du secteur financier mondial.

Dimanche 26 mars En France, Laurent Berger, secrétaire général de la CDFT, annonce quitter ses fonctions. Marylise Léon lui succède en juin.

Vendredi 31 mars En France, à l'occasion du 53e Congrès national de la CGT, Sophie Binet est élue secrétaire générale, succédant à Philippe Martinez.

MARQUANTS 2023

Jeudi 4 mai En France, Emmanuel Macron présente en détails, depuis un lycée de Saintes, sa réforme du lycée professionnel. Le président souhaite notamment étendre la durée des stages. Cette mesure est critiquée par les syndicats d'enseignants et de parents d'élèves, qui dénoncent la réduction du temps d'enseignement.

Mercredi 17 mai Aux États-Unis, Greg Gianforte, le gouverneur républicain du Montana (nord-ouest du pays) promulgue une loi qui interdit l'application TikTok. Il justifie sa décision en affirmant vouloir « *protéger du Parti communiste chinois les données personnelles et privées des utilisateurs* ».

Lundi 22 mai En Irlande, la Data Protection Commission (le régulateur irlandais de la vie privée) impose une amende record de 1,2 milliard d'euros à la société Meta, maison mère de Facebook.

Mercredi 31 mai Aux États-Unis, la Chambre des représentants vote, à une très large majorité, l'accord permettant de lever le plafond de la dette jusqu'à 2025, permettant d'éviter un défaut de paiement des États-Unis.

Jeudi 6 juillet En France, le ministère de l'Éducation nationale annonce que plus de 2 700 postes n'ont pas été pourvus lors des concours de recrutement externes des enseignants, confirmant la crise de recrutement que subit l'institution depuis des années.

Jeudi 6 juillet En France, Patrick Martin est élu président du Medef. Il succède à Geoffroy Roux de Bézieux.

Jeudi 6 juillet Aux États-Unis, Meta (anciennement Facebook) lance un nouveau réseau social appelé Threads, permettant à ses utilisateurs de poster des messages de 500 caractères maximum. La ressemblance entre Threads et X (anciennement Twitter) suscite une vive réaction d'Elon Musk, dirigeant de Tesla, SpaceX et X, qui invite Mark Zuckerberg à l'affronter lors d'un combat de MMA (arts martiaux mixtes).

Lundi 21 août En Suède, la couronne atteint son niveau le plus bas face à l'euro. Le pays affronte une situation économique dégradée, marquée par une très forte inflation et l'envolée des taux d'intérêt.

Lundi 28 août En France, l'ancien patron de l'horloger Lip puis de la Fnac, Claude Neuschwander, décède à l'âge de 89 ans.

Vendredi 15 septembre En Irlande, la Data Protection Commission (DPC) inflige une amende de 345 millions d'euros au réseau social TikTok pour ne pas avoir protégé les données de ses utilisateurs.

Lundi 25 septembre Aux États-Unis, après d'âpres négociations entre syndicats et direction ayant permis de parvenir à un accord, les scénaristes d'Hollywood mettent fin à la grève entamée le 2 mai 2023.

QCM

Pour chaque question, une seule réponse est correcte.

1 Quel a été l'élément déclencheur de la chute express de la Silicon Valley Bank ?

- ❍ a. La crise financière de 2008.
- ❍ b. La vente à perte d'un portefeuille d'actifs de 21 milliards de dollars.
- ❍ c. L'élection de Joe Biden.

2 Quel est le montant maximal habituellement garanti par la FDIC ?

- ❍ a. 100 000 dollars.
- ❍ b. 250 000 dollars.
- ❍ c. 500 000 dollars.

3 Quel est le nom de la loi créée en réponse à la crise de 2008 que Joe Biden veut renforcer ?

- ❍ a. Dodd-Frank.
- ❍ b. Volcker.
- ❍ c. Vickers.

4 Quels sont les deux grands facteurs de la faillite de la SVB ?

- ❍ a. Un choc macroéconomique et structurel.
- ❍ b. L'inflation et le Covid-19.
- ❍ c. Un *bank run* et une couverture des risques insuffisante.

5 Laquelle de ces expressions ne désigne pas une pratique d'optimisation fiscale ?

- ❍ a. Le double hollandais.
- ❍ b. Le sandwich hollandais.
- ❍ c. Le double irlandais.

6 Quel est le montant minimum que les FTN devront payer en vertu de ce nouvel impôt mondial ?

- ❍ a. 10 %.
- ❍ b. 15 %.
- ❍ c. 20 %.

7 Quelles entreprises seront assujetties à ce nouvel impôt ?

- ❍ a. Toutes les entreprises de plus de 750 millions d'euros de chiffre d'affaires annuel cumulé.
- ❍ b. Toutes les entreprises de plus d'1 milliard d'euros de recettes annuelles.
- ❍ c. Toutes les entreprises de plus d'1,250 milliards d'euros de recettes annuelles.

8 Quel organe international a porté cette réforme ?
- ❍ a. L'ONU.
- ❍ b. Le FMI.
- ❍ c. L'OCDE.

9 Quel programme l'entreprise DeepMind a-t-elle développé ?
- ❍ a. ChatGPT.
- ❍ b. AlphaGo.
- ❍ c. Midjourney.

10 Quelle entreprise ne fait pas partie des BATX ?
- ❍ a. Bytes Dance.
- ❍ b. Alibaba.
- ❍ c. Tencent.

11 Quel pays envoie le plus d'ingénieurs à la Silicon Valley ?
- ❍ a. L'Allemagne.
- ❍ b. Israël.
- ❍ c. L'Inde.

12 Quel mathématicien français avait été chargé d'une mission parlementaire sur l'IA ?
- ❍ a. Jean-Noël Barrot.
- ❍ b. Cédric Villani.
- ❍ c. Florence Parly.

13 Quel est le seul pays de l'UE à ne pas avoir théoriquement à rejoindre la zone euro ?
- ❍ a. La Bulgarie.
- ❍ b. La Suède.
- ❍ c. Le Danemark.

14 Que signifie « MCE », un organe que la Croatie a intégré en 2020 ?
- ❍ a. Mécanisme de change européen.
- ❍ b. Mécanisme de coopération économique.
- ❍ c. Mécanisme de collaboration et d'échange.

15 En 2022, la dette publique de la Croatie, en pourcentage de son PIB, était de :
- ❍ a. 60 %.
- ❍ b. 70 %.
- ❍ c. 80 %.

16 Quel pays de l'UE s'est-il finalement vu refuser son entrée dans la zone euro en 2022-2023 ?
- ❍ a. La Suède.
- ❍ b. La Roumanie.
- ❍ c. La Bulgarie.

PARTIE 3

17 **En vertu d'une loi de 1917, à combien étaient taxés les profits de guerre des entreprises en France ?**

❍ **a.** 60 %. ❍ **b.** 70 %. ❍ **c.** 80 %.

18 **Quel a été le bénéfice net de TotalEnergies pour l'année 2022 ?**

❍ **a.** 16 milliards de dollars.
❍ **b.** 20,5 milliards de dollars.
❍ **c.** 24,5 milliards de dollars.

19 **Quel pays européen a annoncé une taxe sur les superprofits des banques en 2023 ?**

❍ **a.** L'Espagne. ❍ **b.** La France. ❍ **c.** L'Italie.

20 **Quelle tendance politique a globalement refusé la taxation des superprofits en France ?**

❍ **a.** La Nupes.
❍ **b.** La droite.
❍ **c.** L'extrême droite.

21 **Dans quel pays s'est effondrée l'usine Rana Plaza en 2013 ?**

❍ **a.** Au Sri-Lanka.
❍ **b.** Au Bangladesh.
❍ **c.** En Inde.

22 **Quelle région autonome chinoise est-elle accusée d'avoir recours au travail forcé pour la récolte du coton ?**

❍ **a.** Le Guangxi. ❍ **b.** Le Tibet. ❍ **c.** Le Xinjiang.

23 **Quelle loi instaure en France la traçabilité des produits textiles ?**

❍ **a.** La loi ALUR.
❍ **b.** La loi AGEC.
❍ **c.** La loi ELAN.

24 **Quel terme désigne les campagnes visant à donner une image « verte » des entreprises ?**

❍ **a.** Le greenwashing.
❍ **b.** Le pinkwashing.
❍ **c.** L'écowashing.

25 **Quel est le journal que Rupert Murdoch a dû abandonner à cause du scandale des écoutes ?**

❍ **a.** *The Sun.*
❍ **b.** *The Times.*
❍ **c.** *News of the World.*

26 Quel est le président américain que les médias de Rupert Murdoch ont contribué à faire élire ?

❍ a. Donald Trump.
❍ b. Richard Nixon.
❍ c. Ronald Reagan.

27 Les journalistes du *JDD* ont fait grève pour :

❍ a. Demander des augmentations de salaire.
❍ b. Refuser la nomination d'un directeur de publication aux idées réactionnaires suite au rachat par Vivendi.
❍ c. Refuser leur licenciement.

28 Avant l'OPA sur le groupe Lagardère, Vincent Bolloré était déjà propriétaire :

❍ a. Du groupe Canal+.
❍ b. De la première chaîne (TF1).
❍ c. Du groupe Hachette.

29 Quel pays ne fera pas partie des BRICS en 2024 ?

❍ a. L'Argentine.
❍ b. L'Indonésie.
❍ c. L'Éthiopie.

30 Quelle institution créée par les BRICS en 2014 a été mise en place pour concurrencer le FMI et la Banque mondiale ?

❍ a. La BAII.
❍ b. La BAD.
❍ c. La NBD.

31 Quel projet a été réaffirmé lors du 15e sommet des BRICS en 2023 ?

❍ a. La volonté de créer une monnaie commune.
❍ b. La volonté de créer un centre de recherche commun en matière d'intelligence artificielle.
❍ c. La volonté de créer une armée de cyberdéfense commune.

32 Quel pays a affirmé des réserves quant à son intégration aux BRICS en janvier 2024 ?

❍ a. L'Iran.
❍ b. L'Arabie saoudite.
❍ c. Les Émirats arabes unis.

Corrigé

1. b, 2. b, 3. a, 4. a, 5. a, 6. b, 7. a, 8. c, 9. b, 10. a, 11. c, 12. b, 13. c, 14. a, 15. b, 16. c, 17. c, 18. b, 19. c, 20. b, 21. b, 22. c, 23. b, 24. a, 25. c, 26. a, 27. b, 28. a, 29. b, 30. c, 31. a, 32. b

SOCIÉTÉ

Quel bilan pour le « bac Blanquer » ?

par Sophie Freiman

Alors que Gabriel Attal vient d'être nommé ministre de l'Éducation nationale, quel bilan tirer de la réforme du baccalauréat inspirée par Pierre Mathiot, ex-directeur de Sciences Po Lille, et mise en œuvre il y a quatre ans par Jean-Michel Banquer, ministre de l'Éducation nationale du premier quinquennat Macron ?

Mars 1808 Création du baccalauréat par L.-N. Bonaparte, constitué uniquement d'épreuves orales.

Mars 1993 Création des filières L, ES et S, qui remplacent les filières A, B, C et D.

24 janvier 2018 Rapport de P. Mathiot sur la réforme du bac.

1er septembre 2019 Mise en application de la réforme du bac inspirée du rapport Mathiot.

1er septembre 2020 Abandon des E3C (épreuves communes).

1er septembre 2023 Réintroduction des mathématiques dans le tronc commun pour les filières générales.

Le choix en question

La dernière réforme du bac doit permettre un meilleur accompagnement des lycéens, afin de réduire le décrochage universitaire. Dès la classe de seconde, les élèves disposent de 54 heures d'orientation par an durant lesquelles ils élaborent un projet personnalisé d'orientation, en adéquation avec les spécialités proposées par la réforme. Les matières sont davantage adaptées à l'offre du supérieur. Si les maths sortent du tronc commun pour les filières générales, les matières scientifiques disposent d'un programme plus ambitieux. Pour accompagner le passage du secondaire au supérieur, la plateforme Parcoursup succède à APB, met fin au tirage au sort sur les filières en tension et enregistre dix vœux motivés mais non hiérarchisés des élèves. Ils reçoivent ensuite « au fil de l'eau » des propositions d'admission (avec leur place sur liste d'attente) qu'ils gardent ou qu'ils rejettent. En 2020, le taux de passage des étudiants de première en deuxième année de licence a « *fortement* » augmenté, selon une étude du ministère de l'Enseignement supérieur. On constate en effet une hausse des taux de réussite en quatre ans.

Si le défi de la réduction du décrochage universitaire semble relevé, on constate cependant des limites : une orientation précoce, des inégalités à la fois géographiques, sociales et de genre.

Les élèves ne sont pas égaux face au choix d'options et de certaines spécialités. En Seine-et-Marne, on ne compte par exemple que trois établissements qui proposent la spécialité NSI (numérique et sciences informatiques) sur les 109 lycées publics ou privés du département. Pour les inégalités de genre, le cas le plus marquant concerne la spécialité mathématiques : les lycéens sont 31 % à la délaisser, 52,5 % pour les lycéennes. Cet écart bloque la féminisation de certaines formations scientifiques du supérieur. De même, un élève sur deux, issu d'un milieu social moins favorisé, délaisse les maths, alors que les jeunes issus d'un milieu favorisé ne sont qu'un tiers. On relève enfin une inégalité de traitement des dossiers sur Parcoursup en fonction de l'établissement d'origine. Sur l'académie de Strasbourg, un élève qui a obtenu 11 en contrôle continu se verra parfois préféré à un candidat ayant obtenu 15 dans un établissement dont le taux de mentions est moins important.

Évolution de la réussite en trois, quatre et cinq ans de Licence (en %)

	Effectif de la cohorte	Réussite en 3 ans *(en %)*	Réussite en 4 ans *(en %)*	Réussite en 5 ans *(en %)*	Réussite cumulée en 5 ans *(en %)*
Cohorte 2011	173 800	27,2	11,8	5,1	44,1
Cohorte 2012	178 100	27,5	11,7	5,0	44,2
Cohorte 2013	186 400	27,8	11,8	5,2	44,7
Cohorte 2014	188 900	28,6	11,9	4,8	45,2
Cohorte 2015	197 700	29,0	11,8	5,5	46,3
Cohorte 2016	200 300	29,0	13,3	4,8	47,1
dont bacheliers	191 110	28,8	13,3	4,8	46,9
généraux	144 135	35,8	15,7	5,4	56,9
technologiques	29 690	9,3	7,8	3,6	20,7
professionnels	17 285	3,7	3,0	1,5	8,3
Cohorte 2017	204 000	31,7	12,7	[1]	[1]
Cohorte 2018	217 900	34,9	[1]	[1]	[1]

[1] Les résultats aux diplômes de la session 2022 n'étant pas encore connus, les données ne sont pas disponibles.

Source : « État de l'Enseignement supérieur, de la recherche et de l'innovation en France n°16 », Juin 2022, Ministère de l'Enseignement supérieur et de la Recherche.

▸ L'organisation du bac : un « choc de simplification » ?

Un autre objectif de la réforme est de simplifier l'organisation du bac. À la place d'épreuves terminales concentrées sur une dizaine de jours, la tenue d'épreuves en mars et leur étalement jusque fin juillet permet d'échelonner le travail de correction.

L'introduction du contrôle continu, qui représente 40 % de la note finale, tend aussi à limiter le nombre de copies à corriger. En 2017, 779 580 candidats ont passé le bac général, 140 077 le bac technologique et 199 233 le bac professionnel pour 2 900 sujets différents et 4 millions de copies à corriger ; tout ceci sur six jours, pour plus d'une trentaine d'épreuves toutes filières confondues. Le contrôle continu et l'organisation des spécialités en mars pour la session 2023 a permis d'économiser des temps de correction et mis fin à l'effet marathon du mois de juin pour les candidats.

Mais le nouveau calendrier a entraîné certaines difficultés. D'abord, l'organisation des épreuves de spécialités au mois de mars est, de l'aveu à la fois des élèves et des professeurs, bien précoce au regard d'un programme à peine allégé. Les professeurs sont mobilisés en cours d'année pour surveiller et corriger les épreuves blanches et finales, autant de cours supprimés pour les classes de première et de seconde. En conséquence, le gouvernement a décidé, fin août 2023, que ces épreuves de spécialités se dérouleraient en juin, dès 2024, ce qui devrait par ailleurs diminuer l'absentéisme en classe des élèves de terminale après mars.

De même, l'emblématique épreuve du grand oral, introduite dans la réforme (les élèves doivent préparer deux oraux de 5 minutes sur un sujet de leur choix en lien avec leurs spécialités), a connu d'importants ratés d'organisation en 2021. Dans un certain nombre d'académies, les élèves ont dû être reconvoqués quelques jours plus tard, en raison de jurys convoqués sans connaître la matière ou de jurys incomplets. Enfin, le choix des spécialités a entraîné une complexification des emplois du temps pour les élèves de première et a amené la plupart des établissements à mettre en place des combinaisons de spécialités, rompant ainsi avec l'esprit initial de la réforme. Si tous les établissements ne s'y résolvent pas encore, les chefs d'établissements s'efforcent de « rationaliser » le choix des élèves et d'éviter des combinaisons qui mettraient en péril l'architecture générale des emplois du temps.

▸ Des ajustements successifs face aux réalités du terrain

Dès la rentrée 2020, la réforme du bac connaît un premier ajustement. Les E3C, ou épreuves communes, qui devaient se dérouler aux mois de janvier et mai en langues vivantes A, B et histoire-géographie pour les premières et terminales, sont abandonnées au profit d'un contrôle continu en première et terminale. L'organisation des E3C s'est heurtée à d'importantes difficultés : retard de la banque nationale des sujets qui a laissé moins de deux semaines aux professeurs pour sélectionner et préparer les sujets à l'échelle de l'établissement et passage des épreuves trop précoce dans l'année pour assurer aux élèves une préparation correcte.

L'ajustement le plus emblématique est la réintroduction des mathématiques dans le tronc commun des filières générales, à raison d'une heure trente par semaine. Un élève sur deux en terminale ne faisait plus de maths. Ce retour s'inscrit dans une stratégie qui cherche à « *réconcilier tous les élèves* » avec cette matière et « *promouvoir l'égalité filles-garçons* ». L'objectif serait de donner la possibilité à l'élève de première qui n'a pas choisi les maths de suivre l'option « mathématiques complémentaires » en terminale. Mais les élèves pourront-ils acquérir assez de compétences pour suivre cette option et éventuellement poursuivre dans le supérieur ? Enfin, les réformes du bac ont provoqué une désertion des classes, que l'on estime pour le troisième trimestre 2023 entre 10 et 15 %. On est loin de la « *reconquête du mois de juin* » pour laquelle le ministre vient de lancer une mission afin de « *trouver les moyens de motiver les élèves* » et « *retrouver un temps utile pour les apprentissages* ».

Les garçons favorisés sur-représentés en option Maths expertes

Répartition par profil (genre et origine sociale) des élèves **ayant choisi la spécialité mathématiques et l'option mathématiques expertes**, par rapport à l'ensemble des élèves de terminale générale en 2021.

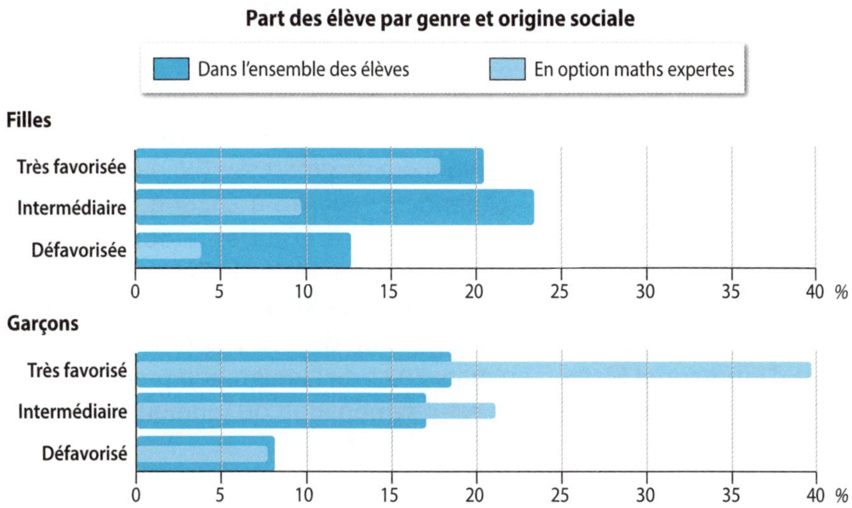

Se lit : 4 % des élèves d'option maths expertes sont des filles d'origine sociale défavorisée, alors qu'elles représentent 13 % des élèves de terminale générale, soit plus de 3 fois plus.

L'origine sociale intermédiaire est une catégorie construite par l'Étudiant qui inclut les élèves n'étant ni d'origine sociale défavorisée, ni très favorisée.

Source : Note d'information de la Direction de l'évaluation, de la prospective et de la performance (DEPP)

Mise en perspective

Pour de nombreux pays d'Europe centrale et orientale, « maturité » constitue la traduction littérale de l'examen de fin d'étude secondaire. On parle même de « certificat de maturité » en Belgique. Dans toute l'Europe, l'obtention de l'examen de fin d'études secondaires constitue un sésame pour s'inscrire à l'université. Seuls les élèves suédois « échappent » au baccalauréat, celui-ci ayant été aboli en 1968. L'accès au supérieur repose sur les notes obtenues aux contrôles continus durant la dernière année de lycée. La fin des études secondaires est célébrée par une cérémonie qui a lieu entre mi-mai et mi-juin et constitue le symbole du passage à l'âge adulte. La Suède aurait-elle lancé un mouvement de suppression du baccalauréat ?

L'inscription du droit à l'avortement dans la Constitution française, quels enjeux ?

par Emma Fauquembergue

Le 24 juin 2022, la Cour suprême américaine a annulé son arrêt Roe vs Wade de 1973 qui considérait l'interruption volontaire de grossesse (IVG) comme un droit garanti au niveau fédéral. Elle a cependant renvoyé à chaque État la décision d'autoriser ou non l'avortement sur son territoire. D'autres retours en arrière ont été constatés dans certains pays d'Europe comme Malte, la Pologne et la Hongrie. En réaction, un mouvement visant à protéger la loi Veil de 1973 s'est répandu en France, jusqu'à l'adoption d'une proposition de loi à l'Assemblée nationale et l'annonce d'Emmanuel Macron en mars 2023 de l'intégration prochaine du droit à l'IVG dans la Constitution. L'enjeu est-il symbolique ou juridique ?

- **17 janvier 1975** Adoption de la loi autorisant l'IVG, dite « loi Veil ».
- **27 juin 2001** Décision du Conseil constitutionnel (n° 2001-446) consacrant le droit à l'avortement comme principe constitutionnel.
- **24 juin 2022** Annulation par la Cour suprême américaine de son arrêt Roe vs Wade de 1973 consacrant l'IVG.
- **24 novembre 2022** Adoption à l'Assemblée nationale de la loi pour la constitutionnalisation de l'IVG.
- **1er février 2023** Adoption au Sénat de la proposition de loi amendée.
- **8 mars 2023** Annonce par E. Macron d'un projet de révision constitutionnelle intégrant l'IVG.

▸ Une prise de conscience de la fragilité du droit à l'IVG

La dépénalisation de l'avortement a été une avancée majeure en faveur du droit des femmes. Le combat mené par des groupes féministes pour parvenir à l'adoption de la loi Veil en 1975 a nécessité une mobilisation importante, portée par des personnalités fortes telles que Gisèle Halimi et Simone Veil. Depuis 1975, la loi garantit le droit à avorter et à pratiquer l'avortement. Plusieurs lois ont ensuite été adoptées afin d'élargir et d'améliorer le cadre de l'avortement (prise en charge par la Sécurité sociale, allongement du délai légal…).

Pourtant, le droit à l'avortement est depuis plusieurs années largement questionné. C'est ainsi que la volonté de l'inscrire dans le texte le plus protégé de notre État de droit s'est installée dans le débat public. Des propositions de lois pour la constitutionnalisation du droit à l'avortement ont déjà été portées devant le Sénat à six reprises sans jamais aboutir à un vote. Les militants en faveur de la constitutionnalisation soulignent l'avancée sociale majeure que constituerait cette inscription, un signal fort en faveur du droit des femmes. Le droit à l'avortement serait inscrit au rang des libertés fondamentales au même titre que l'interdiction de la peine de mort. L'annulation de l'arrêt Roe vs Wade aux États-Unis en 2022 a cristallisé le débat et insufflé un sentiment d'urgence à la constitutionnalisation du droit à l'avortement en France afin de le protéger.

Statuts du droit à l'avortement dans chaque États américain

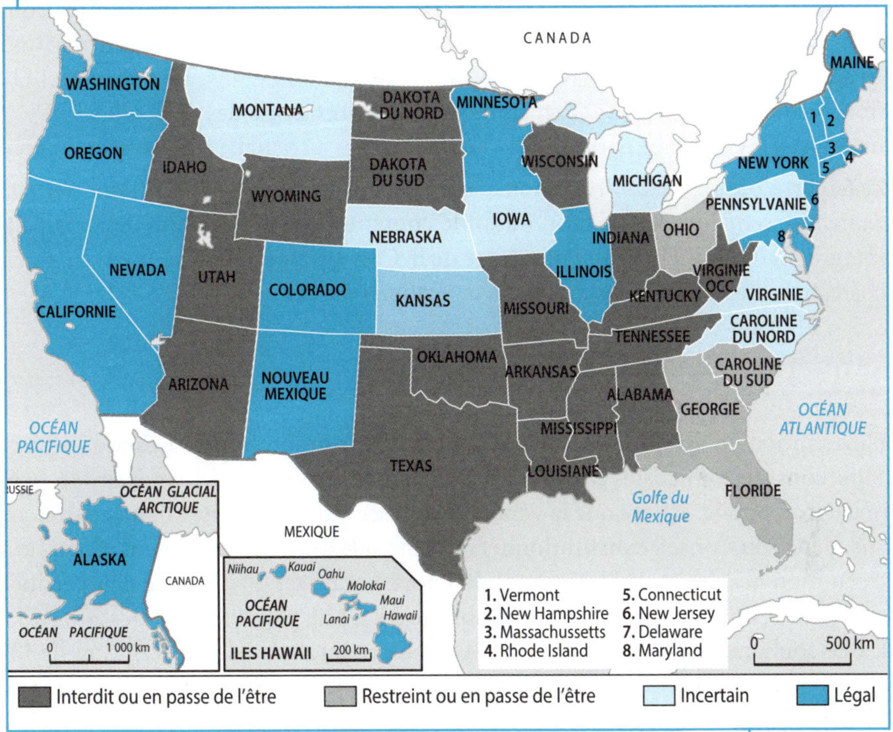

Source : *Le Monde*

▸ La procédure parlementaire

Le 24 novembre 2022 a ainsi été adoptée à l'Assemblée nationale, à une large majorité (337 voix pour, 32 contre et 18 abstentions), une proposition de loi sur laquelle s'étaient accordées la gauche et la majorité. Le texte prévoyait un nouvel article 66-2 dans la Constitution et disposait : « *La loi garantit l'effectivité et l'égal accès au droit à l'interruption volontaire de grossesse.* » Le Sénat, plus frileux sur la constitutionnalisation de l'IVG, n'a adopté qu'un compromis le 1er février 2023, par 166 voix contre 152, prévoyant seulement d'ajouter un alinéa à l'article 34 de la Constitution, tel que : « *La loi détermine les conditions dans lesquelles s'exerce la liberté de la femme de mettre fin à sa grossesse.* » Dans cette nouvelle rédaction, l'État n'a plus d'obligation de garantir l'IVG, qui est surtout une composante de la liberté des femmes. Cet amendement de compromis nécessite que le texte soit à nouveau voté à l'Assemblée nationale. Si cette dernière adopte le texte tel que rédigé par le Sénat, alors l'article 89 de la Constitution prévoit ensuite un référendum pour la promulgation de la loi. Ce serait la première fois dans l'histoire de la Ve République qu'une révision constitutionnelle interviendrait sur proposition parlementaire.

La procédure est complexe, aucune révision constitutionnelle proposée par les parlementaires n'ayant abouti depuis 1958 (par exemple sur le droit de vote des étrangers aux élections municipales en 2001 puis en 2011). Pour cette proposition de loi, la navette parlementaire est en suspens depuis le vote au Sénat. Certains parlementaires comme la sénatrice Mélanie Vogel, qui avait déjà porté un texte sur la constitutionnalisation de l'IVG à l'automne 2022, s'indignent que rien n'ait avancé depuis. De son côté, l'Élysée affirme que des discussions sont en cours entre les présidents des deux Chambres, Yaël Braun-Pivet à l'Assemblée nationale et Gérard Larcher au Sénat, pour trouver un accord.

Le 8 mars 2023, E. Macron a annoncé un projet de loi pour inscrire « *dans notre texte fondamental, cette liberté* ». Il reprendrait le contenu de la proposition de loi sur l'IVG et l'intégrerait dans une révision plus large de la Constitution (élargissement du référendum, élection d'une partie des députés à la proportionnelle…).

▸ L'ouverture d'un débat juridique

L'inscription du droit à l'avortement dans la Constitution française divise les juristes. Certains constitutionnalistes se montrent sceptiques. Anne Levade par exemple, professeure de droit public, estime que la version proposée par le Sénat ne fait que consacrer la jurisprudence du Conseil constitutionnel rattachant le droit à l'avortement à l'article 2 de la Déclaration des droits de l'homme et du citoyen et ne serait ainsi que peu pertinente. En outre, la formulation laisse toujours libre court à une possible modification de la loi Veil. Elle souligne également, appuyée par d'autres juristes, que l'inscription de l'IVG dans la Constitution constitue un risque inutile puisque cela pourrait réveiller des débats sur le droit à l'avortement qui ne semble pas remis en question à l'heure actuelle. Le modèle inquiétant des États-Unis ne devrait pas influencer les décisions politiques françaises, le contexte étant bien différent. Les débats virulents et les incidents violents entre « *pro life* » et « *pro choice* » aux États-Unis ont perduré, ce qui n'est pas le cas en France.

Selon le constitutionnaliste Bruno Daugeron, le droit à l'IVG n'a rien à faire dans la Constitution qui doit conserver son caractère de norme suprême et ne devrait pas être un inventaire des droits. Il met en garde contre le recours illusoire et dangereux au droit comme solution à tout ce qui est perçu comme un problème de société. Il dénonce la « *constitutionnalisation de la politique* » en ce qu'il considère cette révision constitutionnelle comme un « *coup politique* » permettant à la majorité de marquer l'histoire. Il lui est opposé, sur un plan juridique, qu'il n'est pas nouveau que les droits et libertés soient promulgués dans la Constitution avec les « *principes fondamentaux reconnus par les lois de la République* ». Par ailleurs, il est rappelé que la loi Veil ne consacre pas un droit mais seulement une faculté qui pourrait être trop facilement mise en échec et nécessiterait à ce titre une réelle protection.

Nombre d'IVG réalisé en France depuis 1990

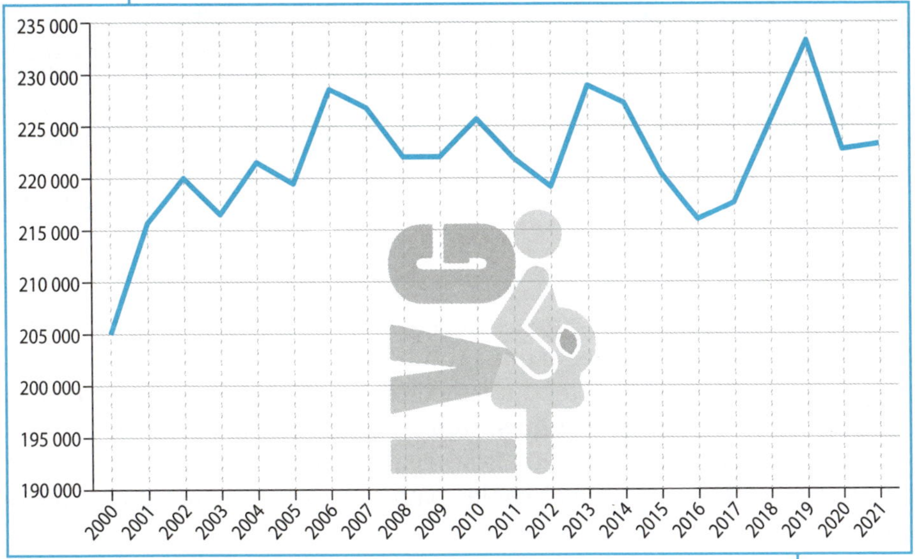

Source : Drees

Mise en perspective

Le 27 septembre 2022, a été publié le rapport de la Direction de la recherche, des études, de l'évaluation et des statistiques (Drees) qui met en lumière les inégalités d'accès à l'avortement selon le profil, le lieu de résidence ou le niveau social des femmes. Le rapport relève également que les praticiens acceptant de pratiquer cet acte peu valorisé représentent 2,9 % des généralistes et gynécologues installés en cabinet. Ainsi, l'accès à l'IVG est impacté par les disparités territoriales d'accès aux soins sur le territoire français. La consécration de l'IVG comme un droit fondamental se heurte donc, avant tout, à la question de sa mise en œuvre concrète.

ZOOM SUR… Du Pacte enseignant à la remise en cause des vacances d'été, l'Éducation nationale toujours sous tension

par Alice Volkwein

L'arrivée de l'universitaire marqué à gauche Pap Ndiaye en mai 2022 à l'Éducation nationale, accompagnée d'une promesse de revalorisation salariale, avait été perçue comme une main tendue au corps enseignant après des années de crispation sous Jean-Michel Blanquer. Treize mois plus tard, le bilan est maigre : P. Ndiaye est désavoué à l'été 2023, la revalorisation promise a pris la forme d'un « Pacte enseignant » critiqué par les syndicats d'enseignants et la durée des vacances d'été est remise en cause.

▸ Enseignants, les raisons de la colère

Réformes à répétition, déclassement salarial, manque de reconnaissance, la profession peine à recruter. Cela entraîne une détérioration du service public de l'école (postes non pourvus, professeurs absents non remplacés) et un blocage du système de mobilité. Les années Blanquer (2017-2022), marquées par de nombreux chantiers, telle la réforme du lycée et du bac, ont également aiguisé les tensions entre le corps enseignant et son ministère. Les attentes face au nouveau ministre P. Ndiaye qui avait promis un « *choc d'attractivité* » étaient donc, à l'été 2022, très élevées.

Inexpérimenté en politique, l'universitaire a déçu. Pris pour cible par l'extrême-droite dès son arrivée, il n'a pas réussi à s'émanciper de la tutelle du président. Sur la question centrale des salaires (un débutant gagne à peine 1,1 fois le SMIC contre 2,3 fois en 1980), ses réponses n'ont pas convaincu. La hausse historique du budget du ministère devait pourtant aider. Le point d'indice, sur lequel est indexé le salaire et qui était gelé entre 2010 et 2022, n'a été augmenté que de 3,5 % en 2022 et 1,5 % seulement en juillet 2023, soit une hausse bien inférieure à la hausse médiane des salaires qui s'établit à 4,95 % entre 2022 et 2023, alors que l'inflation atteint les 5,2 % en 2022.

▸ Le Pacte enseignant : revalorisation du métier ou fin d'un statut ?

Ce pacte doit permettre aux enseignants de gagner plus, en travaillant plus. Chaque enseignant peut s'investir sur une, deux ou trois missions et gagner jusqu'à maximum 10 % de son salaire mensuel brut en plus. La rémunération est mensualisée sur neuf mois et le contrat signé avec le supérieur hiérarchique à la rentrée.

L'ambition affichée est aussi de faire évoluer le métier en reconnaissant de nouvelles missions au-delà du disciplinaire et du pédagogique et de repenser la place du professeur au sein de l'école. Alors que les tensions sociales se répercutent sur le climat scolaire, tous doivent contribuer à l'encadrement des élèves et au rayonnement de l'établissement (avec les projets innovants). La priorité donnée au remplacement des professeurs absents et au soutien en 6e répond à une demande des parents.

Le pacte a suscité de nombreuses critiques dans les rangs syndicaux. Le ministère attaquerait le statut et le principe d'égalité entre enseignants. En salle des professeurs, le pacte a profondément divisé : 30 % seraient prêts à répondre à l'appel, selon un sondage du ministère.

▸ Raccourcir les vacances d'été, une bonne idée ?

Les vacances d'été se sont retrouvées au cœur d'un débat lancé par l'ancien Premier ministre, Édouard Philippe, qui a déploré l'effet délétère de trop longues vacances en termes de justice sociale et de réussite scolaire. Avec 8 semaines de pause, la France est pourtant plus proche de l'Allemagne (6 semaines) que de l'Italie qui culmine à 13 semaines. Mais la comparaison européenne fait apparaître une claire division Nord-Sud. Ce sont les pays les plus chauds qui ont les congés les plus longs. De fait, la gestion des canicules est un réel défi.

Plutôt que les seules vacances d'été, c'est le rythme scolaire qui, selon plusieurs experts, est à repenser. En Allemagne, il est plus aéré, sur les journées (plus courtes) et sur l'année (avec des semaines consacrées à des projets de classe). Certains pointent aussi du doigt les trop longues « petites » vacances françaises qui durent 15 jours et ne sont parfois espacées que de 5 semaines pour soutenir le tourisme.

Critiquer les seuls congés d'été, en faisant fi des contraintes climatiques mais aussi des solutions alternatives, revient à remettre en cause l'un des rares aspects encore perçu comme attractif dans le métier d'enseignant.

ZOOM SUR… Le black bloc, histoire et évolution d’une tactique politique controversée

par Alice Volkwein

En marge des manifestations du 1er mai 2023, la présence de 1 000 à 2 000 membres de black blocs avait été anticipée. Au final, 406 gendarmes et policiers ont été blessés, selon le ministère de l’Intérieur. Le bilan pose la question de l’efficacité de la prévention, de la détection et de la gestion des actes violents inhérents à la stratégie des black blocs. Qui sont ces black blocs, pourquoi ce choix de la violence et comment expliquer que leur présence soit aujourd’hui quasi systématique ?

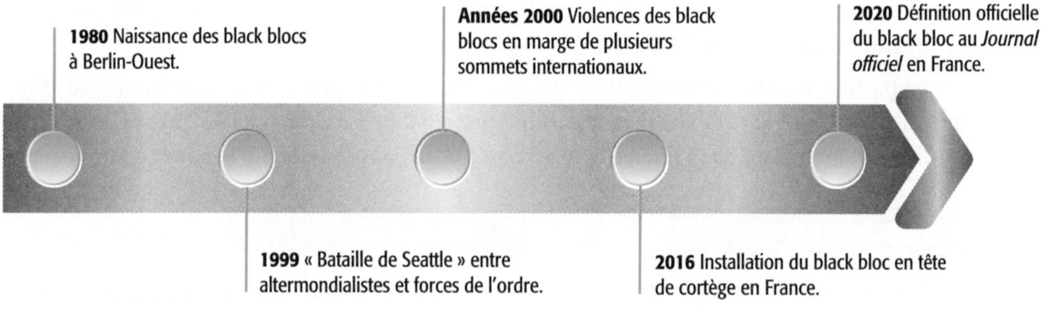

▸ Une définition en débat

« Groupe d’individus cagoulés et vêtus de noir qui recourt, à la faveur de manifestations sur la voie publique, à des actions violentes concertées. » La définition parue en 2020 au *Journal officiel* acte l’importance du phénomène.

La dimension collective est le premier critère de ces groupes constitués – les black blocs peuvent cependant se structurer en « groupes d’affinité » au fonctionnement horizontal (absence de chef, démocratie directe, recherche du consensus). Dans les cortèges, ils se dé- et recomposent rapidement, ce qui en plus de leur tenue noire les rend difficiles à identifier. Leur présence en tête de cortège est une spécificité française.

Deuxième aspect : la violence. Les black blocs portent en effet une critique radicale du système capitaliste et revendiquent le recours à la violence comme une réaction légitime et efficace notamment face aux forces de l’ordre qui défendent le pouvoir et le système.

Les cibles sont politiques ou économiques (agences bancaires) mais il ne s'agit pas de « *casseurs nihilistes* » (selon la formule de Bernard-Henri Lévy) mus par une pulsion irrationnelle de destruction. Le black bloc est une tactique politique choisie par des individus souvent ancrés à l'extrême-gauche, majoritairement jeunes et étudiants, dont l'expérience militante les a conduits à se détourner de tactiques pacifistes jugées inefficaces. Si ses membres sont souvent attachés au mouvement. Les black blocs ne prônent pas l'enlèvement ou l'assassinat de décideurs. Le but est d'organiser une émeute pour ébranler le système.

▸ Une irrésistible ascension

Les black blocs sont apparus outre-Rhin pendant l'hiver 1980, à Berlin-Ouest au sein de la scène autonome. Les membres du mouvement ont élaboré cette tactique en réponse aux tentatives d'expulsion de leurs squats. Suite à de violents combats de rue, c'est la police qui a utilisé l'expression de « Schwarzer Block ».

Cette tactique s'est ensuite popularisée parmi les militants autonomes. Elle se diffuse jusqu'au Canada et aux États-Unis où le premier black bloc se forme au début des années 1990 contre la guerre du Golfe, avant de gagner le mouvement Anti-Racist Action contre les suprémacistes blancs et les néo-nazis. Mais c'est au sein du mouvement « antimondialisation » que le black bloc trouvera un lieu privilégié où exprimer sa critique du capitalisme et de l'État libéral. La « bataille de Seattle » en 1999, en marge du sommet de l'Organisation mondiale du commerce (OMC), marque la reconnaissance du black bloc comme acteur politique.

Dans les années 2000, on retrouve les black blocs dans de nombreux grands rassemblements : en 2001 à Gênes (sommet du G8), en avril 2009 à Strasbourg (sommet de l'Otan), en 2011 à Rome (Journée mondiale des indignés) ou en 2017 à Hambourg (sommet du G20).

En France, les black blocs apparaissent dans les années 2010 et s'installent durablement à partir de 2016 alors que les mouvements classiques n'ont plus gagné dans la rue depuis le retrait du CPE en 2006. La loi sur le travail passée en 2016 a attisé un sentiment de trahison et d'impuissance, qui alimente depuis les black blocs.

▸ Réalités et controverses politiques en France

Il y a en France, depuis dix ans, un contexte favorable aux black blocs lié à la perte de vitesse des organisations syndicales et à la défiance croissante des citoyens envers la démocratie. Se sentant impuissante, une partie des jeunes surtout, sensible au mythe révolutionnaire national, ne croit plus aux solutions pacifiques et démocratiques. Le bloc n'a pas faibli depuis l'arrivée d'E. Macron, qui mène des politiques perçues comme antisociales. Cette radicalisation était visible dès fin 2021 : selon une enquête Harris Interactive pour *Challenge*, un Français sur cinq estimait ne pas vivre en démocratie et un sur trois comprenait le recours politique à des actes violents (47 % des 18-24 ans).

Si la présence de black blocs devient régulière, elle reste controversée. Les critiques ne viennent pas uniquement du pouvoir et des intellectuels de droite, dont certains font l'amalgame avec la gauche radicale. Elles émanent aussi du mouvement altermondialiste et de la gauche radicale, qui craignent en effet que cette tactique ne décrédibilise leurs revendications.

PARTIE 4

Droits des personnes transgenres : une année entre progrès et reculs

par Marius Matty

Depuis le début des années 2000, les droits des personnes transgenres ont progressé. Mais les Nations unies observent, en 2021, qu'encore une majorité de nations ne reconnaît pas juridiquement la transidentité. Dans ce contexte, 2023 a été marquée par un double processus d'amélioration et de dégradation des droits des personnes transgenres.

2019 L'OMS retire la transidentité de la liste des maladies psychiatriques.

16 février 2023 Le Parlement espagnol vote une loi favorable aux personnes transgenres.

31 mars 2023 Exclusion des femmes transgenres des compétitions internationales d'athlétisme.

2 juin 2023 Le gouverneur républicain du Texas promulgue une loi « *anti-trans* ».

14 juillet 2023 La chambre basse du Parlement russe valide un texte restreignant les droits des personnes transgenres.

23 août 2023 Le Gouvernement allemand adopte un projet de loi sur l'« *autodétermination de genre* ».

▸ La facilitation du changement de genre

Sur la transidentité, l'Espagne, l'Allemagne, le Texas et la Russie ont au moins un élément en commun : en 2023, au sein de chacun de ces pays, une loi sur les personnes transgenres a été débattue. En Espagne et en Allemagne, des droits importants ont été ou sont en train d'être consacrés. En revanche, au Texas et en Russie, de graves atteintes juridiques ont été constatées.

Le 16 février 2023, le Parlement espagnol a fait passer la « *loi d'égalité réelle et effective des personnes trans* ». Un texte voté grâce aux voix de la coalition de gauche – parti socialiste ouvrier espagnol (centre gauche) et Unidas Podemos (gauche radicale) – et de partis nationalistes basques et catalans. Cette loi autorise, entre autres, toute personne de plus de 16 ans à modifier le sexe indiqué sur ses papiers d'identité au moyen d'une déclaration auprès de l'état civil, puis d'une confirmation auprès de celui-ci trois mois plus tard. Il pénalise plus fortement les discriminations, interdit les « *thérapies de conversion* » dont l'objectif est de modifier l'identité de genre et ouvre l'accès à la procréation médicalement assistée à certains hommes transgenres.

Six mois plus tard, en Allemagne, le gouvernement du chancelier Olaf Scholz (SPD, parti social-démocrate, centre gauche) a adopté le 23 août 2023 un projet de loi sur l'« *autodétermination de genre* », permettant de changer de genre et de prénom en adressant une simple déclaration aux services de l'état civil. Il doit encore être voté par le Parlement, où domine la majorité gouvernementale, celle de la « coalition tricolore » – « rouge » des sociaux-démocrates, « jaune » des libéraux (centre droit) et « vert » des écologistes (centre gauche). En revanche, les droits liés à la transidentité s'effritent notamment en Russie et au Texas (et ailleurs aux États-Unis).

Taux de soutien aux droits des personnes transgenre dans différents pays

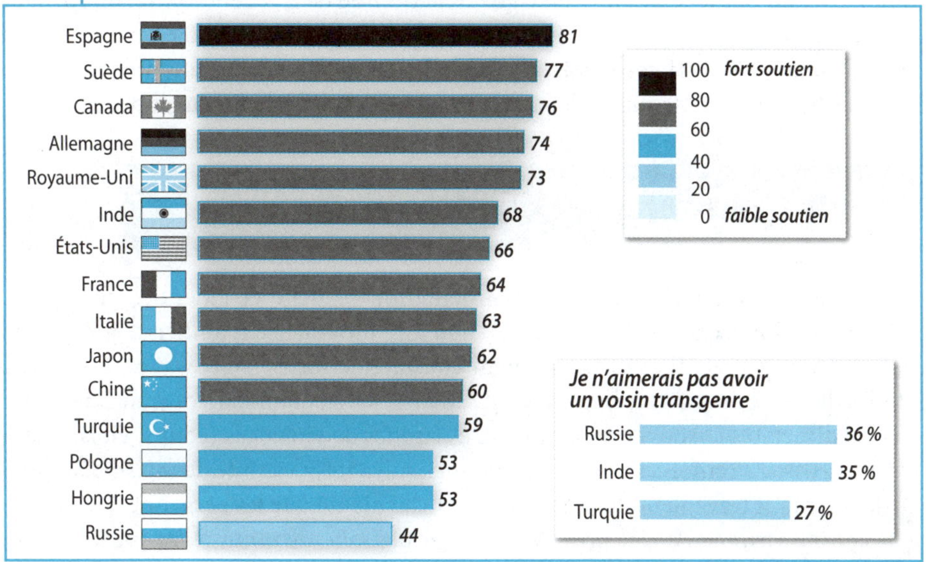

Source : Ipsos

▸ Des atteintes juridiques aux personnes transgenres

Le 2 juin 2023, au Texas, le gouverneur républicain Greg Abbott a promulgué une loi interdisant l'accès à la thérapie hormonale ou aux actes chirurgicaux pour les mineurs transgenres. Cette mesure est d'autant plus emblématique qu'elle concerne le deuxième État le plus peuplé des États-Unis (environ 30 millions d'habitants). La loi est entrée en vigueur le 1er septembre.

En 2023, il y a eu 586 projets de loi « *anti-trans* », d'après le site Trans Legislation Tracker. Soit plus que la totalité des textes de cette nature déposés depuis 2015, au nombre de 518. En Floride, Ron DeSantis, gouverneur et en deuxième position dans les sondages de la primaire républicaine à la présidentielle de 2024, s'attache lui aussi à réduire les droits des personnes transgenres. Parallèlement, une préoccupation de santé publique monte, car le taux de suicide des personnes transgenres aux États-Unis est dix fois plus important que chez le reste de la population, selon une étude parue en 2014. Mais dans le même temps, plusieurs États démocrates (Illinois, Californie, Maryland, Minnesota, Colorado, Nouveau Mexique) ont adopté des mesures renforçant les soins de santé pour les transgenres. Enfin, dans le contexte politique américain actuel, les désaccords sur la transidentité sont très polarisés entre républicains et démocrates, y compris chez les sympathisants.

Le 14 juillet, la chambre basse du Parlement russe, la Douma, a voté une loi contre les personnes transgenres. Elle prohibe, pour celles-ci, les opérations chirurgicales et les thérapies hormonales ainsi que le changement de sexe sur les documents d'identité. L'ensemble des personnes transgenres, majeures ou mineures, est concerné par ces dispositions. Avant que le texte entre en vigueur, le Conseil de la fédération, chambre haute, doit encore l'adopter et Vladimir Poutine le signer. Ce qui ne semble être, à ce stade, qu'une formalité. Malgré ces reculs, on assiste à une petite amélioration des droits des personnes transgenres, depuis le début des années 2000, à l'échelle du globe.

▸ Au XXIe siècle, une progression très limitée des droits au niveau mondial

En 2018, l'expert indépendant sur l'orientation sexuelle et l'identité de genre de l'ONU, Victor Madrigal-Borloz, a pointé, au niveau mondial, le maintien d'atteintes aux droits des transgenres. Il avait notamment constaté de fortes sources d'exclusion, susceptibles de s'exprimer par le harcèlement scolaire, le rejet familial, les violences dans la rue et les difficultés à trouver un emploi. Des risques de violences (coups, viols, mutilations, meurtres…) renforcés pour les personnes suivantes : victime de racisme, migrant, malade du sida et travailleur du sexe. L'expert avait ajouté que les personnes transgenres « *sont souvent victimes de violences dans le cadre des soins de santé, telles que des évaluations psychiatriques forcées, des interventions chirurgicales non désirées, des stérilisations ou d'autres procédures médicales coercitives, souvent justifiées par des classifications médicales discriminatoires* ».

Sur ce dernier point, cependant, l'institution onusienne avait perçu une « lueur d'espoir » grâce à processus historique de « *dépathologisation des transidentités* ». En 2019, l'Organisation mondiale de la santé (OMS) retirait, en effet, la transidentité des maladies psychiatriques dans la 11e édition de la Classification internationale des maladies (CIM). Une mesure effective depuis le 1er janvier 2022. « *Il est important de noter que pendant longtemps, la pathologisation a eu un impact profond sur les politiques publiques, la législation et la jurisprudence, s'infiltrant ainsi dans tous les domaines de l'action de l'État dans le monde et dans la conscience collective* », avait également souligné l'expert indépendant des Nations unies en 2018, d'ailleurs remplacé le 1er novembre 2023 par le sud-africain Graeme Reid. D'après un classement de l'Association internationale des personnes lesbiennes, gays, bisexuelles, trans et intersexuées (ILGA) établi en 2023, la France se classe 10e sur les 27 pays de l'UE en matière de droits des personnes transgenres. L'organisation pointe des progrès à faire notamment en ce qui concerne la reconnaissance de la non-binarité et la dépathologisation de la transidentité.

Proportions de personnes transgenres parmi les 48,6 millions de personnes de plus de 16 ans résidant en Angleterre et au Pays de Galles

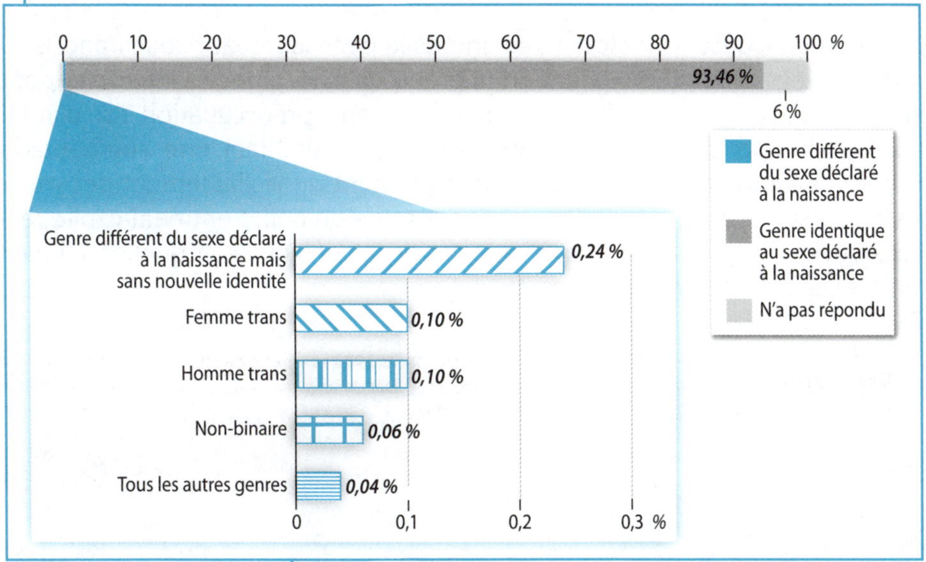

Source : Office for National Statistics, 2023 pour des données de 2021

Mise en perspective

La Fédération internationale d'athlétisme, World Athletics, a exclu des compétitions internationales de femmes les athlètes transgenres ayant eu une « *puberté masculine* » à compter du 31 mars 2023. L'organisation motive sa décision par l'absence de preuves suffisantes sur le fait que les femmes transgenres ne soient pas physiquement avantagées. Interrogé par France Info, Éric Vilain, médecin spécialiste du développement sexuel, souligne que « *tous les athlètes de niveau olympique ont des avantages considérables. Soit* [...] *génétiques, soit* [...] *métaboliques.* [...] *Est-ce qu'être transgenre est un avantage qui va rendre tous ces autres avantages finalement très petits ?* [...] *Il y a très peu de preuves pour ça* ».

Comment lutter contre les déserts médicaux en France ?

par Marion Le Calvez

L'expression « désert médical » s'est imposée dans le débat public français à la fin des années 1990, témoignant de la préoccupation grandissante de la population face aux inégalités d'accès aux soins. Cette préoccupation est d'autant plus grande que la population française vieillit, entraînant une augmentation massive de la demande de soins, mais également un vieillissement des médecins eux-mêmes, dont le remplacement constitue un défi. Comment expliquer la persistance et l'aggravation des déserts médicaux en France et quelles solutions sont préconisées pour y faire face ?

- **1971** Instauration du *numerus clausus* limitant le nombre d'étudiants pouvant accéder aux études de médecine.
- **Années 1980-1990** Resserrement drastique du *numerus clausus*.
- **Fin des années 1990** La désertification médicale devient un sujet central du débat public.
- **2019** Suppression du *numerus clausus*, remplacé par un *numerus apertus*.
- **Hiver 2022-2023** Mouvement de grève des médecins généralistes.

Qu'est-ce qu'un désert médical ?

Le « désert médical » désigne un territoire dans lequel l'accès aux soins est difficile voire impossible du fait d'un nombre insuffisant de professionnels de santé (souvent exprimé pour 100 000 habitants, sans qu'un seuil ne soit établi).

Si la médecine générale semble la plus concernée par le problème (6,3 millions de Français sont sans médecin traitant en 2023), les spécialistes ne sont pas épargnés. La désertification médicale désigne également la distance accrue, pour de plus en plus de Français, à des services d'urgence (6 millions de Français, à 75 % en milieu rural, vivent à plus de 30 minutes d'un service d'urgence).

Tous les territoires français ne sont pas également concernés par cette désertification. En 2022, on comptait ainsi 54 généralistes pour 100 000 habitants à Mayotte (département le moins doté), contre 156 en Gironde (département le mieux doté). Globalement, la densité médicale (nombre de médecins par rapport à la population) du sud de la France est supérieure à celle du nord et du centre. De même, les territoires ruraux sont les premiers concernés par la désertification médicale. Pour autant, les villes ne sont désormais plus épargnées par le problème. En témoigne la difficulté d'accès aux soins dans des espaces urbains défavorisés comme la Seine-Saint-Denis (125 généralistes pour 100 000 habitants contre 149 pour 100 000 à l'échelle nationale).

Les conséquences sont nombreuses : aggravation de l'état de santé des patients et à terme, conséquences sur l'espérance de vie ; tentation de se tourner vers les urgences médicales, ce qui entraîne leur engorgement.

Disparités d'accès au médecin en France

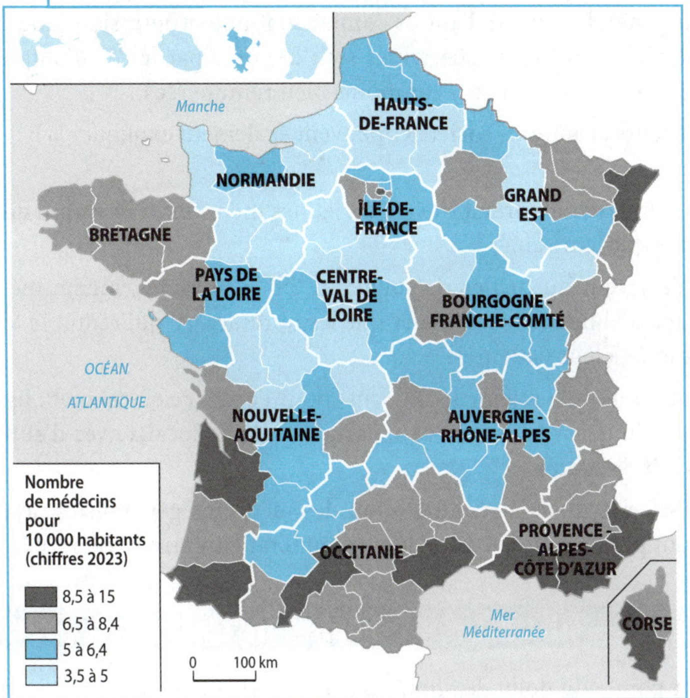

Source : DREES et Conseil national des médecins

▸ Comment expliquer la désertification médicale ?

Alors que la population française augmente et vieillit, accroissant de fait la demande de soins, les effectifs des médecins en activité de moins de 70 ans baissent tendanciellement. On comptait ainsi, en 2022, 121 médecins généralistes en moyenne pour 100 000 habitants contre 141 en 2010. La densité médicale de la France est ainsi inférieure à celle de ses voisins (4,4 médecins pour 1 000 habitants en Allemagne, Suède et Espagne par exemple, contre 3,3 en France, selon les données de la Banque mondiale).

Le *numerus clausus*, mesure qui permet de fixer par arrêté ministériel le nombre d'étudiants admis en deuxième année de médecine, est en cause. Instauré en 1971, il répond autant aux aspirations d'une profession soucieuse de préserver ses intérêts économiques qu'à une volonté de l'État de baisser les dépenses de santé. Or, ce *numerus clausus* a été drastiquement resserré dans les années 1990.

De plus, les médecins français, à la différence d'autres professionnels de santé comme les infirmiers ou les pharmaciens, sont libres de s'installer là où ils le souhaitent. Ils se concentrent donc dans les métropoles, particulièrement celles du sud et de l'ouest. Ils fuient au contraire les départements les moins bien dotés en services publics, commerces de proximité, emplois, etc. Un jeune médecin qui s'installe après une dizaine d'années d'études a, le plus souvent, déjà une famille. Il privilégie donc un territoire où son conjoint pourra trouver un emploi et où ses enfants bénéficieront d'équipements éducatifs de qualité.

De plus, certaines spécialités voient leur densité décroître (gynécologie, dermatologie, médecine générale) quand d'autres connaissent une progression (anesthésie, radiologie, cardiologie). Si certaines spécialités sont boudées par les étudiants en médecine, c'est qu'elles sont moins valorisées car moins bien rémunérées.

Enfin, plusieurs évolutions sociétales peuvent également expliquer la baisse de la densité médicale :

- une évolution du rapport au travail, les jeunes médecins n'étant pas disposés à faire autant d'heures que leurs aînés ;
- une féminisation du métier de soignant. Or les femmes, même médecins, assument davantage d'obligations familiales que les hommes, ce qui réduit le temps qu'elles peuvent consacrer à leur patientèle ;
- un attrait moindre des jeunes médecins pour l'exercice en cabinet : ils sont de plus en plus à être séduits par le salariat et le partage de leurs locaux avec d'autres médecins et professionnels de santé ;
- une baisse relative de la rémunération des médecins généralistes (avec l'inflation, ces derniers ont perdu plus de 2 % de leur rémunération entre 2017 et 2020).

▸ Face à la désertification médicale : incitation ou coercition ?

Largement pointé du doigt, le *numerus clausus* est supprimé en 2019 : désormais, ce sont les universités qui fixent le nombre d'étudiants pouvant accéder aux études de santé en fonction de leurs capacités d'accueil. Mais, étant donné le temps de formation des soignants (entre neuf et douze ans selon la spécialité), cette mesure n'aura d'effets que dans dix ans environ. Surtout, ses conséquences seront limitées si les universités ne se voient pas allouer davantage de moyens pour accueillir ces nouveaux étudiants et si le nombre de terrains de stage en hôpital ou en cabinet n'augmente pas.

Les solutions préconisées et adoptées depuis plus de vingt ans sont essentiellement des mesures incitatives ou palliatives : majoration des honoraires et prime à l'installation de 50 000 euros (instaurée en 2017) pour inciter les médecins à s'installer dans les zones sous-dotées ; création en 2019 des assistants médicaux, financés par l'assurance maladie et apportant aux médecins un soutien notamment administratif ; création de maisons de santé ; exonération d'impôts ; recours à des médecins étrangers ; développement des téléconsultations.

Quant aux mesures coercitives, elles sont régulièrement évoquées sans jamais être adoptées. Des propositions de lois se sont succédé, en vain, pour tenter de modifier les règles d'installation des médecins libéraux. Les syndicats de médecins y sont vivement opposés, estimant que toute coercition serait une entrave à une liberté inhérente à leur statut. La crainte que les médecins constituent un puissant relais d'opinion, tout comme la sur-représentation des médecins parmi les députés et les sénateurs expliquent sûrement les hésitations des dirigeants à adopter des mesures contraignantes.

La possibilité pour des médecins d'autres pays de l'UE de s'installer en France reste enfin une mince compensation.

Évolution du *numerus clausus* dans l'admission aux études de santé françaises

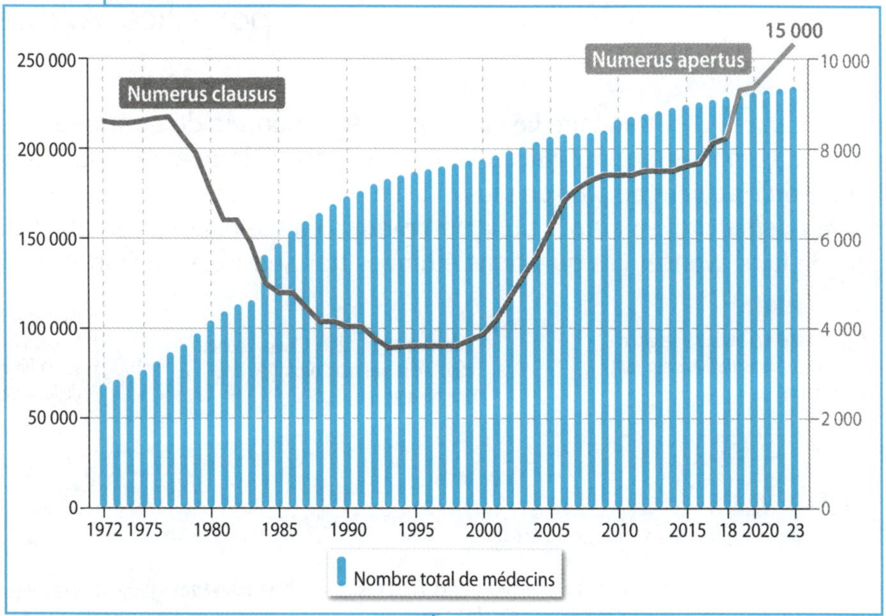

Source : Eco-santé et Conseil national des médecins

Mise en perspective

Le mouvement de grève des médecins généralistes à l'hiver 2022-2023 a surpris par son intensité et sa durée. Ces derniers, de nouveau mobilisés en juin 2023 contre la proposition de loi Valletoux (visant à « *améliorer l'accès aux soins par l'engagement territorial des professionnels* »), réclamaient notamment un doublement du tarif de consultation pour créer un choc d'attractivité et contestaient l'instauration de toute contrainte. La proposition de loi finalement adoptée en juin 2023 écarte toute idée de coercition et témoigne, ce faisant, de la difficulté des dirigeants à bousculer une profession déjà boudée par les étudiants en médecine et à prendre le risque qu'une coercition à l'installation n'en aggrave l'effet repoussoir.

Convention sur la fin de vie et pénurie de médicaments : peut-on bien se soigner et « bien mourir » en France ?

par Alice Volkwein

Aggravée par la crise sanitaire liée au Covid-19, la pénurie de nombreux médicaments majoritairement produits à l'étranger suscite l'inquiétude, notamment en France où il devient de plus en plus difficile de bien se soigner. Dans le même temps, un débat citoyen autour du « bien mourir » a été organisé en 2023 dans l'espoir de faire avancer ces questions éthiques très sensibles en France.

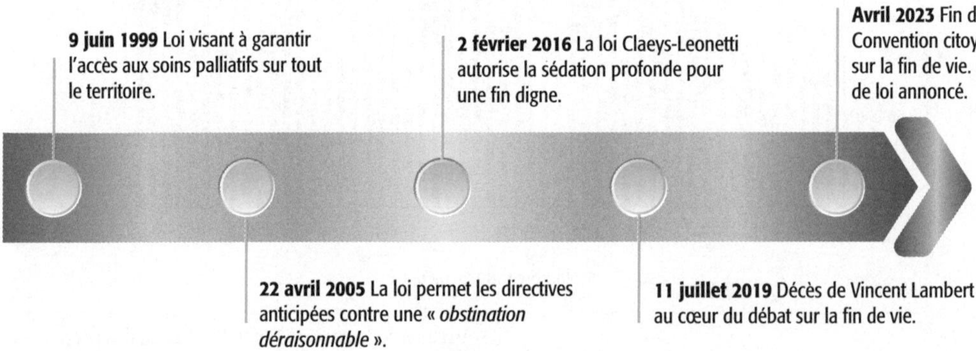

▸ Le « mal mourir » : un problème français ?

Les progrès de la médecine rendent possibles des situations de survie pouvant être jugées comme indignes. Avec les maladies toujours incurables, ces progrès alimentent des débats bioéthiques entre partisans d'un droit à mourir dans la dignité (favorables à l'euthanasie et au suicide assisté) et défenseurs d'un devoir de respecter la vie.

Dans un rapport de janvier 2018, la députée LFI Caroline Fiat, aide-soignante, alerte à nouveau sur la réalité d'un « mal mourir » en France. Pourtant, le cadre législatif sur la « fin de vie » a beaucoup évolué. Depuis 1999, le droit à l'accès aux soins palliatifs atténuant la douleur physique est garanti. Le nombre de lits a fortement augmenté (de 774 lits en 1999 à 7 498 lits en 2019, selon un rapport du Sénat de 2021). Mais les inégalités territoriales sont fortes : 26 départements ne disposent pas d'unités de soins palliatifs et seuls 20 % des patients qui pourraient en bénéficier y ont accès.

La loi a aussi renforcé le droit des malades, qui peuvent s'opposer à toute « *obstination déraisonnable* », en rédigeant des directives anticipées (loi Leonetti de 2005). La sédation profonde est aussi autorisée (loi Claeys-Leonetti de 2016) pour une fin digne et apaisée. Mais cette législation reste mal connue.

Plusieurs affaires ont mis en évidence les déficits de la situation française. Dans le cas de Vincent Lambert, tétraplégique en état végétatif après un accident de voiture en 2008, sa famille s'est déchirée pendant six ans devant les tribunaux. La Cour de cassation a finalement permis un arrêt de ses traitements et de son alimentation en juin 2019. De son côté, l'écrivaine française Anne Bert, atteinte d'une maladie incurable, a choisi de se rendre dans un hôpital belge pour y être euthanasiée. Un tel choix, fréquent mais non accessible à tous, pose la question des inégalités devant la mort.

Comparé à celui d'autres pays, le dispositif français semble insuffisant. Si les conditions ne sont pas identiques partout, notamment face aux maladies mentales intégrées au dispositif dans 4 pays seulement (Pays-Bas, Belgique, Luxembourg, Espagne), l'euthanasie et/ou l'assistance au suicide sont dépénalisées (Suisse) ou légalisées au sein de plus en plus de pays (Belgique et Pays-Bas depuis 2002, Luxembourg en 2009, Canada en 2016, Nouvelle-Zélande et Espagne en 2021, Autriche en 2022) ainsi que dans plusieurs États américains et australiens.

L'euthanasie en Europe

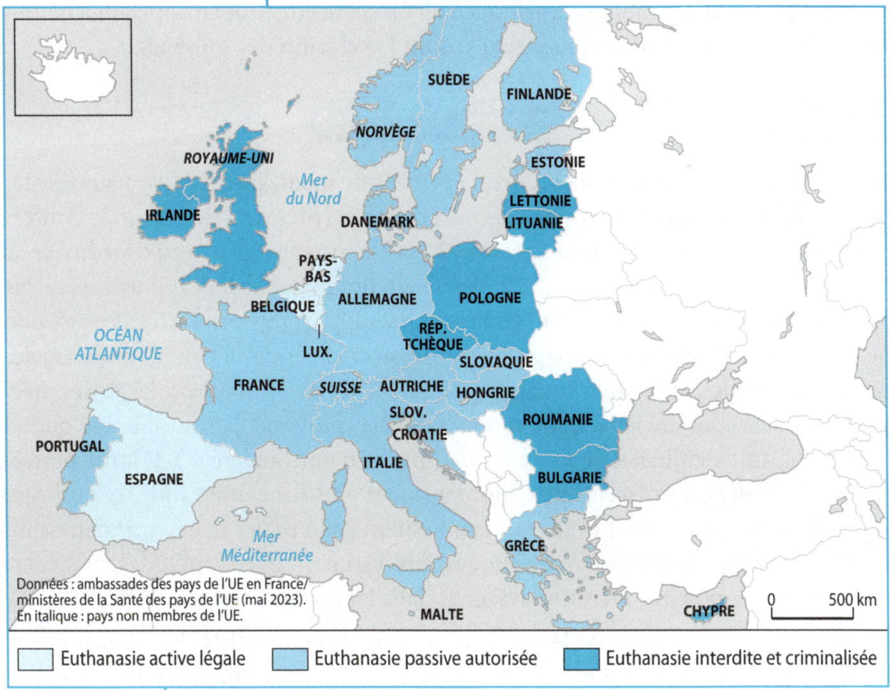

Source : Ambassades des pays de l'UE en France/Ministères de la Santé dans l'UE

▸ Fin de vie : avancée législative en vue ?

Face à cette situation, plusieurs députés ont déposé des propositions de loi, comme Olivier Falorni (loi sur le droit à une fin de vie libre et choisie) et Caroline Fiat (loi relative à l'euthanasie et au suicide assisté) tous deux en 2017, ou Jean-Louis Touraine en 2017 (loi sur la fin de vie dans la dignité) et 2021 (loi sur les droits des personnes en fin de vie). Souvent soutenues par des élus de toutes tendances politiques, ces propositions de loi se sont heurtées à l'obstruction de députés opposés à ces mesures.

Mais le 13 septembre 2022, le Comité consultatif national d'éthique (CCNE) a rendu son avis sur la fin de vie, ouvrant la voie à « *une aide active à mourir, à certaines conditions strictes avec lesquelles il apparaît inacceptable de transiger* ». Le même jour, Emmanuel Macron, qui n'a jamais affiché de position claire à ce sujet absent de son programme de 2017, annonce la constitution d'une Convention citoyenne sur la fin de vie, promise en 2022. Les sondages Ifop pour l'Association pour le droit à mourir dans la dignité (ADMD) montrent que de plus en plus de Français souhaitent légaliser l'euthanasie (95 % en 2017 contre 88 % en 2001).

Pendant 27 jours, 184 Françaises et Français tirés au sort ont travaillé sur le « *cadre d'accompagnement de la fin de vie* » et ont réfléchi sur « *d'éventuels changements* ». Dans leur rapport du 3 avril 2023, ils se prononcent pour un développement des soins palliatifs afin de remédier aux inégalités, ce qui fait consensus. Ils sont aussi à 75 % pour une aide active à mourir et pour l'ouverture conjointe, sous conditions, du suicide assisté et de l'euthanasie.

Le président de la République a annoncé un projet de loi, tout en appelant à définir un « *modèle français* » aux conditions strictes, dont l'exclusion des mineurs.

▸ Une pénurie de médicaments aggravée

N'affectant pas uniquement la France, la pénurie de médicaments s'est aggravée depuis 2018 : le nombre de signalements de ruptures de stock (près de 1 500 en 2022 contre 700 en 2018) et de risques de rupture (près de 2 000) a atteint des niveaux inédits en 2022 et suscite l'inquiétude. Le 6 juillet 2023, des sénateurs livraient un rapport sévère sur les échecs de la politique du médicament en France. Le rapport reproche aux pouvoirs publics de ne pas avoir suffisamment anticipé les besoins accrus depuis la pandémie de Covid-19. La responsabilité des industriels est aussi pointée du doigt. D'une part, 70 % des médicaments concernés sont anciens, donc moins rentables alors qu'ils sont d'usage quotidien (paracétamol, amoxicilline, sirops) ou vitaux (insuline, anticancéreux). D'autre part, 80 % des principes actifs pharmaceutiques sont fabriqués en Chine et en Inde, selon l'Agence européenne du médicament. Les sénateurs n'hésitent pas à parler d'un « scandale sanitaire mondial ». Les laboratoires pharmaceutiques, eux, estiment que les prix des médicaments sont trop bas pour pouvoir investir davantage dans leur production en France.

En juin 2023, le ministère de la Santé avait déjà publié une liste de 450 médicaments dits essentiels pour lesquels il est impératif de constituer des stocks ou de relocaliser la production en France. E. Macron s'est déplacé dans différents laboratoires pour soutenir cette relocalisation, notamment celle du paracétamol. Mais le politique peine à imposer ses priorités. Le crédit d'impôt recherche (CIR), dont les laboratoires sont le deuxième bénéficiaire (pour 710 millions d'euros), est attribué sans contrepartie et n'a pas empêché les délocalisations. Les sénateurs recommandent de mieux conditionner les aides afin d'encourager vraiment la relocalisation.

En attendant, la vente de paracétamol a déjà été limitée à deux boîtes par personne en l'absence d'ordonnance. La France est un grand consommateur de médicaments, elle est le quatrième consommateur mondial d'antibiotiques. Limiter la consommation peut ainsi être une réponse en attendant la relocalisation effective de la production.

La production de médicaments en France et les projets de relocalisation

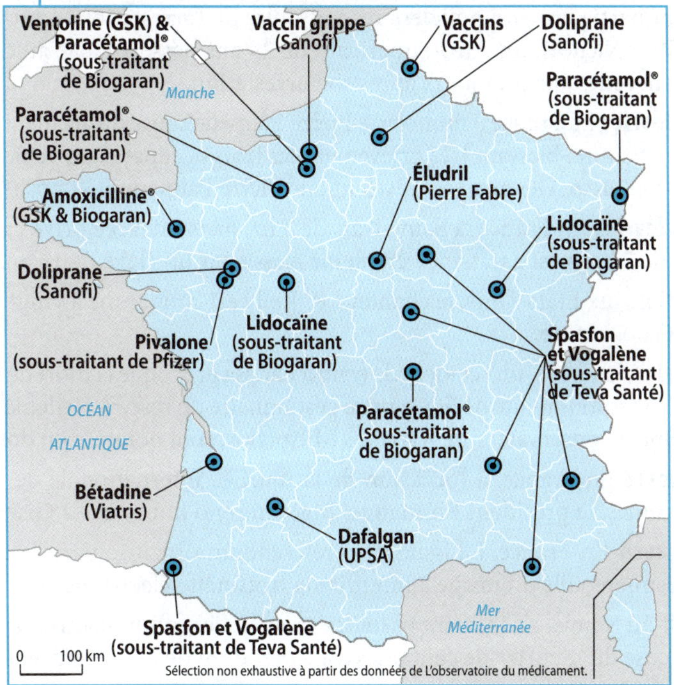

Source : Observatoire du médicament

Mise en perspective

Que ce soit sur les questions de fin de vie ou de pénurie de médicaments, plusieurs voix s'élèvent pour demander une réponse européenne. Ainsi, les sénateurs appellent à une coordination afin de faciliter les transferts de stocks d'un pays à l'autre et d'éviter une concurrence délétère. Bien que la Commission européenne ait adopté en novembre 2020 une nouvelle stratégie pharmaceutique, la tentation du chacun pour soi est encore forte. L'hiver dernier, l'Allemagne a ainsi augmenté ses prix, renforçant une logique de concurrence entre pays voisins, situation qui bénéficie aux industriels au détriment des malades.

AUTRES FAITS

Jeudi 5 janvier En France, la justice prononce un non-lieu dans le dossier du chlordécone, pesticide utilisé pendant des décennies dans les bananeraies de Guadeloupe et de Martinique alors même qu'il était interdit en métropole, car soupçonné d'être cancérigène.

Mardi 17 janvier En France, Lucile Randon, aussi appelée sœur André, décède à l'âge de 118 ans. Elle était la doyenne de la France depuis 2017, de l'Europe depuis 2019 et du monde depuis avril 2022.

Samedi 28 janvier Aux États-Unis, la police de Memphis démantèle l'unité Scorpion, dont faisaient partie les cinq policiers responsables de l'arrestation et probablement de la mort de Tyre Nichols, un Afro-Américain de 29 ans passé à tabac au début du mois de janvier et décédé quelques jours après son arrestation.

Vendredi 10 février En France, l'humoriste Pierre Palmade cause un accident de la route en percutant une voiture, blessant très grièvement les trois occupants du véhicule percuté et tuant un bébé *in utero*. Des analyses révèlent que Pierre Palmade était positif à la cocaïne.

Mercredi 22 février En France, à Saint-Jean-de-Luz, dans un lycée privé catholique, une enseignante de 52 ans est assassinée en pleine classe par un élève de 16 ans.

Jeudi 23 février Aux États-Unis, le chanteur R. Kelly est condamné à vingt ans de prison pour pédopornographie.

Mardi 28 février En Grèce, un accident de train à Larissa provoque la mort de 57 personnes. Rapidement, la responsabilité de l'entreprise gestionnaire du réseau, Hellenic Train, et celle du gouvernement conservateur de Kyriákos Mitsotákis, sont pointées du doigt.

Mercredi 8 mars En France, à l'occasion de la Journée internationale de lutte pour les droits des femmes, le président Emmanuel Macron rend hommage à Gisèle Halimi.

Dimanche 2 avril En France, à l'issue d'un référendum organisé dans la capitale, Paris devient la première ville d'Europe à interdire la trottinette électrique.

Jeudi 27 avril Au Kenya, un influent pasteur évangélique autoproclamé, Paul Mackenzie, est arrêté, accusé du meurtre de centaines d'adeptes dont de nombreux enfants, qui sous influence du pasteur se seraient laissés mourir de faim.

Vendredi 28 avril En France, le militant Jan-Paul Pouliquen, inventeur du pacte civil de solidarité, décède à l'âge de 69 ans.

Mercredi 3 mai En Serbie, un garçon de 13 ans lourdement armé abat 8 élèves et un adulte après s'être introduit dans une école de Belgrade.

Mardi 16 mai L'organisation de défense des droits humains, Amnesty International, publie son rapport annuel sur la peine de mort et révèle qu'en 2022, 883 personnes ont officiellement été exécutées dans 20 pays, soit une hausse de 53 % par rapport à 2021.

Mercredi 17 mai En France, l'ancien président Nicolas Sarkozy est condamné en appel à trois ans de prison, dont un an ferme, pour corruption et trafic d'influence dans l'affaire Bismuth.

Jeudi 25 mai Aux États-Unis, la justice condamne Stewart Rhodes à dix-huit ans de prison ferme. L'homme, fondateur de la milice d'extrême droite Oath Keepers, était jugé pour son rôle dans l'assaut du 6 janvier 2021 contre le Capitole.

MARQUANTS 2023

- **Vendredi 2 juin** En Inde, un accident ferroviaire cause la mort d'au moins 288 personnes et en blesse plus de 850.
- **Mardi 6 juin** En France, le ministre de l'Intérieur annonce la mise en place de moyens supplémentaires pour lutter contre le harcèlement scolaire, en réponse au suicide d'une collégienne, Lindsay, le 12 mai.
- **Jeudi 8 juin** En France, à Annecy, un homme armé d'un couteau attaque de jeunes enfants dans un parc, blessant grièvement 6 personnes, dont 4 enfants.
- **Samedi 10 juin** En Colombie, 4 enfants âgés de 13 ans, 9 ans, 4 ans et 1 an, sont retrouvés vivants dans la jungle où ils ont erré pendant 40 jours après le crash de l'avion qui les transportait avec leur mère et un proche de la famille.
- **Mercredi 21 juin** En France, à Paris, une explosion détruit un immeuble du cinquième arrondissement, tuant une personne et blessant des dizaines d'autres.
- **Vendredi 21 juillet** En France, le Conseil constitutionnel valide la loi du 21 avril 2021 adoptée à l'unanimité par les parlementaires, qui interdit les relations sexuelles entre un majeur et un mineur âgé de 15 ans ou moins.
- **Dimanche 27 août** En France, le ministre de l'Éducation nationale Gabriel Attal annonce l'interdiction du port de l'abaya et des qamis dans les établissements scolaires au nom du respect des principes de laïcité.
- **Jeudi 7 septembre** Au Mexique, les juges de la Cour suprême décident de décriminaliser l'accès à l'IVG.
- **Dimanche 10 septembre** En Espagne, le président de la Fédération espagnole de football, Luis Rubiales, annonce démissionner de ses fonctions après le scandale suscité par l'agression sexuelle dont il s'est rendu coupable contre la joueuse Jennifer Hermoso, le 20 août 2023.
- **Vendredi 15 septembre** En Belgique, la cour d'assises de Bruxelles condamne Mohamed Abrini à trente ans de réclusion et Salah Abdeslam à vingt ans pour le double attentat terroriste du 22 mars 2016, à l'aéroport de Zaventem et à la station de métro Maelbeek.
- **Lundi 18 septembre** En France, dans un collège d'Alfortville, un adolescent est interpellé en plein cours par la police après avoir professé, sur les réseaux sociaux, des menaces de mort et insultes contre une élève transgenre scolarisée dans un autre établissement.
- **Samedi 14 octobre** En Australie, lors d'un référendum organisé pour réformer les droits des aborigènes, la majorité des électeurs vote contre la reconnaissance des aborigènes comme premiers habitants de l'île et contre le fait d'accorder aux aborigènes une voix spécifique lors du vote de lois les concernant.
- **Mardi 7 novembre** En France, dans le cadre de l'examen du projet de loi immigration, les sénateurs votent l'instauration de quotas en matière migratoire, le durcissement des conditions du regroupement familial mais également la suppression de l'aide médicale d'État, décision particulièrement controversée.

QCM

Pour chaque question, une seule réponse est correcte.

1 Qui est Pierre Mathiot ?

❍ a. Le ministre de l'Éducation nationale nommé en 2017.
❍ b. Le ministre de l'Éducation nationale nommé en 2022.
❍ c. Le rédacteur du rapport qui a donné lieu à la réforme du bac.

2 Quelle matière a été réintroduite à la rentrée 2023 ?

❍ a. La physique-chimie.
❍ b. Les mathématiques.
❍ c. Les sciences économiques et sociales.

3 Combien d'épreuves de spécialités les élèves passent-ils en classe de terminale ?

❍ a. Une. ❍ b. Deux. ❍ c. Trois.

4 Comment se nommait la plateforme d'accès aux études supérieures qui a précédé Parcoursup ?

❍ a. APB. ❍ b. ABP. ❍ c. Abitur.

5 Quel arrêt supprimé par la Cour suprême en 2022 consacrait l'avortement aux États-Unis ?

❍ a. Roe vs Wade.
❍ b. Marbury vs Madison.
❍ c. Romer vs Evans.

6 Quelle femme politique a présenté la proposition de loi sur la dépénalisation de l'avortement ?

❍ a. Gisèle Halimi. ❍ b. Françoise Giroud. ❍ c. Simone Veil.

7 Quelle est la prochaine étape avant l'éventuelle promulgation de la proposition de loi pour la constitutionnalisation du droit à l'avortement ?

❍ a. Un référendum.
❍ b. Une approbation en seconde lecture à l'Assemblée nationale.
❍ c. Un vote au Sénat.

8 Combien de propositions de loi de révision constitutionnelle ont abouti sous la Ve République ?

❍ a. 1. ❍ b. 0. ❍ c. 6.

9 Le Pacte enseignant…

- ❍ a. a été introduit avec succès en 2022.
- ❍ b. a été abandonné à la suite des critiques syndicales.
- ❍ c. suscite de nombreux débats depuis la présentation des missions proposées.

10 Le Pacte enseignant…

- ❍ a. met fin au recrutement des enseignants par concours de la fonction publique.
- ❍ b. doit permettre une revalorisation salariale et une évolution du métier.
- ❍ c. s'accompagne d'une hausse importante du point d'indice.

11 La durée des vacances d'été en France…

- ❍ a. est la plus longue d'Europe.
- ❍ b. est loin d'être la plus longue d'Europe.
- ❍ c. est la cause principale de l'échec scolaire.

12 Le passage de Pap Ndiaye rue de Grenelle…

- ❍ a. a permis d'apaiser durablement les relations avec le corps enseignant.
- ❍ b. fut salué par l'extrême-droite.
- ❍ c. n'aura été que de très courte durée.

13 Le black bloc est…

- ❍ a. un parti transnational d'ultragauche.
- ❍ b. le nom donné aux violences commises par des jeunes casseurs anarchistes.
- ❍ c. une tactique politique, née à l'ultragauche, de résistance violente et de contestation radicale du système.

14 La bataille de Seattle est le nom donné…

- ❍ a. à une bataille de la Seconde Guerre mondiale.
- ❍ b. à une confrontation entre altermondialistes et forces de l'ordre en marge d'un sommet de l'OMC.
- ❍ c. au sommet de l'OMC en 1999.

15 Aujourd'hui en France les black blocs…

- ❍ a. ont disparu des manifestations.
- ❍ b. sont présents dans de nombreux mouvements mais restent controversés.
- ❍ c. se sont banalisés au point d'être soutenus par les syndicats.

16 Pour les black blocs…

- ❍ a. la violence n'est qu'un pis-aller avant une solution pacifiste.
- ❍ b. la violence en manifestation doit conduire à une lutte armée permanente.
- ❍ c. l'usage de la violence est légitime en réponse à la violence du système.

17 Aux États-Unis, combien de fois le taux de suicide des personnes transgenres est-il multiplié par rapport au reste de la population ?

❍ a. 5. ❍ b. 10. ❍ c. 100.

PARTIE 4

18 **Depuis quand la transidentité n'est-elle plus inscrite parmi les pathologies psychiatriques de l'Organisation mondiale de la santé ?**

❍ **a.** 2019. ❍ **b.** 2021. ❍ **c.** 2022.

19 **En 2023, combien y a-t-il eu de projets de loi « anti-trans » aux États-Unis ?**

❍ **a.** 186. ❍ **b.** 586. ❍ **c.** 1586.

20 **Comment l'expert indépendant sur l'orientation sexuelle et l'identité de genre de l'ONU s'appelle-t-il ?**

❍ **a.** Graeme Reid.
❍ **b.** Greg Abbott.
❍ **c.** Victor Madrigal-Borloz.

21 **En quelle année le *numerus clausus* est-il instauré en France ?**

❍ **a.** 1921. ❍ **b.** 1968. ❍ **c.** 1971.

22 **Face à la désertification médicale, les mesures prises depuis vingt ans sont essentiellement :**

❍ **a.** Incitatives.
❍ **b.** Coercitives.
❍ **c.** À la fois incitatives et coercitives.

23 **Parmi ces spécialités, laquelle est la plus concernée par la désertification médicale ?**

❍ **a.** La cardiologie.
❍ **b.** La médecine générale.
❍ **c.** L'anesthésie.

24 **La densité médicale désigne :**

❍ **a.** La différence entre le nombre de médecins généralistes et de médecins spécialistes.
❍ **b.** Le délai moyen d'obtention d'un rendez-vous dans un territoire donné.
❍ **c.** Le nombre de professionnels de santé par rapport à la population d'un territoire.

25 **Plusieurs observateurs dénoncent un « mal mourir » en France…**

❍ **a.** en raison des inégalités d'accès aux soins palliatifs et à l'absence d'aide à mourir.
❍ **b.** en raison d'une hausse du taux de mortalité.
❍ **c.** en raison d'un dysfonctionnement chronique des services funéraires.

26 **Le cadre législatif encadrant la fin de vie en France…**

❍ **a.** est largement suffisant.
❍ **b.** a fortement évolué ces vingt dernières années mais reste mal connu.
❍ **c.** n'a pas bougé depuis longtemps.

27 Au terme de la Convention citoyenne sur la fin de vie qui s'est tenue en 2023…

❍ a. la France a décidé d'adopter le modèle belge sur la fin de vie.
❍ b. l'euthanasie et le suicide assisté ont été définitivement rejetés.
❍ c. un projet de loi sur l'aide à mourir a été annoncé par le président.

28 La pénurie de médicaments…

❍ a. n'était que conjoncturelle et devrait vite se résorber.
❍ b. affecte uniquement la France en raison d'une mauvaise gestion.
❍ c. amène le gouvernement à relocaliser la production de certains médicaments.

Corrigé

1. c, 2. b, 3. b, 4. a, 5. a, 6. c, 7. b, 8. b, 9. c, 10. b, 11. b, 12. c, 13. c, 14. b, 15. b, 16. c, 17. b, 18. c, 19. b, 20. a, 21. c, 22. a, 23. b, 24. c, 25. a, 26. b, 27. c, 28. c

CULTURE ET SPORT

Retour des œuvres : les musées français face aux demandes de restitution

par Barbara Tissier

Le 27 avril 2023, le rapport « Patrimoine partagé » est rendu public en amont de la loi-cadre sur les restitutions. Alors que la liste des demandes s'étoffe, il vise à établir une doctrine claire et à répondre tant aux attentes des demandeurs qu'aux craintes des conservateurs quant aux conditions de transport et de conservation des œuvres rendues.

4 janvier 2002 La loi relative aux musées de France permet le déclassement de certains biens inaliénables.

28 novembre 2017 Emmanuel Macron promet des restitutions dans son discours de Ouagadougou (Burkina Faso).

23 novembre 2018 Remise du rapport Sarr-Savoy sur la restitution du patrimoine africain.

24 décembre 2020 Le Parlement autorise le retour de 27 œuvres au Bénin et au Sénégal.

27 avril 2023 Remise du rapport Martinez en amont de la loi-cadre sur les restitutions.

22 juillet 2023 Loi-cadre relative à la restitution des biens culturels « *spoliés dans le contexte des persécutions antisémites perpétrées entre 1933 et 1945* ».

Des demandes de trois types

L'inaliénabilité à la française a une histoire particulière. À la Révolution, on aliène pour revendre les biens nationalisés du clergé et des aristocrates émigrés. En même temps, on se met à sélectionner des pièces d'intérêt patrimonial pour constituer des collections nationales. S'ajoute à cela un « droit au butin » revendiqué dès les conquêtes napoléoniennes puis au fil des colonisations. La France se conçoit alors comme dépositaire universel des arts et des sciences et consacre l'inaliénabilité des biens culturels qu'elle acquiert au nom de la Nation. Il est interdit aux musées publics de vendre les œuvres de leurs collections. La loi du 4 janvier 2002 permet seulement le déclassement au cas par cas.

Il existe trois cas de demande de restitution et donc d'aliénation des biens. Tout d'abord, le cas des biens culturels spoliés entre 1933 et 1945. Il peut s'agir de biens volés, confisqués par les politiques d'« aryanisation » ou vendus de force. Certains ont déjà été identifiés et sont classés « Musées nationaux récupération » (MNR). Ils ne relèvent pas des collections publiques. D'autres continuent d'être identifiés parmi les œuvres des collections publiques. Leur provenance doit alors être prouvée et une loi votée au cas par cas afin qu'ils puissent être rendus à leurs propriétaires légitimes : les ayants droit du propriétaire spolié.

Le deuxième cas concerne les restes humains. En 2011, Françoise Vergès, politiste, militante féministe et décoloniale, rend un rapport sur les zoos humains (expositions d'êtres humains) et les restes humains « patrimonialisés » dans les collections muséales. À ce moment-là, l'Algérie réclame le retour de crânes de résistants à la conquête conservés au musée de l'Homme.

Le troisième cas concerne de nombreux artefacts provenant des pays anciennement colonisés ou issus de butins de guerre. En 2018, la Côte d'Ivoire a adressé à la France une liste de 148 œuvres dont elle souhaite la restitution, parmi lesquelles un « tambour parleur » confisqué en 1916 par l'armée française et conservé au musée du quai Branly. En 2022, le Mali demande la restitution du trésor de Ségou et des objets prélevés dans le cadre de la mission Dakar-Djibouti. Le Bénin, le Sénégal, le Tchad, l'Éthiopie, l'Algérie, Madagascar, le Kazakhstan et le Népal ont aussi soumis des demandes.

Des retours au cas par cas

Des biens spoliés identifiés ont déjà été aliénés et rendus. La loi du 21 avril 2022 a autorisé la remise de 15 œuvres des collections publiques, dont le tableau *Rosiers sous les arbres* de Gustav Klimt conservé par le musée d'Orsay et restitué aux ayants droit de sa propriétaire, spoliée en Autriche en 1938. Depuis les années 2000, des restes humains ont aussi été rapatriés pour être inhumés (têtes maories, tête d'un chef kanak, etc.). Faisant appel au respect de la dignité humaine, les propositions de lois concernant ce type de « biens » ont été votées sans heurts.

En revanche, les avis sont plus polarisés concernant le retour des objets d'art. À la suite du discours présidentiel de Ouagadougou, un premier rapport est commandé. L'économiste Felwine Sarr et l'historienne d'art Bénédicte Savoy penchent en faveur d'une restitution large fondée sur le « vice de consentement ». Ils estiment qu'*a minima*, les butins de guerre et objets prélevés par les soldats, fonctionnaires et missionnaires européens doivent être rendus sans délai ni condition.

Mais leurs conclusions ne font pas l'unanimité et aucune loi générale permettant une restitution massive n'est votée. Les restitutions restent soumises à la loi du 4 janvier 2002, une loi d'exception. Chaque déclassification demande la constitution d'une commission scientifique puis un vote parlementaire. Dans le cas du retour au Bénin du trésor d'Abomey, le gouvernement a accéléré le processus en ayant recours soit aux conventions de dépôt, soit à des actes de sortie temporaire (de longue durée) pour transférer les œuvres avant même que la loi du 24 décembre 2020 ne soit votée. Ainsi, 26 œuvres ont pu rapidement rejoindre le Bénin, et le sabre attribué à El Hadj Omar Tall le Sénégal. Cette méthode expéditive a été contestée par des élus. La sénatrice Catherine Morin-Desailly dénonce un « *cadeau diplomatique* ». Afin d'être rendus à temps pour la fête de l'Indépendance, les crânes algériens ont aussi été prêtés pour une durée indéterminée sans qu'aucune loi n'ait été votée.

Carte d'Afrique de l'origine des biens du Quai Branly

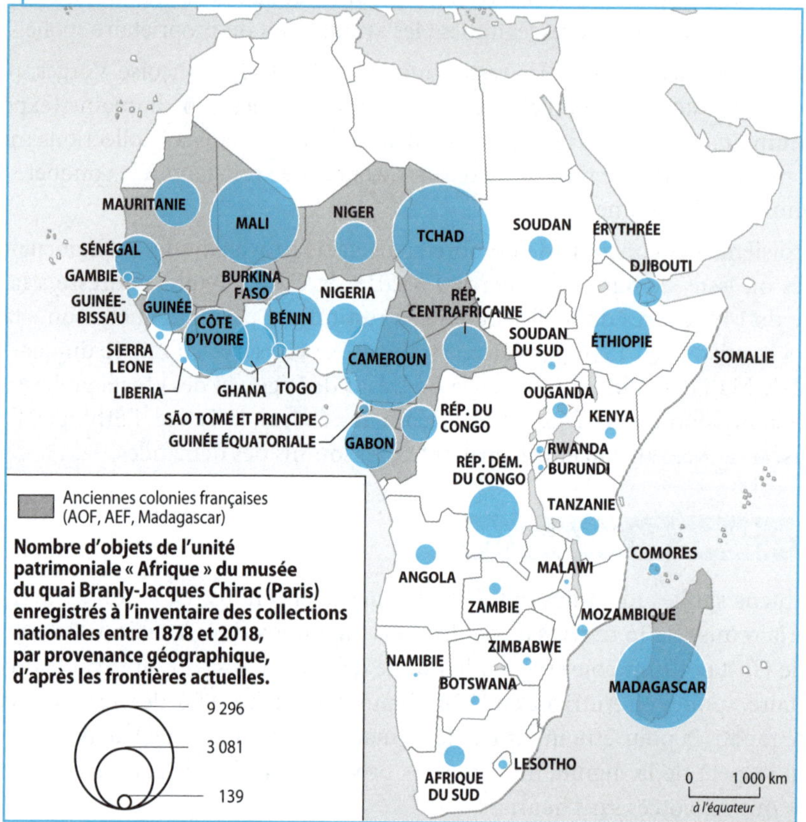

Source : Rapport Sarr-Savoy

▸ La nécessité d'une loi-cadre

Au vu de ces contournements, de nombreux élus ont fait part de la nécessité d'une loi-cadre pour fluidifier les déclassifications sans pour autant « court-circuiter » le Parlement. Une étude est ainsi commandée à Jean-Luc Martinez, ancien président du Louvre. Il remet le rapport « Patrimoine partagé » en avril 2023. Plus nuancé quant à l'urgence des retours, il en énumère les conditions et recommande la réduction du délai d'instruction de chaque demande. Parmi ces conditions, le caractère illégal ou illégitime de l'acquisition doit être prouvé, les biens culturels doivent conserver leur nature patrimoniale et être présentés au public, aucune réparation financière n'est prévue.

La loi-cadre relative à la restitution des biens culturels « *spoliés dans le contexte des persécutions antisémites perpétrées entre 1933 et 1945* » est votée à l'unanimité en juillet 2023. Elle crée dans le Code du patrimoine une dérogation au principe d'inaliénabilité des collections publiques. Chaque remise sera désormais décidée par le propriétaire public, après avis de la Commission pour l'indemnisation des victimes de spoliations, sans passage par le vote du Parlement. De la même façon, une loi-cadre permettant par décret en Conseil d'État de faire sortir des restes humains du domaine public a été adoptée par l'Assemblée nationale en première lecture le 13 novembre 2023. Mais le vote de la future loi-cadre sur les restitutions des biens culturels à leur pays d'origine, qui doit être soumise au Parlement en 2024, est sujette à plus de débats. Le mot « restitution » n'est pas neutre et peut suggérer la nécessité d'une réparation. De plus, il concerne principalement le continent africain, continent sous haute tension. Les musées propriétaires redoutent les conditions de retour et de conservation des œuvres dans les zones en conflit.

Diagramme des dates d'enregistrement à l'inventaire de la totalité des objets de l'unité patrimoniale « Afrique » du musée du quai Branly-Jacques Chirac

69 % des acquisitions ont eu lieu durant la période coloniale

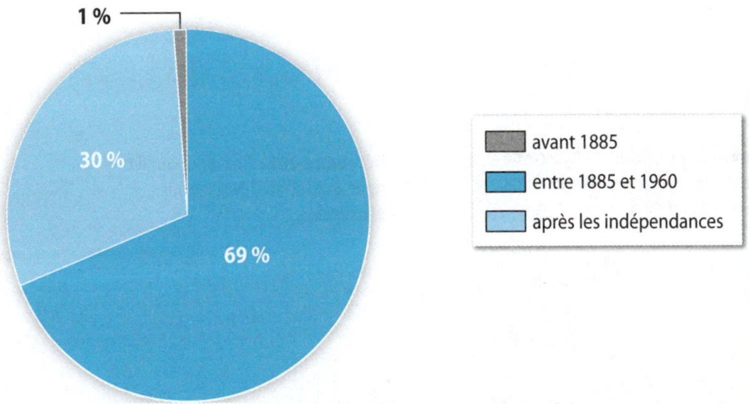

Source : Rapport Sarr-Savoy

Mise en perspective

Lors de son premier quinquennat, Emmanuel Macron avait placé la restitution comme acte fondateur de sa politique africaine. De nombreux musées africains ont été rénovés ou construits pour y accueillir des collections, au Tchad, au Cameroun, au Bénin et au Sénégal notamment. Depuis, la France est mise à mal en Afrique de l'Ouest. Les coups d'État s'enchaînent et le retrait des troupes militaires françaises est engagé dans différentes régions du Sahel. Ces outils de *soft power* suffiront-ils à apaiser les accusations en néocolonialisme et à poser les bases d'une reconstruction saine des relations bilatérales ? Alors que la Belgique, l'Allemagne, les Pays-Bas ou l'Italie sont également soumis à de nombreuses demandes, le débat pourrait aussi se déplacer au niveau européen. Un échelon peut-être pertinent pour établir une doctrine quant à la circulation des biens culturels et à leur restitution.

L'Arabie saoudite et le football : le début d'une nouvelle ère ?

par Valérie Morin

L'Arabie saoudite a dynamité le mercato estival de 2023 en alignant des sommes pharaoniques pour attirer les meilleurs joueurs. Avec l'arrivée de deux Ballons d'Or dans la Ligue 1 de football saoudienne, ce pays cherche à faire monter en gamme son championnat et à exister dans le monde des élites du football. Quelle est au juste la stratégie qu'entend mener ce pays avec cette offensive sportive ?

Octobre 2021 Le club de Newcastle United (GB) est racheté par le fonds souverain saoudien.

19 novembre 2022 L'équipe nationale d'Arabie saoudite bat l'Argentine lors de la Coupe du monde de football.

Décembre 2022 Cristiano Ronaldo signe au club d'Al-Nassr pour deux ans.

Juin 2023 Karim Benzema signe au club d'Al-Ittihad pour trois ans.

24 juillet 2023 Le club d'Al-Hilal propose sans succès 300 millions d'euros au PSG pour Kylian Mbappé.

▸ Une nouvelle stratégie pour l'Arabie saoudite

La montée en puissance depuis 2015 du jeune prince héritier Mohammed ben Salmane a bouleversé le traditionnel royaume saoudien. Cherchant à casser l'image d'un pays rétrograde et fermé, « MBS », comme on l'appelle désormais, souhaite imiter ses voisins qataris et émiratis et faire du sport un levier pour son influence planétaire. Pour cela, l'argent du pétrole est mis à contribution : arrivée du rallye Paris-Dakar dans la péninsule arabique, création de sa propre ligue de golf, organisation d'un Grand Prix de Formule 1 et depuis 2021, investissement massif dans le football. Ce développement du « *soft power* » est aussi un moyen de faire oublier la politique répressive du pays – 138 exécutions capitales en 2022 – et ses nombreuses atteintes aux droits de l'homme. Sur le modèle qatari, l'Arabie saoudite souhaite vendre son image et sa marque avec des valeurs positives.

Cette politique sportive est inscrite dans le programme porté par MBS et intitulé « Vision 2030 ». Ce vaste plan de transformation de l'Arabie saoudite cherche à sortir l'économie de la dépendance au pétrole mais aussi à redorer l'image du pays à l'extérieur par une politique culturelle et sportive. À l'intérieur, cette nouvelle politique permettrait d'occuper la jeunesse du pays – les moins de 35 ans représentent 70 % de la population – en lui offrant divertissements et loisirs. C'est aussi une façon d'éviter les révoltes comme celles des printemps arabes de 2011. L'investissement dans le sport et l'achat de vedettes internationales a encore pour but de multiplier les inscriptions dans les clubs de football, un moyen de lutter contre l'obésité de la jeunesse saoudienne (15 % des enfants en 2022), véritable fléau dans le pays.

Des stars à un milliard de dollars

Le pays souhaite continuer à surfer sur l'engouement lié à la victoire de son équipe nationale face aux Argentins lors de la Coupe du monde au Qatar. Le football est en effet un sport populaire qui remplit les stades. En juin 2023, l'Arabie saoudite a donc annoncé le lancement d'un vaste projet d'investissement et de privatisation des clubs sportifs et notamment de football. Elle entend renforcer le professionnalisme, la gouvernance et la viabilité financière des clubs sportifs et améliorer la compétitivité et l'infrastructure de ces derniers. Ainsi, quatre clubs saoudiens – Al-Ittihad, Al-Ahli, Al-Nassr et Al-Hilal – ont été transformés en sociétés, chacune appartenant au Fonds public d'investissement d'Arabie saoudite (PIF) à hauteur de 75 % (et 25 % à des fondations de chaque club).

À l'extérieur, le pays souhaite investir dans des clubs de football professionnels comme l'ont fait avant lui les Émirats arabes unis avec Manchester City (2008) et le Qatar avec le PSG (2011). En octobre 2021, il rachète le club Newcastle United, numéro 3 de la première ligue anglaise. Il s'intéresse aussi à Manchester United et Liverpool qui seraient à vendre.

Dernière offensive, la volonté de recruter des stars internationales du ballon rond. Pour cela, l'État saoudien débloque un milliard de dollars. Le premier à avoir accepté un contrat mirobolant est le Portugais Cristiano Ronaldo, quintuple Ballon d'Or. Il signe à Al-Nassr, le club de Ryad, en décembre 2022, pour deux ans et demi et une somme globale de 400 millions d'euros, dont la moitié pour promouvoir la future candidature du pays pour le Mondial 2030. Ce qui le place parmi les footballeurs les mieux payés au monde, rejoint par Karim Benzema qui a accepté, fin juillet 2023, la même somme pour rejoindre le club saoudien Al-Ittihad de Djeddah.

Le mercato de l'été 2023 a été l'occasion pour les clubs saoudiens de jeter leur dévolu sur l'élite du football européen. Si Lionel Messi et Kylian Mbappé ont dit renoncer aux sirènes saoudiennes, nombre de joueurs ont accepté les salaires pharaoniques proposés : l'Algérien Riyad Mahrez, prodige de Manchester City, arrive au club Al-Ahli pour 35 millions d'euros, Moussa Dembélé à Al-Ettifaq comme Jordan Henderson, capitaine de Liverpool. Dernière en date, l'annonce du départ de Neymar pour Al-Hilal le 14 août 2023 pour un salaire de 160 millions d'euros par an… La motivation principale des joueurs est évidemment l'argent, comme l'avoue le Portugais Ruben Neves : « *Le transfert met toute ma famille à l'abri.* » Il va toucher 25 millions d'euros par an au club saoudien Al-Hilal.

PARTIE 5

Les 10 sportifs les mieux payés en 2023

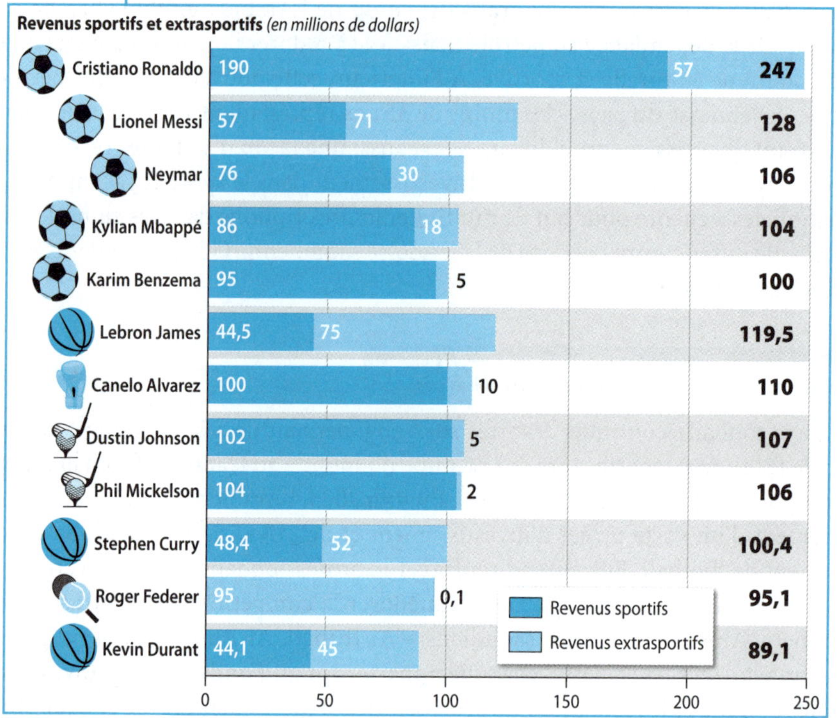

Source : *Forbes*

▸ Des changements importants dans l'économie du football

Les salaires proposés par les clubs de la Saudi Pro League font exploser les transferts dans le football. Les clubs européens ne sont pas capables de rivaliser avec les montants proposés. L'Arabie saoudite présente aussi un réel attrait religieux. Le pays est vu par les joueurs musulmans comme une sorte d'Eldorado ainsi que le déclare K. Benzema : « *C'est important d'être dans un pays musulman où je sens déjà que les gens m'aiment.* (...) *J'ai la chance d'être en Arabie saoudite, La Mecque est proche. Je suis croyant* (...). » C'est un argument supplémentaire pour débaucher des joueurs africains tels que l'Ivoirien Seko Fofana ou les Sénégalais Édouard Mendy et Kalidou Koulibaly. Et pour l'Arabie saoudite, attirer des footballeurs africains connus est un moyen d'étendre sa sphère d'influence sur l'Afrique.

Le pays est proche d'obtenir l'organisation de la Coupe du Monde de la FIFA en 2034 et a déjà obtenu celle des Jeux asiatiques d'hiver en 2029. L'Arabie saoudite est en train de s'imposer dans le nouveau monde du sport international.

Mais si l'objectif du pays est d'être dans les dix premiers championnats nationaux d'ici 2030, il faut reconnaître qu'actuellement, le championnat saoudien n'a pas un niveau très relevé et cela peut amener les meilleurs joueurs à se questionner à l'approche de la Coupe du monde de 2026. Aussi Stéphane Canard, président de l'Union des agents sportifs français, prévient-il les joueurs : « *Quitter de grands clubs européens pour le championnat saoudien n'est pas, à mes yeux, une progression sportive.* » Le risque de ne pas être retenus dans les équipes nationales pourra peut-être faire revenir les joueurs en Europe.

Dans quels clubs jouent les stars ?

Al-Nassr FC	Nationalité	Club de provenance
Cristiano Ronaldo (38 ans)	POR	Manchester United
Marcelo Brozovic (30 ans)	CRO	Inter Milan
Seko Fofana (28 ans)	C-I	RC Lens
Alex Telles (30 ans)	BRÉ	Manchester United
Sadio Mané (31 ans)	SÉN	Bayern Munich

Al-Hilal FC	Nationalité	Club de provenance
Neymar (31 ans)	BRÉ	PSG
Kalidou Koulibaly (30 ans)	SÉN	Chelsea
Sergej Malinkovic-Savic (28 ans)	SER	Lazio Rome
Ruben Neves (26 ans)	POR	Wolverhampton
Malcom (26 ans)	BRÉ	Zénith Saint-Pétersbourg

Al-Ittihad Club	Nationalité	Club de provenance
Karim Benzema (35 ans)	FRA	Real Madrid
N'Golo Kanté (32 ans)	FRA	Inter Milan
Jota (24 ans)	POR	Celtic Glasgow
Fabinho (29 ans)	BRÉ	Liverpool

Al-Ettifaq FC	Nationalité	Club de provenance
Jordan Henderson (33 ans)	ANG	Liverpool
Moussa Dembélé (27 ans)	FRA	Olympique lyonnais

Al-Ahli SC	Nationalité	Club de provenance
Édouard Mendy (31 ans)	SÉN	Chelsea
Roberto Firmino (31 ans)	BRÉ	Liverpool
Riyad Mahrez (32 ans)	ALG	Manchester City
Allan Saint-Maximin (26 ans)	FRA	Newcastle

Source : *Le Parisien*

Mise en perspective

Le football est en train de devenir l'eldorado des puissances émergentes des pays du golfe arabo-persique. À la suite du Qatar qui a su montrer son savoir faire en accueillant la Coupe du monde de football en 2022, l'Arabie Saoudite entend bien se faire un nom dans le monde sportif. Désormais seule en lice pour accueillir la Coupe du monde 2034, elle a de grande chance de se la voir attribuer. Si c'est le cas, le pays devra faire face à un autre challenge, celui-là sociétal. Accueillir une coupe du monde et ses milliers de spectateurs venus du monde entier, signifie accepter de recevoir des personnes qui sont d'autres cultures, qui consommeront de l'alcool et porteront des tenues aujourd'hui peu acceptées par les Saoudiens. C'est un véritable « choc des cultures » que va connaître le royaume saoudien qui détient les lieux sacrés de l'islam. La société saoudienne est-elle prête à cela ?

Les Jeux olympiques et paralympiques de Paris 2024 sont-ils réservés aux riches ?

par Sophie Freiman

Alors que, depuis l'ouverture de la billetterie, des critiques s'élèvent sur les prix affichés pour assister aux épreuves des Jeux olympiques de l'été 2024 à Paris, Emmanuel Macron appelait le 25 juillet, depuis la Nouvelle-Calédonie, à des « *jeux populaires* ». Ces JO 2024 seront-ils vraiment populaires ou réservés aux plus riches ?

1896 Les premiers JO modernes sont organisés à l'initiative de Pierre de Coubertin à Athènes.

1900 et 1924 La ville de Paris accueille les JO.

23 juin 2015 La France déclare officiellement sa candidature.

1er août 2017 Los Angeles annonce le retrait de sa candidature en faveur de Paris.

31 janvier 2023 Fin des inscriptions au tirage au sort pour la vente des packs de billets.

26 juillet 2024 Cérémonie d'ouverture des JO de Paris 2024, organisés jusqu'au 11 août.

Des JO réservés aux riches

La première phase de vente de billets a été lancée le 15 février 2023, destinée à des personnes tirées au sort. Plus de 3 millions de billets ont été vendus. Mais là où Paris 2024 n'a mis en vente qu'un million de billets à 24 euros sur un total de 10,5 millions, Londres en proposait 2,5 millions en 2012. À Rio, en 2016, 50 % des places étaient à 13 euros. Par ailleurs, le résultat de cette première campagne a provoqué beaucoup de déception de la part des particuliers espérant accéder aux épreuves, qui ont découvert des places à 690 euros pour les éliminatoires en athlétisme ou 260 euros pour deux heures de qualification en gymnastique artistique. En dehors de ces prix exorbitants, certains dénoncent un processus d'attribution complexe et l'impossibilité d'accéder aux disciplines souhaitées.

L'accès à la cérémonie d'ouverture sera réservé à des nantis : la deuxième campagne de vente a proposé des billets à 2 700 euros pour la catégorie A et 1 600 à 250 euros pour les catégories de B à E+ (places assises). Pour la catégorie E à 90 euros (placement libre), les places se situent sur le début du parcours, près du pont d'Austerlitz. Une troisième phase sera organisée en fin d'année avec 3,25 millions de billets mis à disposition.

L'arrivée des JO provoquera également un renchérissement des hébergements, les bailleurs et hôteliers profitant de l'effet d'aubaine lié à leur organisation. Pendant les compétitions, le prix médian d'un logement en Île-de-France atteindra 829 euros par jour pour un deux-pièces, soit 6,4 fois plus qu'à la même période en 2023. Le phénomène ne touche pas que Paris, les prix pratiqués à Villepinte seront ainsi supérieurs à ceux du XVIe arrondissement. Dans certains hôtels, le prix a été multiplié par sept – on trouve des chambres jusqu'à 4 800 euros la nuit.

Comparatif des prix des Jeux olympiques (en euros)

	Paris 2024	Tokyo 2021	Rio 2016	Londres 2012
Prix minimum	24	19	13	23
Prix maximum finales athlétisme	950	995	397	829
Prix maximum qualifications gymnastique	260	255	117	170
Prix minimum de la cérémonie d'ouverture	0	92	66	23
Prix maximum de la cérémonie d'ouverture	25 000	2 296	1 200	2 300
Prix maximum de la cérémonie de clôture	Inconnu	1 684	1 000	1 700

Source : infratest dimap.

Des JO qui restent populaires

Face aux polémiques, Tony Estanguet, président du Comité d'organisation des Jeux olympiques et paralympiques (COJOP) réplique : « *On n'est pas plus chers que Londres 2012.* » La diversité des prix admet des vertus. Les dépenses du COJOP s'élèvent à 4 milliards d'euros. Les projets d'infrastructures demandent un peu moins. Mais on peut dire que ces dernières dépenses auront une utilité en dehors des JO.

Sur les 13,4 millions de tickets mis en vente, le coût moyen par siège (quelles que soient les épreuves) s'élève à 100 euros. La valeur d'un siège varie en fonction de sa localisation dans l'enceinte sportive et selon l'attractivité du spectacle : 10 % des billets sont à 24 euros, 50 % à moins de 50 euros, 70 % à moins de 100 euros, 10 % à plus de 200 euros et 0,5 % à plus de 950 euros. Les tarifs varient donc de 25 à 950 euros, un écart de 1 à 40. Ce qui tend à montrer que des billets ne peuvent être mis en vente à bas prix que si d'autres acheteurs paient cher. Une vente au tarif unique de 100 euros éliminerait d'office les petits budgets et risquerait de laisser des rangées vides. Par ailleurs, un prix uniforme plus faible nécessiterait une aide des finances publiques, ce qui reviendrait à faire payer les contribuables.

Le dispositif de billetterie solidaire, lancé le 15 février 2022 à l'occasion de la vente de « packs sur-mesure », propose à chaque acheteur d'effectuer un don au Secours populaire, d'un montant fixe de 2 euros par commande. Ces dons permettront à des personnes en situation de précarité d'assister aux JO. Par ailleurs, 401 220 billets seront distribués gratuitement par l'État à la jeunesse (258 000 billets aux élèves du CM1 à la terminale), aux bénévoles du mouvement sportif (100 100), aux personnes en situation de handicap et leurs aidants (17 400) et aux agents publics des catégories B et C (24 920).

Enfin, l'accès à certaines épreuves sera gratuit, telles que le marathon, la marche, l'aviron et la voile. De même, 500 000 places seront gratuites pour la cérémonie d'ouverture au-dessus des quais et 80 écrans géants permettront de voir l'intégralité du spectacle.

▸ Des retombées positives ?

L'effet « vitrine » des JO, associé à l'attrait de la capitale, promet des retombées financières non négligeables : 15 millions de touristes sont attendus et pourraient rapporter jusqu'à 4 milliards d'euros. De même, on estime que 4 milliards de téléspectateurs seront devant leurs écrans : autant de consommateurs « exposés » aux annonces et marques, qui contribuent à rémunérer les sponsors et droits télévisuels. L'impact de l'événement s'inscrit plus globalement dans l'économie : on estime que 247 000 emplois seront créés.

Les JO sont bien plus qu'un événement sportif, ils deviennent un outil de rénovation et de transformation urbaine. Ils devraient permettre d'améliorer la qualité de l'air dans la capitale et ses environs : plantation d'arbres dans Paris et ventilation des métros et RER, par exemple. Pour limiter le bilan carbone, seulement deux gros chantiers vont surgir, en dehors d'une aréna couverte : le village olympique et un centre aquatique. Les bâtiments construits pour le village olympique seront ensuite transformés en 2 800 logements privatifs et participeront à l'attractivité de la ville de Saint-Denis. À Dugny, le village des médias deviendra un nouveau quartier urbain, proche de la nature – présenté comme une cité-jardin du XXIe siècle, il sera directement relié aux parcs environnants.

Mais les JO impliquent aussi des risques importants pour une transformation efficace des villes hôtes : spéculation immobilière et risque de fracture socio-spatiale. La mise en place d'un écoquartier à Pleyel au sud-ouest de Saint-Denis peut contribuer à accélérer le phénomène de gentrification. Le foncier risque d'y augmenter de 30 % à l'horizon 2024. Le quartier deviendra inaccessible pour les plus modestes, ce qui risque d'accroître la fracture sociale entre le centre-ville et la plaine Saint-Denis. On peut évoquer aussi les désagréments liés aux chantiers. Lancés en même temps dans la capitale, ils engendrent en effet des problèmes de circulation et des nuisances sonores pour les riverains.

Recettes prévisionnelles du comité d'organisation des Jeux olympiques et paralympiques 2024 (COJOP) en millions d'euros.

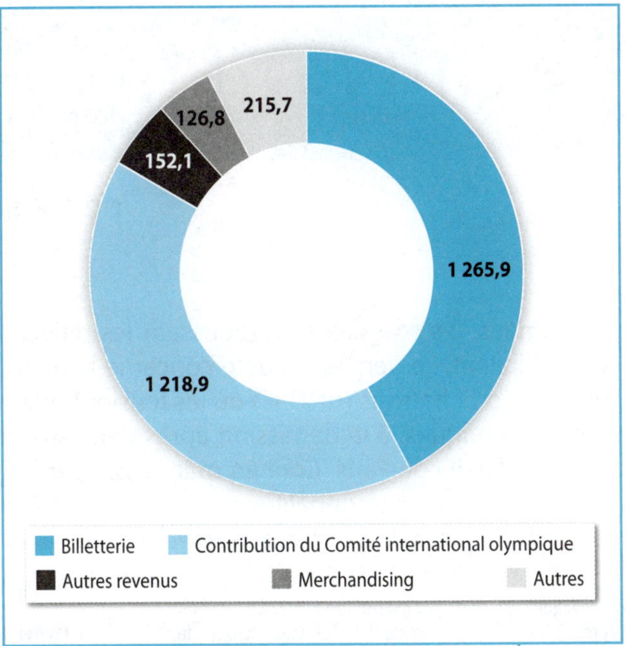

Source : données Paris 2024.

Mise en perspective

Les rencontres sportives restent-elles des événements populaires ou sont-elles devenues une « machine à fric », comme le dénoncent certains ? Les JO ne sont pas le seul événement sportif international accueilli par la France : la Coupe du monde de rugby a eu lieu du 8 septembre au 28 octobre 2023. À l'instar des JO, le prix des chambres d'hôtel et des vols a augmenté et le prix des billets s'est échelonné de 10 à 950 euros. Même le Tour de France, événement populaire par excellence, est entré dans une nouvelle ère avec de nouveaux suiveurs, plus riches, et acte la mise à l'écart de « la France populaire du camping-car ».

ZOOM SUR… Le sport français, malade de sa gouvernance

par Valérie Morin

Depuis quelques années, les scandales éclaboussant les dirigeants des fédérations sportives se multiplient. Le dernier en date concerne la direction du Comité national olympique et sportif français (CNOSF) où les tensions internes ont poussé sa présidente, Brigitte Henriques, à la démission après deux ans de mandat seulement et à une année des JO de Paris. Créé en mars 2023 par le gouvernement, un comité national composé de personnalités reconnues a été chargé de trouver comment « *renforcer l'éthique et la vie démocratique dans le sport* ».

- **8 février 2020** D. Gailhaguet démissionne de la présidence de la FFSG.
- **2 mars 2022** Vote de la loi visant à démocratiser le sport en France.
- **22 septembre 2022** Le secrétaire général, D. Séminet, est exclu du CNOSF par B. Henriques.
- **27 janvier 2023** Démission de B. Laporte de la présidence de la FFR.
- **28 février 2023** Démission de N. Le Graët de la présidence de la FFF.
- **23 mai 2023** Démission de B. Henriques de la présidence du CNOSF.

▸ La multiplication des affaires dans les fédérations sportives

Alors que le sport français célèbre ses victoires – deuxième place à la Coupe du monde de football et au Tournoi des Six Nations, certaines équipes de sports collectifs finalistes aux derniers JO –, les tensions augmentent à la tête des fédérations sportives. En 2020, le président de la Fédération française des sports de glace (FFSG), Didier Gailhaguet, avait dû démissionner sous la pression de la ministre des Sports de l'époque, Roxana Maracineanu : il était accusé d'avoir couvert les agressions sexuelles de Gilles Beyer, l'ancien entraîneur de la patineuse Sarah Abitbol. En 2023, les affaires se sont multipliées. En janvier, Bernard Laporte, président de la Fédération française de rugby (FFR), démissionne à la suite de sa condamnation à deux ans de prison avec sursis pour abus de biens sociaux, trafic d'influence et corruption passive. Le même mois, Bruno Martini, président de la Fédération française de handball (FFHandball), est condamné à un an de prison avec sursis pour « *corruption de mineur et enregistrement d'images pédopornographiques* ». Un mois plus tard, c'est le président de la Fédération française de football (FFF), Noël Le Graët, qui démissionne à son tour après un rapport d'audit accablant sur son comportement général et l'ouverture d'une enquête préliminaire pour « *harcèlement moral et sexuel* » envers Florence Hardouin, l'ex-directrice générale de la FFF.

▸ Tensions au sein du CNOSF

Élue en juin 2021 à la tête de la plus haute instance du sport français, le Comité national olympique et sportif français (CNOSF), Brigitte Henriques est la première femme à accéder à ce poste. Elle succède à Denis Masseglia, 75 ans, président depuis 2009, resté président d'honneur. Celui-ci a aussi conservé de nombreux hommes liges comme le secrétaire général, Didier Séminet. Des tensions se font rapidement jour au sein du bureau du CNOSF au sujet des frais de mission de D. Masseglia, pour le rôle protocolaire qu'il a joué aux JO de Tokyo (2020) et de Pékin (2022). Il souhaite que ces frais, estimés à plus de 30 000 euros, soient pris en charge en partie *via* une société anonyme qu'il a créée. Le refus de la présidente entraîne des tensions au sein du bureau directeur. En septembre 2022, B. Henriques renvoie D. Séminet et porte plainte contre lui pour violence psychologique et diffamation. Celui-ci dépose plainte à son tour en novembre contre la présidente pour dénonciation calomnieuse et abus de bien social. Il est suivi en mai 2023 par D. Masseglia qui dépose plainte contre X devant le parquet national financier pour abus de bien social et demande la démission de B. Henriques. Le 25 mai 2023, lassée par cette guerre interne, elle annonce renoncer à ses fonctions lors de l'Assemblée générale du CNOSF. Elle est remplacée le 29 juin par David Lappartient, jusqu'alors président de l'Union cycliste internationale (UCI).

▸ Vers un sursaut éthique et démocratique ?

Au moment où la France accueille deux grandes échéances sportives – la Coupe du monde de rugby à l'automne 2023 et les JO en 2024 – il est temps que le sport français fasse sa mue. En mai 2023, le Comité international olympique (CIO) a appelé le CNOSF à « *la responsabilité de chacun pour que les conflits internes cessent* ». De même, les pouvoirs publics comprennent qu'il est temps d'en finir avec des présidents omnipotents, élus souvent dans des conditions douteuses, et cumulant les fonctions et les mandats. « *Les fédérations sportives sont devenues des forteresses dominées par des barons qui règnent sans partage* », écrit le *Courrier international* du 27 janvier 2023. L'État n'est pas non plus exempt de critiques : trop souvent, le défaut de surveillance des pouvoirs publics, la distribution de faveurs, les « renvois d'ascenseur » bloquent tout système démocratique. Les clubs, qui élisent leur président de fédération, ont un rôle à jouer. C'est ce qu'ils ont fait aux dernières élections de la FFR en élisant Florian Grill, opposé à Patrick Buisson, le candidat de B. Laporte. La France tente de se doter de mécanismes permettant d'assainir à long terme le fonctionnement des instances du sport : la loi du 2 mars 2022 limite à trois les mandats des présidents des fédérations et oblige la parité dans les instances dirigeantes. La clé d'une meilleure gouvernance réside sans doute dans le renouvellement des cadres et la fin des baronnies sportives.

ZOOM SUR… Les athlètes russes ont-ils encore leur place dans les compétitions internationales ?

par Valérie Morin

L'invasion de l'Ukraine a conduit le CIO à interdire la participation des athlètes russes aux compétitions internationales afin qu'ils ne puissent pas servir de vitrine à la politique d'agression de Vladimir Poutine. Ces sanctions ont été allégées en mars 2023, imposant aux athlètes russes de concourir sous bannière neutre. Mais cette décision ne fait l'unanimité ni dans le monde du sport ni dans le monde politique.

Juillet 2016 Un rapport de l'Agence mondiale antidopage (AMA) dénonce le système de dopage d'État de la Russie.

Février 2018 Seuls 168 athlètes russes peuvent participer aux JO d'hiver 2018 (en Corée du Sud), sous bannière neutre.

Décembre 2019 L'AMA exclut la Russie de toutes les compétitions internationales pour quatre ans.

Décembre 2020 Le Tribunal arbitral du sport réduit la sanction à deux ans (JO 2020 et 2022).

28 février 2022 Le CIO exclut les sportifs russes de toutes les compétitions internationales suite à l'invasion de l'Ukraine par la Russie.

28 mars 2023 Le CIO recommande une réintégration des sportifs russes sous certaines conditions.

12 octobre 2023 Le CIO suspend le Comité olympique russe « *avec effet immédiat* », en raison de sa décision d'inclure quatre organisations sportives de régions ukrainiennes occupées.

▸ Les athlètes sanctionnés après l'invasion de l'Ukraine

Le 28 février 2022, à la suite de l'invasion de l'Ukraine par les troupes russes, le Comité international olympique (CIO) recommandait aux fédérations sportives internationales de « *ne pas inviter ni autoriser la participation d'athlètes et d'officiels russes et bélarusses aux compétitions internationales* » et, lorsque cela est impossible, à court terme de « *faire tout ce qui est en leur pouvoir pour qu'aucun athlète ou officiel sportif russe ou bélarusse ne soit autorisé à concourir sous le nom de la Russie ou du Bélarus* ». L'objectif est d'empêcher Vladimir Poutine d'utiliser le sport et les sportifs comme outil de *soft power* et de rayonnement. Suite à cela, la finale de la Ligue des champions de football, initialement prévue à Saint-Pétersbourg, a été déplacée à Paris et l'équipe de football de Russie a été interdite de participation au Mondial au Qatar à l'automne 2022.

▸ Des changements intervenus un an après l'invasion

Le 28 mars 2023, le CIO a de nouveau publié une série de recommandations demandant cette fois la réintégration dans les compétitions d'athlètes possédant un passeport russe ou bélarusse, au nom de la non-discrimination vis-à-vis d'une nationalité. Elles ne concernent que les sports individuels, les équipes restant exclues de toute participation. Ses arguments sont que « *le sport doit être indépendant de la politique* » et que les athlètes « *ne peuvent être victimes de discrimination sur la base de leur passeport* ».Les athlètes de ces deux pays doivent néanmoins être considérés comme « *athlètes individuels neutres (AIN)* » et, pour cela, répondre à plusieurs critères : ne pas avoir officiellement soutenu la guerre ou être en contrat avec l'armée russe ; aucun drapeau, aucun hymne de ces pays ne doivent être présents lors de manifestations sportives ; les uniformes devront être complètement blancs, ou d'une couleur unie.

Ces recommandations ne concernent toutefois pas la participation de ces athlètes aux JO de Paris en 2024 (le CIO a indiqué qu'il prendrait une décision « *au moment approprié* » à ce sujet). D'autre part, le CIO laisse le choix aux fédérations internationales de les appliquer ou non, ce qui donne lieu à des discriminations. Ainsi, les fédérations d'escrime, de judo, de taekwondo, de cyclisme ou de tennis ont accepté les AIN mais pas celles de gymnastique, de natation ou d'athlétisme. Et l'Ukraine refuse que ses athlètes rencontrent des athlètes russes même sous bannière neutre, ce qui les oblige à ne pas se rendre à certaines compétitions sportives.

La décision du CIO est contestée à la fois par la Russie et l'Ukraine mais aussi par de nombreux pays européens qui refusent toute participation des athlètes russes et bélarusses, comme la Pologne ou encore les pays baltes. La maire de Paris, Anne Hidalgo, a elle aussi affirmé qu'elle ne souhaitait pas d'athlètes russes aux JO 2024.

▸ D'autres sanctions touchent aussi les athlètes russes

Les problèmes avec la Russie dans le sport existaient bien avant la guerre en Ukraine. En décembre 2019, le comité exécutif de l'Agence mondiale antidopage avait reconnu que l'Agence russe antidopage (RUSADA) ne respectait pas le code antidopage et avait démontré « *un système de dopage d'État sécurisé* » depuis les JO de Sotchi (2014). En conséquence, les équipes russes avaient été suspendues des compétitions majeures durant quatre ans. Moscou avait alors fait appel auprès du Tribunal arbitral du sport, qui avait réduit la sanction à deux ans, pendant lesquels les athlètes russes n'avaient pas pu concourir sous le drapeau national lors des grandes compétitions internationales, y compris les JO. Aux JO de 2016 et 2018, les athlètes russes acceptés avaient déjà dû concourir sous bannière neutre. Ces derniers n'ont donc plus concouru sous leurs propres couleurs depuis les JO d'hiver de Sotchi et vont sans doute faire de même en 2024.

AUTRES FAITS

- **Samedi 7 janvier** Aux États-Unis, le romancier et poète étatsunien Russell Banks décède à l'âge de 82 ans.
- **Lundi 9 janvier** En France, le gardien et capitaine de l'équipe de France de football Hugo Lloris annonce sa retraite de l'équipe de France.
- **Lundi 16 janvier** En Italie, l'actrice et photographe Gina Lollobrigida décède à l'âge de 95 ans.
- **Samedi 11 février** En France, le dernier survivant du massacre d'Oradour-sur-Glane, du 10 juin 1944, décède à l'âge de 97 ans.
- **Mercredi 15 février** Aux États-Unis, l'actrice Raquel Welch décède à l'âge de 82 ans.
- **Jeudi 16 février** En France, le cinéaste Michel Deville décède à l'âge de 91 ans.
- **Dimanche 5 mars** En Turquie, à l'occasion de l'Euro d'athlétisme en salle 2023, la France remporte cinq médailles.
- **Dimanche 5 mars** En France, l'écrivaine Claire Etcherelli décède à l'âge de 92 ans.
- **Mardi 25 avril** Aux États-Unis, le chanteur étatsunien Harry Belafonte décède à l'âge de 96 ans.
- **Mardi 2 mai** Aux États-Unis, l'athlète étatsunienne Tori Bowie, vice-championne olympique du 100 mètres en 2016 et championne du monde du 100 mètres en 2017, décède à l'âge de 32 ans.
- **Vendredi 5 mai** En France, l'écrivain Philippe Sollers décède à l'âge de 86 ans.
- **Jeudi 18 mai** En Espagne, le tennisman espagnol Rafael Nadal se déclare forfait pour le tournoi de Roland-Garros.
- **Jeudi 25 mai** En France, le chanteur et musicien Jean-Louis Murat décède à l'âge de 71 ans.
- **Samedi 27 mai** En France, la réalisatrice Justine Triet reçoit la Palme d'or du Festival de Cannes pour son film *Anatomie d'une chute*.
- **Samedi 27 mai** En France, le PSG remporte son onzième titre de champion de France face à Strasbourg.
- **Vendredi 2 juin** En France, le cinéaste Jacques Rozier décède à l'âge de 96 ans.
- **Samedi 3 juin** En France, le PSG confirme le départ, à la fin de la saison, de son attaquant argentin Lionel Messi.

MARQUANTS 2023

- **Samedi 3 juin** Aux États-Unis, l'athlète Jim Hines, le premier à avoir officiellement couru le 100 mètres en moins de 10 secondes lors des JO de 1968, décède à l'âge de 76 ans.
- **Dimanche 4 juin** En Espagne, le Real Madrid confirme le départ de l'attaquant français, Karim Benzema.
- **Lundi 5 juin** Aux États-Unis, la chanteuse Astrud Gilberto décède à l'âge de 83 ans.
- **Samedi 10 juin** En France, la Polonaise Iga Swiatek remporte la finale de Roland-Garros, conservant son titre, face à la Tchèque Karolina Muchova.
- **Dimanche 11 juin** En France, sur le stade de Roland-Garros, le Serbe Novak Djokovic s'impose face au Norvégien Casper Ruud.
- **Dimanche 18 juin** En France, Emmanuel Macron annonce la panthéonisation de Missak Manouchian, figure de la Résistance d'origine arménienne.
- **Samedi 24 juin** En Belgique, le chanteur Claude Barzotti décède à l'âge de 69 ans.
- **Lundi 26 juin** Au Pakistan, dans la chaîne de l'Himalaya, l'alpiniste Sophie Lavaud devient officiellement la première alpiniste à avoir gravi les 14 sommets de plus de 8 000 mètres de la planète.
- **Jeudi 29 juin** Aux États-Unis, la Cour suprême, majoritairement composée de juges conservateurs, rend illégaux les programmes de discrimination positive dans les universités.
- **Samedi 1er juillet** En Espagne, à Bilbao, la 110e édition du Tour de France démarre.
- **Mardi 4 juillet** Au Canada, l'autrice et journaliste québécoise Denise Bombardier décède à l'âge de 82 ans.
- **Samedi 8 juillet** En Suède, le chanteur et musicien Elton John, âgé de 76 ans, formule ses adieux à son public à l'occasion de son dernier concert.
- **Lundi 10 juillet** En France, l'historien Jean-Jacques Becker décède à l'âge de 95 ans.
- **Samedi 15 juillet** En France, la journaliste et photographe Marie-Laure de Decker décède à l'âge de 75 ans.
- **Mardi 18 juillet** En France, l'historien et journaliste Alexandre Adler décède à l'âge de 72 ans.
- **Vendredi 21 juillet** Aux États-Unis, le chanteur Tony Bennett décède à l'âge de 96 ans.
- **Dimanche 23 juillet** En France, le Tour de France s'achève par la victoire du Danois Jonas Vingegaard.

Jeudi 3 août En France, l'écrivain et journaliste Gilles Perrault décède à l'âge de 92 ans.

Samedi 5 août En France, l'écrivaine et académicienne Hélène Carrère d'Encausse décède à l'âge de 94 ans.

Samedi 5 août En France, l'épreuve de natation en eaux libres prévue dans la Seine et qui devait faire office de « test » avant les JO 2024, est annulée à cause de la pollution.

Lundi 7 août Aux États-Unis, le réalisateur, scénariste et producteur William Friedkin décède à l'âge de 87 ans.

Mardi 15 août En France, Gérard Leclerc, journaliste de CNews et ex-présentateur de France 2, décède dans le crash de son avion.

Vendredi 18 août En France, le général Jean-Louis Georgelin, chargé de la reconstruction de la cathédrale Notre-Dame de Paris, décède à l'âge de 74 ans.

Dimanche 20 août En Australie, l'Espagne est sacrée championne du monde lors de la finale de la Coupe du monde de football féminin face à l'Angleterre.

Dimanche 20 août En France, l'économiste Daniel Cohen décède à l'âge de 70 ans.

Dimanche 3 septembre En France, le chanteur et musicien guyanais José Sébéloué, cofondateur de La Compagnie créole, décède à l'âge de 74 ans.

Vendredi 15 septembre En Colombie, le peintre et sculpteur Fernando Botero décède à l'âge de 91 ans.

Mercredi 4 octobre À Anvers, lors des championnats du monde de gymnastique, l'équipe de France remporte la médaille de bronze devant le Brésil et les États-Unis.

Dimanche 15 octobre En France, lors des quarts de finale de la Coupe du monde de rugby, les Bleus sont battus par les Sud-Africains.

Samedi 28 octobre En France, l'Afrique du Sud remporte la Coupe du monde de rugby face aux All Blacks de Nouvelle-Zélande.

Samedi 28 octobre Aux États-Unis, l'acteur de la mythique série Friends, Matthew Perry, décède à l'âge de 54 ans.

Lundi 30 octobre En France, Emmanuel Macron inaugure la Cité internationale de la langue française, située dans l'ancienne demeure de François Ier, le château de Villers-Cotterêts (Aisne).

Lundi 30 octobre En France, le Sénat adopte une proposition de loi visant à interdire l'usage de l'écriture inclusive.

QCM

Pour chaque question, une seule réponse est correcte.

1 Dans quelle ville Emmanuel Macron a-t-il promis des restitutions en 2017 ?

- ❍ a. Abidjan.
- ❍ b. Ouagadougou.
- ❍ c. Alger.

2 Quel ensemble d'artefacts a fait son retour au Bénin en 2021 ?

- ❍ a. Le trésor d'Abomey.
- ❍ b. Les trésors de Maqdala.
- ❍ c. Le roi et la reine Bangwa.

3 Qui a remis le rapport « Patrimoine partagé » en avril 2023 ?

- ❍ a. Rima Abdul Malak.
- ❍ b. Laurence des Cars.
- ❍ c. Jean-Luc Martinez.

4 Quel principe du droit français empêche le transfert de propriété d'un bien du patrimoine culturel ?

- ❍ a. La rétroactivité.
- ❍ b. L'unicité.
- ❍ c. L'inaliénabilité.

5 Contre quelle équipe l'Arabie saoudite a-t-elle gagné lors du dernier Mondial de football au Qatar ?

- ❍ a. La France.
- ❍ b. Le Maroc.
- ❍ c. L'Argentine.

6 Quel est le premier Ballon d'Or à avoir signé un contrat avec un club saoudien ?

- ❍ a. Lionel Messi.
- ❍ b. Cristiano Ronaldo.
- ❍ c. Karim Benzema.

7 Comment s'appelle le projet de modernisation de l'économie saoudienne ?

- ❍ a. Projet 2024.
- ❍ b. Projet 2034.
- ❍ c. Vision 2030.

8 **L'Arabie saoudite va organiser :**

❍ a. Les Jeux olympiques de 2028.
❍ b. Les Jeux asiatiques d'hiver 2029.
❍ c. La Coupe du monde de football 2030.

9 **Combien de touristes sont-ils attendus aux JO de 2024 ?**

❍ a. 4 milliards.
❍ b. 15 millions.
❍ c. 10 millions.

10 **À quelle date la première phase de vente en ligne de billets a-t-elle été lancée ?**

❍ a. Le 5 décembre 2022.
❍ b. Le 15 janvier 2023.
❍ c. Le 15 février 2023.

11 **Qui est Tony Estanguet ?**

❍ a. Le président du Comité d'organisation des Jeux olympiques et paralympiques.
❍ b. Le ministre des Sports.
❍ c. Le président du Grand Paris.

12 **Dans quelle ville le village olympique va-t-il se situer ?**

❍ a. Paris.
❍ b. Saint-Denis.
❍ c. Vincennes.

13 **Quel a été le premier président de fédération sportive contraint de démissionner ?**

❍ a. Bernard Laporte.
❍ b. Nöel Le Graët.
❍ c. Didier Gailhaguet.

14 **Quel est le motif de la démission de Brigitte Henriques ?**

❍ a. Abus de pouvoir.
❍ b. Tensions internes.
❍ c. Abus de bien social.

15 **Comment s'appelle le remplaçant de Brigitte Henriques ?**

❍ a. David Lappartient.
❍ b. Didier Gailhaguet.
❍ c. Didier Séminet.

16 **La loi du 2 mars 2022 instaure la démocratisation du sport français en :**

❍ a. Limitant les pouvoirs des présidents de fédération.
❍ b. Limitant le nombre de mandats des présidents de fédération.
❍ c. Contrôlant les élections dans les fédérations.

17 Quels sont les premiers JO où les athlètes russes ont dû concourir sous bannière neutre ?

❍ a. 2014.
❍ b. 2016.
❍ c. 2018.

18 Pour quelle raison l'Agence mondiale antidopage a-t-elle sanctionné les athlètes russes ?

❍ a. Parce qu'ils avaient tous pris le même produit interdit.
❍ b. Parce que l'État russe avait mis en place un système de dopage organisé.
❍ c. Parce qu'ils avaient refusé de se présenter à des contrôles anti-dopage.

19 Pour quelle raison le CIO a accepté de lever les sanctions sur les athlètes individuels russes et bélarusses ?

❍ a. Parce que les athlètes ne peuvent être discriminés sur la base de leur passeport.
❍ b. Parce que la guerre en Ukraine est terminée.
❍ c. Parce que le Tribunal arbitral du sport en a décidé ainsi.

20 Que doivent accepter les athlètes individuels neutres (AIN) ?

❍ a. De perdre leur nationalité russe ou bélarusse.
❍ b. De ne porter aucune couleur ou aucun drapeau rappelant leur pays.
❍ c. De ne plus s'entraîner dans leur pays d'origine.

Corrigé

1. b, 2. a, 3. c, 4. c, 5. c, 6. b, 7. c, 8. b, 9. b, 10. c, 11. a, 12. b, 13. c, 14. b, 15. a, 16. b, 17. b, 18. b, 19. a, 20. b

PARTIE 6

SCIENCES ET ENVIRONNEMENT

L'ère des « mégafeux » a-t-elle débuté ?

par Marius Matty

Des « mégafeux » ont dévasté des dizaines de millions d'hectares dans le monde entier en 2023. Et cette même année s'annonce comme la plus chaude jamais mesurée. Dans quelle mesure le changement climatique est-il responsable de la prolifération de feux de forêt massifs à l'échelle de la Terre ?

Janvier-septembre 2023 La température mondiale est supérieure de 1,4 °C par rapport à l'ère préindustrielle.

Juin 2023 Mois le plus chaud jamais enregistré au niveau mondial, avec une température moyenne de 16,5 °C.

4-5 juillet 2023 Jours les plus chauds de l'histoire avec 17,18 °C.

Juillet-août 2023 80 000 hectares de forêt brûlés en Grèce, un record au sein de l'Union européenne.

11 août 2023 Le Canada annonce que ses récents mégafeux ont rejeté un milliard de tonnes de CO_2.

Un phénomène global

Quasiment aucun continent n'est épargné par la survenue de feux extrêmement intenses. Entre juillet et août 2023, par exemple, la Grèce a été confrontée à l'incendie le plus important jamais survenu au sein de l'Union européenne – 80 000 hectares brûlés. Le Chili a lutté contre des feux de forêt colossaux qui ont ravagé, sur le seul mois de février, plus de 360 000 hectares. Au Canada, la surface forestière partie en fumée entre mai et septembre a atteint 17 millions d'hectares, soit la taille de l'Uruguay. Les années précédentes, l'Australie, le Brésil, la Russie, l'Indonésie, la République démocratique du Congo et la Suède ont aussi été touchés.

Le terme « mégafeux » est consacré au tournant des années 2020. En 2021, le Centre national de la recherche scientifique (CNRS) a distingué plusieurs caractéristiques de ces phénomènes. Premièrement, les mégafeux se propagent à une vitesse supérieure à 50 mètres par minute, pendant une « *durée importante* » et sur une distance supérieure à 1 kilomètre. Deuxièmement, le fait qu'ils s'autoalimentent rend leur évolution d'autant plus « *imprévisible et incontrôlable* ». Troisièmement, ces mégafeux peuvent survenir sur l'ensemble des continents (même près du cercle polaire). La philosophe Joëlle Zask a contribué à populariser ce terme avec son ouvrage intitulé *Quand la forêt brûle* (Premier Parallèle, 2019). Concernant la sphère politique en 2023, quatre sénateurs ont consacré un rapport « *à la prévention et à la lutte contre l'intensification et l'extension du risque incendie* ». Selon eux, ni la science ni l'administration n'ont établi de définition « *harmonisée* » de l'expression « *mégafeux* ». Ils expliquent en outre que celle-ci n'est pas employée par les « *principaux acteurs* » de la lutte contre les incendies forestiers, notamment parce que la réalité du phénomène peut différer d'une région à une autre en fonction de sa dimension et de la probabilité qu'a un feu d'y survenir. Ces parlementaires privilégient l'expression de « *feux extrêmes* ». Cependant, si ces notions suscitent des débats, la plupart des acteurs s'accordent sur les causes de l'augmentation du « *risque incendie* ».

▸ Une cause humaine centrale

D'après le CNRS, les mégafeux sont favorisés par des conditions météorologiques extrêmes, l'aggravation de la sécheresse, l'augmentation des températures et le facteur humain (volontaire ou non). Dans ce contexte, le changement climatique multiplie les risques de catastrophes naturelles. Mais, d'après la communauté scientifique, les effets du réchauffement sont plus forts qu'attendu. « *L'allongement de la saison des feux se fait plus rapidement que prévu* », a pointé Julien Ruffault, chercheur à l'Institut national de la recherche agronomique (INRAE), auprès du média écologiste Reporterre en 2023. Parallèlement, le CNRS a aussi estimé que « *les conditions dans lesquelles ces phénomènes favorisent les incendies sont beaucoup plus fréquentes* » par rapport à « *l'époque préindustrielle* ». Entre cette période et aujourd'hui, la quantité de mégafeux a crû de 25 %, selon un article publié en août 2023 dans la célèbre revue scientifique *Nature*. À l'avenir, la fréquence des « incendies extrêmes » pourrait augmenter de 14 % d'ici 2030 et de 50 % d'ici 2100, d'après un rapport du Programme des nations unies pour l'environnement (PNUE) paru en 2022.

Pour partie responsable des mégafeux, le réchauffement climatique est en train de prendre une tournure inédite. Entre janvier et septembre 2023 la température moyenne mondiale a été supérieure de 1,4 °C par rapport à l'ère préindustrielle, ce qui présage une année record. Toujours au niveau global, le mois de juin a été le plus chaud jamais enregistré de tous les temps avec 16,5 °C. Les 4 et 5 juillet ont été les jours les plus chauds de l'histoire, le thermomètre affichant 17,18 °C de moyenne mondiale. En France, la période estivale n'a été « que » la quatrième plus chaude de l'Hexagone. Mais localement, 245 records absolus de température ont été battus, sans qu'aucun ne fasse tomber la première place des 46 °C de Vérargues (Hérault) enregistrés le 28 juin 2019. La multiplication des mégafeux du fait de la hausse du thermomètre mondial pourrait aussi aggraver le réchauffement climatique lui-même.

Moyennes annuelles de l'augmentation estimée de la température à la surface du globe par rapport à la moyenne pour les périodes de référence 1991-2020 (axe de gauche) et 1850-1900 (axe de droite)

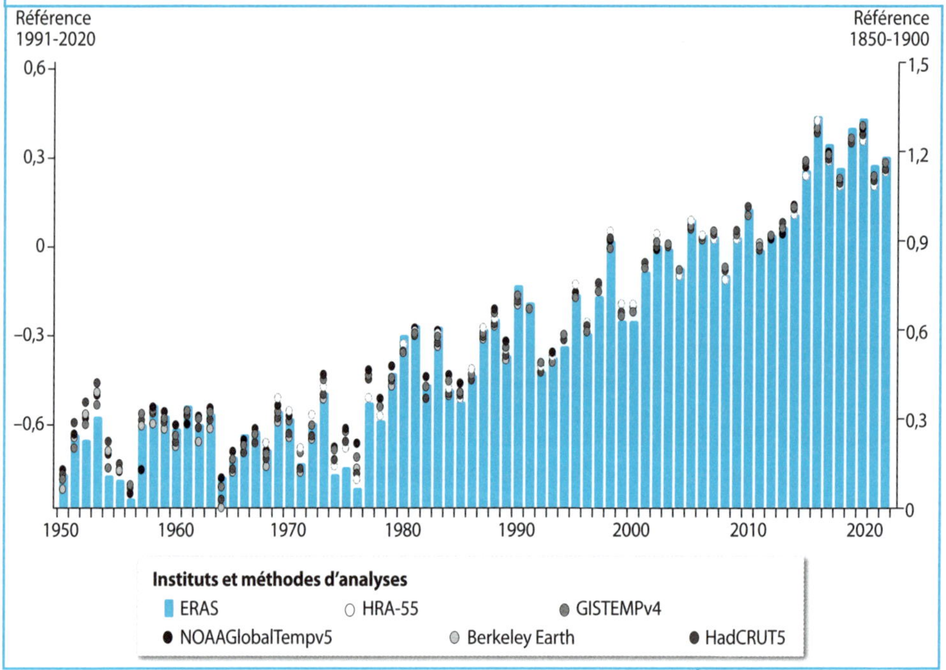

Source : Copernicus, 2022

Des spirales infernales

En matière de climat, on constate des influences réciproques, susceptibles de conduire à des « spirales infernales ». Les climatologues ont ainsi établi l'existence de « boucles de rétroaction ». Elles sont dites « positives » quand elles aggravent le changement climatique et « négatives » lorsqu'elles l'atténuent. Une étude universitaire parue en 2023 en distingue 41, dont 27 « positives ». Parmi ces dernières, se trouvent les incendies forestiers. En 2023, les mégafeux canadiens ont rejeté un milliard de tonnes de CO_2, d'après une publication des autorités du pays en août. Cela représente environ trois fois les émissions annuelles de la France. « *Le feu est responsable d'une accélération du réchauffement climatique* », a estimé Joëlle Zask dans les colonnes de *Reporterre* en 2020. Elle considère que l'humanité est entrée dans le « *Pyrocène* », l'ère du feu.

D'autres phénomènes naturels peuvent faciliter la survenue de tels événements extrêmes, sans pour autant être qualifiés de « boucles de rétroaction ». Il y a par exemple El Niño dans l'océan Pacifique, qui a généralement lieu tous les deux à sept ans. Sa principale conséquence est d'élever la température mondiale de l'eau. Cela se traduit également par l'intensification et la variation des événements météorologiques. Les conséquences d'El Niño n'ont, à ce jour, pas été observées en Europe.

Il y a également l'inversion du dipôle de l'océan Indien qui consiste en des variations de températures (à la hausse ou à la baisse) en différentes zones de l'eau. Ces deux phénomènes naturels peuvent alimenter la sécheresse et donc favoriser le départ d'incendies extrêmes. La conjonction du réchauffement climatique, de phénomènes naturels « accélérateurs », de l'activité humaine et de mégafeux forme, pour le vivant, un cocktail pour le moins inflammable.

Exemples de « boucles de rétroaction »

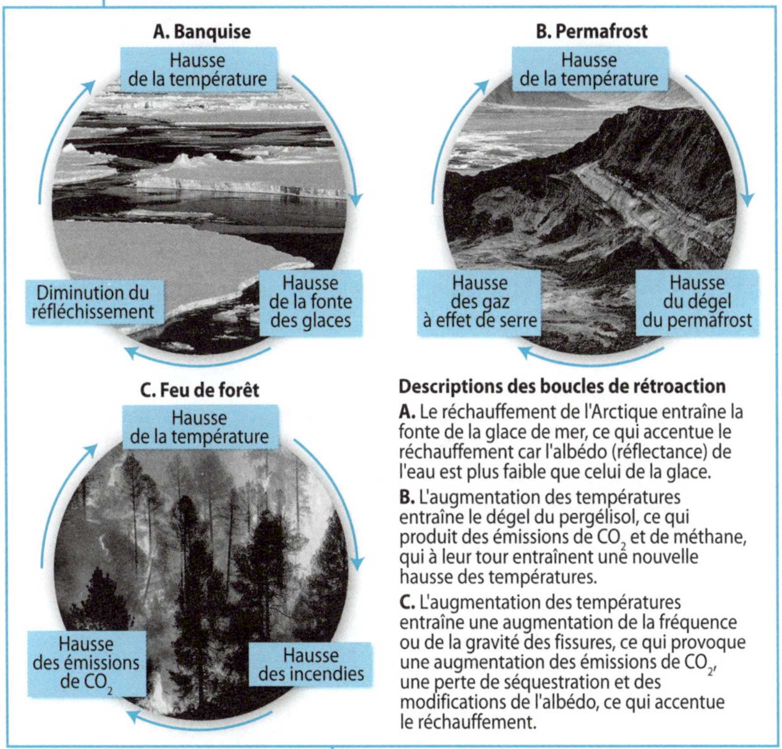

Source : Alliance mondiale des scientifiques [AWS], 2023

Mise en perspective

Une loi « *visant à renforcer la prévention et la lutte contre l'intensification et l'extension du risque incendie* » a été promulguée le 10 juillet 2023 en France. Elle était portée par les quatre sénateurs qui ont produit le rapport mentionné plus haut. Concrètement, elle prévoit d'abord la création d'une « *stratégie nationale contre les feux de forêt* ». Elle renforce aussi les obligations de débroussaillement, améliore la gestion forestière, développe l'implication des agriculteurs, répond à divers besoins des pompiers et favorise le reboisement des forêts brûlées. À l'Assemblée nationale, quasiment tous les groupes, qu'ils soient de la majorité présidentielle ou de l'opposition, ont soutenu ce texte. Seul celui de La France insoumise (gauche radicale) s'y est opposé, dénonçant sa « *faiblesse* ».

La Chine : un nouvel acteur dans la course à l'espace

par Valérie Morin

Encore considérée comme une « petite nouvelle » dans l'espace il y a dix ans, la Chine s'affirme aujourd'hui comme une puissance spatiale de premier plan. Elle est même devenue la plus ambitieuse, relançant la course à la planète Mars. En attendant, elle multiplie les missions spatiales, réalise des premières scientifiques et a terminé sa station spatiale orbitale en 2023. Où s'arrêteront les ambitions chinoises ?

- **2003** Premier taïkonaute dans l'espace.
- **Janvier 2019** La Chine pose un astromobile sur la face cachée de la Lune.
- **Novembre 2020** La Chine lance le premier satellite 6G.
- **15 mai 2021** Le rover chinois Zhurong se pose sur Mars.
- **1er novembre 2022** Achèvement de la station spatiale chinoise (Tiangong).
- **30 mai 2023** Envoi du premier civil chinois vers la station spatiale.

▸ La Chine à la poursuite de la conquête spatiale

On pensait la conquête de la Lune abandonnée en 1972 avec Apollo 17, dernière mission américaine en direction de notre satellite. C'était sans compter sur la Chine qui a relancé la course à l'espace dans les années 2000 : elle considère la conquête de la Lune comme « *une manifestation importante de puissance nationale* » (Qian Yan, responsable du programme lunaire chinois). Depuis les années 1970, elle a développé ses lanceurs (fusées Longue Marche de 2 à 7 aujourd'hui), construit trois sites de lancement loin du littoral dont le principal est Jiuquan dans le nord-est du pays. La Chine s'est dotée d'un secteur spatial solide, dans lequel travailleraient au moins 200 000 personnes avec un budget autour des 10 milliards de dollars par an – encore loin de la NASA, qui a une dotation de plus du double, mais désormais plus que l'Agence spatiale européenne. Ce programme spatial est contrôlé par l'armée et sous surveillance étroite du Parti communiste. Du point de vue géostratégique, la maîtrise des technologies spatiales est, en effet, un élément fondamental de la puissance militaire des nations, de la navigation satellitaire à la détection antibalistique, en passant par le guidage des drones et des missiles, ou encore les satellites d'observation et d'écoute. L'armée fournit aussi le corps des taïkonautes, nom des astronautes chinois.

L'administration spatiale chinoise (CNSA), créée en 1993, travaille notamment sur un programme lunaire. En 2013, son « Lapin de Jade » (Yutu-1) avait été le premier robot à atteindre la Lune depuis 1976. Avec son alunissage sur la face cachée de la Lune en 2019 (programme Chang'e 4), la Chine a réalisé une première scientifique et technique, une avancée vers les futures missions lunaires chinoises pour envisager des missions sur Mars. La face cachée de la Lune constitue aussi un point d'observation privilégié de l'univers, à l'abri des signaux radio terrestres. Les missions Chang'e 6 et 7 sont déjà programmées pour 2023-2024 afin de vérifier si l'implantation d'une station est possible sur la Lune pour en explorer les ressources.

La station spatiale chinoise

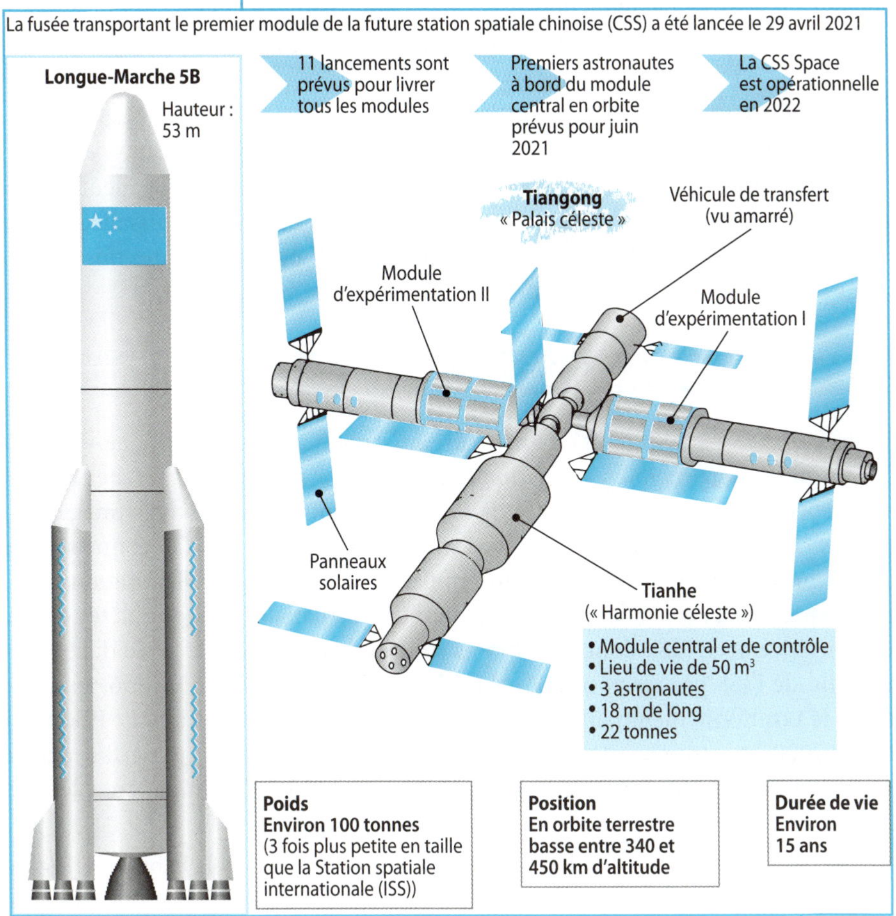

Source : AFP

▸ Des visées sur Mars et Uranus

Au cœur de la « stratégie du rêve chinois » annoncée par Xi Jinping en 2017, le programme spatial avance à une vitesse sans précédent. Une station spatiale appelée Tiangong (« Palais céleste ») a vu le jour en seulement un an et demi. Le troisième et dernier module a été arrimé le 1er novembre 2022 et deux équipes de taïkonautes se sont déjà succédées à bord. La deuxième équipe a décollé le 30 mai 2023, composée de trois taïkonautes (dont un civil – une première). Leur séjour doit durer six mois. En 2024, la Chine prévoit d'envoyer Xuntian, un télescope spatial équivalent à Hubble, et réparable depuis la station spatiale.

Parallèlement, elle envisage la conquête de la planète rouge. La mission Tianwen-1 a envoyé en juillet 2020 un petit robot, le rover Zhurong, qui s'est posé sur le sol martien avec de nombreux objectifs scientifiques. Ces nouvelles missions sont assurées par la construction d'une quatrième base de lancement en 2016, à Wenchang, sur l'île de Hainan, la proximité de la mer rendant moins dangereuses les retombées des fusées. C'est, en effet, l'un des points faibles du programme spatial chinois : les morceaux des fusées retombent sur terre de façon incontrôlée, entraînant parfois des dégâts importants.

Pékin entend pouvoir « *accéder à tout l'espace* » dans un rayon de 60 à 100 unités astronomiques (1 UA est la distance Terre-Soleil) et explorer l'espace « *au-delà des 100 UA* » vers 2049, année du centenaire de l'arrivée du Parti communiste au pouvoir. De même compte-t-elle lancer en 2035 et 2040 des missions d'exploration des géantes glacées Neptune et Uranus, d'une durée de quinze à dix-huit ans, qui exigent une puissance électrique de 10 kW, d'où la recherche de nouvelles sources de puissance. La Chine travaille actuellement sur un réacteur nucléaire de 1 MW pour ses futures missions, cent fois plus puissant que celui de la NASA.

▸ Le programme spatial chinois au défi de la géopolitique

Le programme spatial chinois est une affaire aussi politique que scientifique. « *Le techno-nationalisme chinois renforce la légitimité du régime* », affirme le chercheur Antoine Bondaz, spécialiste de l'Asie de l'Est à la Fondation pour la recherche stratégique. Les dirigeants chinois savent qu'ils doivent avancer presque seuls dans la connaissance de la navigation spatiale. Une loi américaine empêche en effet toute collaboration entre les autorités spatiales américaines et chinoises. La station spatiale Tiangong a été construite en concurrence avec l'ISS dont les Chinois sont exclus. Elle sera la seule dans l'espace après la fin de l'ISS prévue pour 2031. La Chine a aussi développé Beidou, son propre système de positionnement par satellite, concurrent du GPS américain. Et Pékin a déjà lancé, fin 2020, son premier satellite 6G, une technologie cent fois plus performante que la 5G. Le programme des « nouvelles routes de la soie » (OBOR) contient un volet numérique avec un « corridor spatial de l'information ».

La concurrence chinoise a obligé Washington à relancer les vols habités vers la Lune en développant le projet Artémis. Deux futures stations orbitales autour de la Lune sont aussi prévues, l'une américaine (Lunar Gateway) et l'autre chinoise, la Station de recherche lunaire internationale (ILRS). Chaque pays cherche des partenaires pour financer et participer à ces projets. Les Russes ont d'ores et déjà annoncé qu'ils se positionneraient du côté chinois avec lesquels ils coopèrent depuis longtemps. Mais ils sont pour l'instant le seul partenaire d'envergure. L'espace n'est pas épargné par la rivalité sino-américaine et les autres pays sont priés de choisir leur camp. « *La Chine est persuadée que la nation qui dominera le monde, c'est celle qui saura gérer des bases extraterrestres. Ils reprennent le credo des Soviétiques et des Américains il y a quarante ans* » affirme Philippe Coué, spécialiste du secteur spatial.

Le plan de la Chine pour l'exploration spatiale

2045	Devenir une puissance spatiale de premier plan
2040	Construire une navette spatiale à propulsion nucléaire
2035	Développer des fusées porteuses
2030	Faire atterrir des astronautes sur la Lune
2030	Envoyer une sonde non habitée vers Jupiter
2030	Lancement de la mission de retour d'échantillons de Mars
2025	Collecter des échantillons d'astéroïdes
2022	Terminer la construction de la station spatiale Tiangong

Source : Bureau d'information du Conseil d'État de la Chine, Xinhua News Nasa

Mise en perspective

Les États-Unis ont confié une partie de leur recherche spatiale à des entreprises privées : c'est le New Space. Les milliardaires Elon Musk (SpaceX), Jeff Bezos (Blue Origin) ou Richard Branson (Virgin Galactic) ont tous développé leur lanceur. La NASA a confié l'envoi des astronautes vers l'ISS à la fusée d'Elon Musk. Le pouvoir chinois a, lui aussi, choisi de faire confiance au secteur privé depuis 2014. Aujourd'hui, plus de 100 entreprises privées chinoises sont sur le marché, y compris pour la construction de fusées. Ainsi, la start-up chinoise LandSpace a mis au point la première fusée propulsée au méthane liquide, lancée en juillet 2023. Cette technologie doit être développée pour les fusées réutilisables concurrentes de celles de SpaceX.

ZOOM SUR… Le 6e rapport du GIEC, une « alerte rouge » pour l'humanité

par Marius Matty

Le cycle de parutions du 6e rapport du GIEC s'est clôturé en 2023 avec la publication d'une synthèse. Achevé, il compile l'ensemble des données climatiques établies entre 2015 et 2021. De quoi constituer une base scientifique solide pour la COP 28 qui se tient aux Émirats arabes unis fin 2023. En quoi l'avenir de la lutte contre le changement climatique est-il plus crédible grâce au dernier rapport du GIEC ?

▸ 2023 : le dernier rapport du GIEC au complet

Le 20 mars 2023, la synthèse du 6e « rapport d'évaluation » du GIEC est publiée. Ce document se compose de trois volets parus entre 2021 et 2022. Ils s'intitulent respectivement « Les bases physiques » (août 2021), « Impacts, adaptation et vulnérabilité » (février 2022) et « Atténuation du changement climatique » (avril 2022). La célèbre paléoclimatologue française Valérie Masson-Delmotte a coprésidé le groupe de travail n° 1 entre 2015 et 2023. Le 28 juillet 2023, James Skea, un scientifique britannique, a remplacé le Sud-Coréen Hoesung Lee à la tête du GIEC, en poste depuis 2015. L'ensemble de ces publications forme une synthèse des connaissances scientifiques sur le dérèglement climatique, ses causes, ses effets ainsi que sur les mesures d'atténuation et d'adaptation proposées entre 2015 et 2021. Depuis sa création, le GIEC ne produit pas de connaissances, mais les compile seulement.

▸ Un contenu alarmant

« *Les sonnettes d'alarme sont assourdissantes et les preuves sont irréfutables* », avait affirmé Antonio Guterres, secrétaire général de l'ONU, dans la foulée de la publication du premier volet en 2021, évoquant même une « *alerte rouge pour l'humanité* ». Le dernier volet dresse le même constat que les rapports précédents mais avec plus de précision et de gravité. Le changement climatique est généralisé, progresse vite et s'intensifie. L'influence des activités humaines est décrite comme « *sans équivoque* ». Vagues de chaleur, fortes précipitations, sécheresses, cyclones tropicaux et climats propices aux incendies vont se multiplier, tandis que s'accélèrent la fonte des glaciers et l'élévation du niveau des mers.

Le premier volet souligne en particulier que sans une action mondiale, puissante et rapide, la limitation du réchauffement à 1,5 °C par rapport à la période préindustrielle sera bientôt inatteignable. Déjà, l'Organisation météorologique mondiale (OMM) a relevé le 6 septembre 2023 que juin, juillet et août ont été les trois mois les plus chauds jamais enregistrés.

Mais des solutions d'adaptation et d'atténuation du changement climatique sont précisées dans les deuxième et troisième volets de ce rapport, comme dans les précédents. Parmi les solutions d'adaptation, il y a notamment la « *fiabilité énergétique (diversification, accès, stabilité)* » et l'« *agroforesterie* ». En ce qui concerne l'atténuation, figurent la croissance du solaire et de l'éolien ou encore le développement des écosystèmes naturels. « *Pour accélérer l'action climatique, il est possible de mettre en place des réformes fiscales, financières, institutionnelles et réglementaires intégrant les mesures climatiques aux politiques macroéconomiques* », a expliqué en 2023 l'association écologiste The Shifters, qui soutient l'action de l'ingénieur pro-nucléaire Jean-Marc Jancovici. Surtout, il convient de mettre fin aux actions qui mettent en péril l'habitabilité de la Terre, à l'instar du projet Willow en Alaska, approuvé par l'administration de Joe Biden en mars 2023. Cette gigantesque exploitation pétrolière produira autant d'émissions de GES que 64 centrales à charbon.

▸ L'enjeu de la COP 28

Dans ce contexte, la COP 28 organisée aux Émirats arabes unis du 29 novembre au 12 décembre 2023 est une étape fondamentale de la lutte contre le changement du climat. Son président, Sultan al-Jaber, est… ministre de l'Industrie émirati et PDG de la principale compagnie pétrolière publique du pays. Cette « convention des parties » sur le climat est d'autant plus importante que les dirigeants du monde entier y produisent un bilan de l'Accord de Paris établi à la COP 21 en 2015. Cette année-là, la plupart des nations s'étaient engagées à agir pour que le réchauffement climatique par rapport à l'ère préindustrielle n'excède pas 2 °C à l'horizon 2100 et à fournir des efforts pour le limiter à 1,5 °C. Mais en septembre 2023, la Convention-cadre des Nations unies sur les changements climatiques a estimé que la trajectoire actuelle des émissions mondiales ne permettrait pas d'atteindre la cible maximale de 1,5 °C. Plus tôt dans l'année, en janvier, une étude américaine a même observé que cette limite pourrait être franchie entre 2033 et 2035.

ZOOM SUR… Catastrophes naturelles : le défi de l'explosion des coûts

par Marius Matty

En 2023, le coût économique des catastrophes naturelles a atteint un record, après avoir augmenté d'année en année. Au niveau mondial, ce bilan pourrait s'aggraver en raison, notamment, de l'urbanisation croissante, de l'inflation et du changement climatique. Comment expliquer et faire face à la forte hausse du coût des sinistres environnementaux ?

23-30 septembre 2022 L'ouragan Ian frappe les îles Caïman, la Jamaïque, Cuba et le sud-est des États-Unis.

Janvier 2023 France Assureurs annonce 10 milliards d'euros de dégâts liés aux catastrophes naturelles en France.

Mars 2023 Swiss Re publie un rapport mentionnant un record mondial du coût des catastrophes naturelles à hauteur de 255 milliards d'euros.

Mai 2023 Lancement par le gouvernement français d'une mission sur l'assurabilité des risques climatiques.

Décembre 2023 au plus tard Publication des recommandations de cette mission.

▸ Nouvelle année record

Un record : 255 milliards d'euros. Selon un rapport du réassureur Swiss Re, publié en mars 2023, les dommages économiques des catastrophes naturelles n'ont jamais été aussi élevés qu'en 2022 au niveau mondial. Sur cette somme, 115 milliards d'euros sont assurés, soit près de 45 %. À long terme, la multinationale note que le coût des dégâts augmente environ de 5 à 7 % par an. Et cette année, un autre record a été battu. L'ouragan Ian, qui a frappé notamment la Floride, est devenu la catastrophe la plus coûteuse (environ 107 milliards d'euros), dépassant ainsi le précédent de l'ouragan Katrina survenu en 2005.

Mais le montant de la facture n'est pas nécessairement l'indicateur le plus adapté, puisque la somme des biens des pays pauvres qui connaissent des sécheresses catastrophiques ou des pluies diluviennes ne représente pas la même valeur économique que celle des pays les plus riches.

Quant à la France, les dégâts ont été estimés à 10 milliards d'euros en 2022, selon Florence Lustman qui préside France Assureurs, la fédération professionnelle des assurances. Tandis qu'entre 2017 et 2021, le coût par an était en moyenne de 3,5 milliards d'euros, soit une hausse de près de 186 %. Un niveau inédit depuis décembre 1999, où les tempêtes Lothar et Martin avaient secoué la France. La présidente de France Assureurs a aussi souligné que les événements climatiques deviennent plus intenses et plus fréquents, citant la grêle, les tempêtes, les inondations et la sécheresse. Enfin, pour les trente années à venir, la facture totale devrait dépasser les 140 milliards d'euros, c'est-à-dire le double de la somme cumulée ces trente dernières années.

▸ Les causes de la hausse des coûts

Pourquoi cette « explosion » a-t-elle lieu aujourd'hui ? Swiss Re observe que si le dérèglement climatique joue probablement un rôle, ce n'est pas le facteur prépondérant. En fait, la hausse de l'exposition des biens aux catastrophes naturelles est principalement causée par le développement économique, l'urbanisation croissante et l'augmentation de la démographie. Ces effets sont d'autant plus significatifs que les biens sont situés dans des zones soumises aux risques naturels. La compagnie suisse pointe aussi la fin de la décennie de taux d'intérêts nuls ou négatifs qui permettaient jusqu'alors de s'endetter à moindre coût, voire d'emprunter en gagnant de l'argent. Swiss Re relève également l'impact de la pandémie et de l'invasion de l'Ukraine par la Russie, sources d'inflation notamment dans l'économie de la construction. Enfin, la multinationale explique que le montant des sinistres pourrait croître à l'avenir, du fait de l'intensification des risques naturels causée par le réchauffement du climat.

▸ Assurer le risque écologique : un casse-tête ?

Face à la future hausse du coût des sinistres, se pose la question de la pérennité de l'assurance des risques climatiques. Tant et si bien qu'une mission gouvernementale, lancée en mai 2023, a été chargée de faire des propositions visant à assurer « *la soutenabilité du régime d'indemnisation des catastrophes naturelles* » et à consolider l'action du secteur assurantiel dans le cadre de « *la prévention, l'atténuation et l'adaptation face au dérèglement climatique* ». Ses recommandations sont attendues au plus tard pour décembre 2023.

L'explosion de ces coûts s'accompagne aussi de l'augmentation des primes d'assurance, c'est-à-dire le prix payé chaque mois pour être assuré. Selon une étude de l'Autorité de contrôle prudentiel et de résolution de la Banque de France publiée en 2021, les primes d'assurance risquent d'augmenter entre 130 % et 200 % sur trente ans en raison du surplus de sinistres prévisibles, ce qui correspond à une hausse annuelle comprise entre 2,8 % et 3,7 %. C'est bien plus que les prévisions de croissance future du PIB.

La question des méga-bassines en France : vers une guerre civile de l'eau ?

par Valérie Morin

Les affrontements violents entre manifestants anti-bassines et forces de l'ordre ont mis en lumière la problématique de l'irrigation. Face à la multiplication des sécheresses, les agriculteurs cherchent à stocker de l'eau pour leurs cultures. Cette utilisation de l'eau souterraine est vue comme un accaparement de l'eau par quelques-uns au détriment de la collectivité. Face à la raréfaction de la ressource, la guerre de l'eau est-elle déclarée en France ?

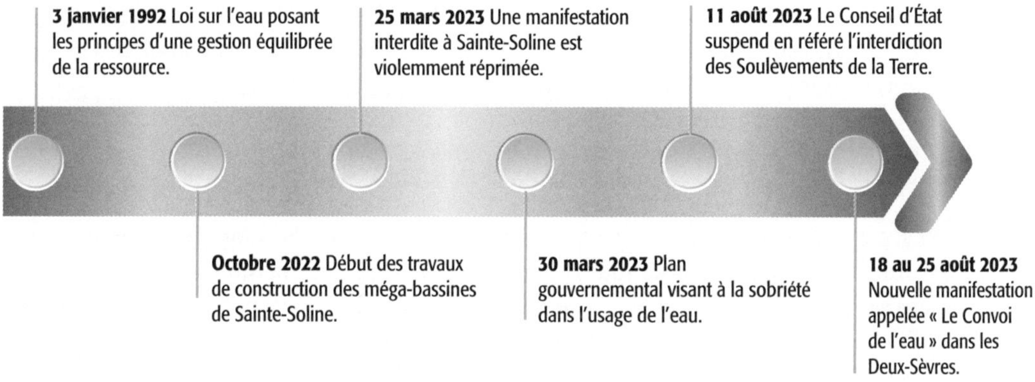

▸ Qu'est-ce qu'une méga-bassine ?

Appelées aussi « réserves de substitution », les méga-bassines sont des ouvrages artificiels destinés à stocker l'eau prélevée l'hiver pour irriguer les cultures durant l'été. L'eau de ces bassines est puisée dans les nappes phréatiques entre novembre et mars pour remplacer les prélèvements de l'été : c'est le principe de substitution. Plastifiés et imperméables, entourés de digues de plusieurs mètres de haut, ces ouvrages s'étendent en moyenne sur une superficie de 8 hectares et peuvent couvrir jusqu'à 18 hectares.

Afin de sécuriser leur accès à l'eau d'irrigation et leurs rendements, les agriculteurs regroupés au sein de la Fédération nationale des syndicats d'exploitants agricoles

(FNSEA) et la Coopérative de l'eau des Deux-Sèvres, créée en août 2011, ont imaginé ces bassines. On compte aujourd'hui une centaine de projets en France, majoritairement en Poitou-Charentes. Dans le département des Deux-Sèvres, 16 méga-bassines sont prévues, pouvant contenir en tout 6 millions de m^3 d'eau, ce qui correspond à 1 500 piscines olympiques. Pour l'instant, la seule réserve qui fonctionne est celle de Mauzé-sur-le-Mignon.

Les opposants aux bassines soutiennent que l'accumulation de l'eau en surface augmente le risque d'évaporation et empêche les nappes phréatiques d'alimenter les cours d'eau en été. De plus, ces bassines ne bénéficient qu'à très peu d'exploitants (12 pour le cas de Sainte-Soline) et sont donc un facteur d'inégalité entre agriculteurs. Cette eau est surtout utilisée pour irriguer des cultures destinées à l'alimentation animale et à l'exportation. Les opposants prônent une agriculture plus sobre en eau et une diversification des cultures. À l'inverse, la FNSEA défend une agriculture à haute valeur ajoutée porteuse d'emplois, mise en péril par les sécheresses estivales. En France, l'irrigation concerne 5 % des surfaces agricoles utiles (soit 15 millions d'hectares) et 60 % des surfaces irriguées le sont principalement pour le maïs.

▸ La question de l'eau en France métropolitaine

La France hexagonale dispose d'importantes réserves d'eau, tant sous forme solide en altitude que liquide dans les lacs, fleuves et nappes souterraines. Or c'est l'eau souterraine, accumulée dans les nappes phréatiques, qui alimente près des deux tiers de la consommation d'eau potable et plus du tiers de celle du monde agricole. Elle est aussi exploitée dans le secteur industriel.

Les nappes phréatiques se reconstituent à partir des précipitations, essentiellement à l'automne et en hiver, périodes où la pluviométrie est abondante et où la végétation est au repos. À l'inverse, l'été, environ 30 % des départements français voient plus de 20 % de leurs cours d'eau totalement asséchés. Le niveau des nappes phréatiques est contrôlé par le Bureau des recherches géologiques et minières (BRGM) dans 1 700 lieux sur le territoire.

En janvier 1992, la loi sur l'eau pose pour principe général la gestion plus équilibrée des ressources en eau. L'eau y est reconnue symboliquement « *patrimoine commun de la Nation* ». Cette loi classe l'accès à l'eau selon les priorités suivantes : d'abord l'accès à l'eau potable pour tous ; puis la préservation des milieux naturels ; et enfin l'utilisation économique de l'eau (agriculture, industrie).

Le 13 mars 2023, le BRGM a qualifié d'« *inédite* » la situation des nappes phréatiques de l'ensemble de la France. À la sortie de l'hiver 2022-2023, leur niveau reste sous les normales avec 80 % des niveaux modérément bas à très bas en raison de la faiblesse des pluies infiltrées durant l'automne 2022 qui n'ont pas pu compenser les déficits accumulés. Dans ce contexte, un « Plan eau » a été présenté par le président de la République le 30 mars 2023. Il prévoit d'atteindre 10 % d'économie d'eau d'ici 2030 sur la base d'une sobriété imposée à tous les secteurs économiques (industrie, agriculture et loisirs). Des financements seront notamment consacrés au soutien de pratiques agricoles économes en eau.

La carte des restrictions d'eau au 16 juillet 2023

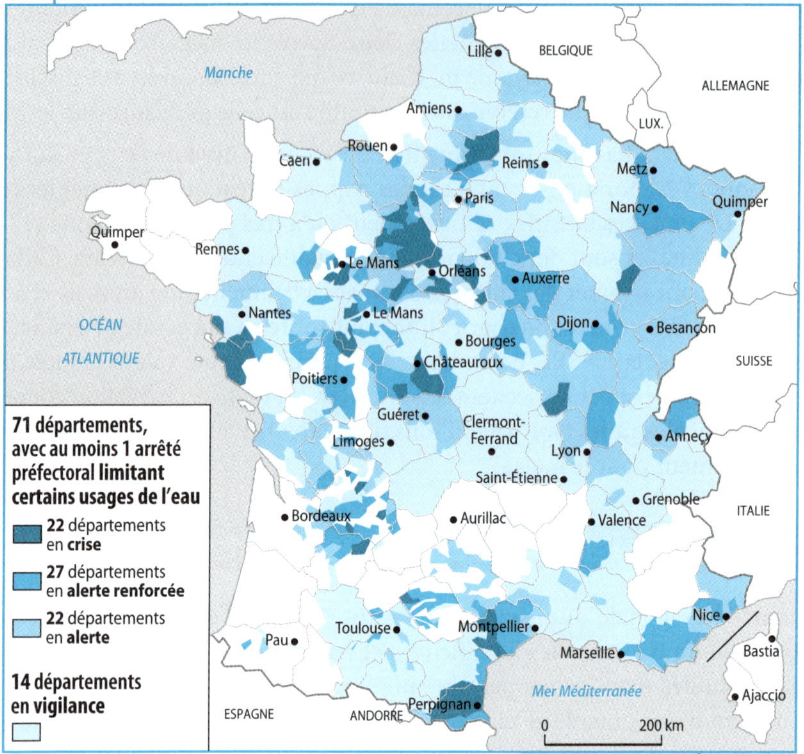

Source : Propluvia

▸ La manifestation de Sainte-Soline et ses conséquences

La méga-bassine de Sainte-Soline a commencé à être creusée en octobre 2022. Elle représente 16 hectares d'emprise au sol, des digues de 8 mètres de hauteur et aura une capacité de 720 000 m^3 d'eau pompée dans 6 points de captage pour irriguer 12 exploitations connectées. Contre sa construction, se mobilisent le collectif nommé Bassines Non Merci et la Confédération paysanne. Ils sont soutenus par Les Soulèvements de la Terre, collectif créé dans la ZAD de Notre-Dame-des-Landes en 2021, et par des élus écologistes.

La méga-bassine de Sainte-Soline est devenue le combat symbolique contre « *l'accaparement de l'eau* » pour les militants écologistes venus de tous les horizons. Ce sont eux qui affrontent les forces de l'ordre le samedi 25 mars 2023 à Saint-Soline. La manifestation, qui a été interdite par la préfecture des Deux-Sèvres, a regroupé 20 000 à 30 000 personnes selon les organisateurs, 6 000 selon la police, face à 3 200 gendarmes équipés de 9 hélicoptères, 4 véhicules blindés et 4 canons à eau. Les affrontements ont été particulièrement violents, les manifestants les plus déterminés lançant des pierres, des cocktails Molotov et tirant des mortiers d'artifice. Plusieurs véhicules de gendarmerie ont été incendiés. Côté forces de l'ordre, 5 015 grenades lacrymogènes ont été employées, 89 grenades de désencerclement et 40 grenades assourdissantes. Les affrontements ont fait quelque 200 blessés chez les manifestants, dont 2 en urgence absolue, et 47 chez les gendarmes.

Suite à cette manifestation, la France se scinde en deux, entre les partisans des manifestants (Ligue des droits de l'homme, élus écologistes et de gauche) qui dénoncent un dispositif de maintien de l'ordre disproportionné et les partisans du gouvernement (élus de la majorité, FNSEA) qui réclament plus de répression contre ceux que le ministre de l'Intérieur appelle les « éco-terroristes ». C'est d'ailleurs sous cette désignation que Gérald Darmanin fait interdire Les Soulèvements de la Terre, interdiction suspendue par le Conseil d'État le 11 août 2023.

Les 16 bassines autour de la Sèvre Niortaise

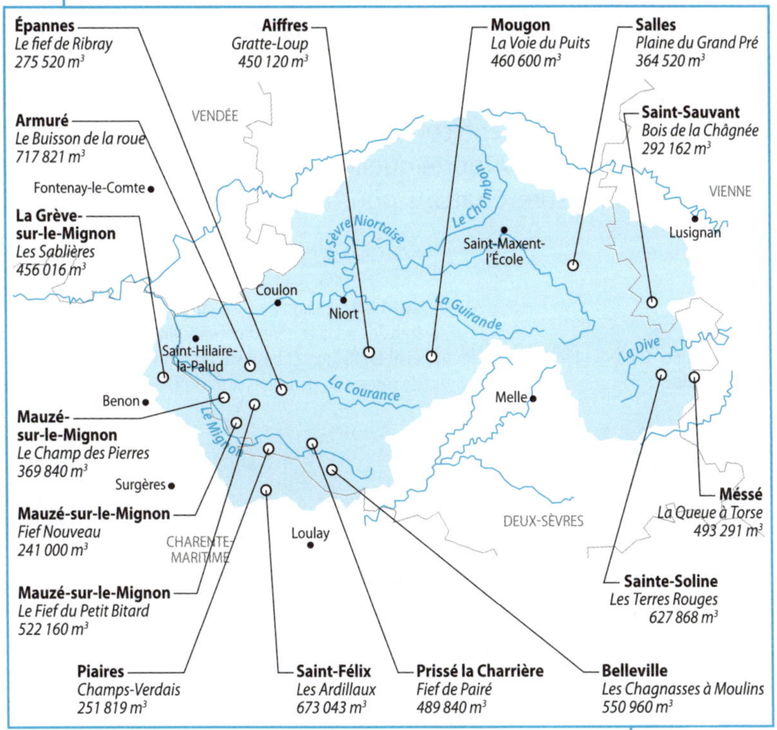

Source : Coop de l'eau 79

Mise en perspective

Devenue problématique dans de nombreux pays, la question de l'eau se pose notamment en Australie depuis plusieurs décennies. Les Australiens ont fait le choix de donner une valeur à l'eau, organisée en marché depuis les années 1980. Ces marchés ont été soutenus par les écologistes car ils permettent d'apprécier la valeur de l'eau et de préserver cette dernière. Mais les marchés ont échappé à leurs créateurs. En permettant de séparer les droits sur l'eau des droits de propriété (1990), l'eau peut s'acheter sans qu'il y ait un usage réel et des entreprises financières ont ainsi commencé à spéculer sur sa valeur. Si bien que le gouvernement a été amené à prendre, en 2022, des mesures de régulation de ce marché. Un exemple à suivre en France en évitant ses dévoiements ?

ChatGPT : une nouvelle révolution numérique ?

par Églantine Yelles

En 2023, les faits de tricherie d'étudiants utilisant ChatGPT pour leurs examens se sont multipliés. Le retentissement médiatique de ces affaires a intensifié les débats sur l'impact de l'intelligence artificielle (IA) dans la société. ChatGPT est un chatbot, c'est-à-dire un agent conversationnel multi-langage qui utilise l'IA générative pour répondre à n'importe quelle question ou programmer des lignes de code. Dans quelle mesure ChatGPT pourrait-il bouleverser la société ?

1966 ELIZA, premier chatbot utilisé en psychothérapie.

11 décembre 2015 Fondation à San Francisco d'OpenAI, association à but non lucratif jusqu'en 2019, présidée par Elon Musk (qui la quitte en 2018) et Sam Altman.

2018 Introduction de GPT, langage transformeur génératif pré-entraîné, écrit en Python et basé sur un modèle de réseau de neurones artificiels.

30 novembre 2022 Lancement grand public de ChatGPT basé sur GPT-3.

14 mars 2023 Version 4 de GPT censée être plus fiable, créative et nuancée que la version 3.

▸ Une révolution anthropologique ?

La conception première d'OpenAI, l'entreprise qui développe ChatGPT, est de créer une IA qui profite à toute l'humanité en améliorant les conditions de vie. La révolution de cette IA est son interface utilisateur simple et gratuite qui permet une massification de l'utilisation de cette technologie. En quelques secondes, le logiciel fournit une réponse à n'importe quelle question. Certains analystes parlent de révolution anthropologique, avec la nouvelle civilisation de l'*Homo numericus* comme feu l'économiste Daniel Cohen l'a théorisée dans son dernier ouvrage. Cette idée n'est pas unanimement partagée. Yann Le Cun, inventeur de l'apprentissage profond et directeur du laboratoire de recherche en IA chez Meta, ne considère pas ChatGPT comme une révolution car les techniques utilisées sont connues depuis longtemps et s'inscrivent dans une continuité scientifique. La réelle différence est dans la perception du grand public de ces technologies et la massification de leur utilisation.

ChatGPT est censé être une avancée sociale, mais amène aussi l'amplification de certains dangers. Il peut être utilisé à des fins malveillantes par des cybercriminels pour concevoir des logiciels nuisibles ou diffuser massivement des courriers électroniques d'hameçonnage. En l'absence de cadre juridique, un flou demeure autour de la collecte et de la confidentialité des données personnelles des internautes. Enfin, bien que ChatGPT soit un algorithme, il peut développer des biais racistes, sexistes ou antisémites dans ses réponses.

ChatGPT : un succès fulgurant

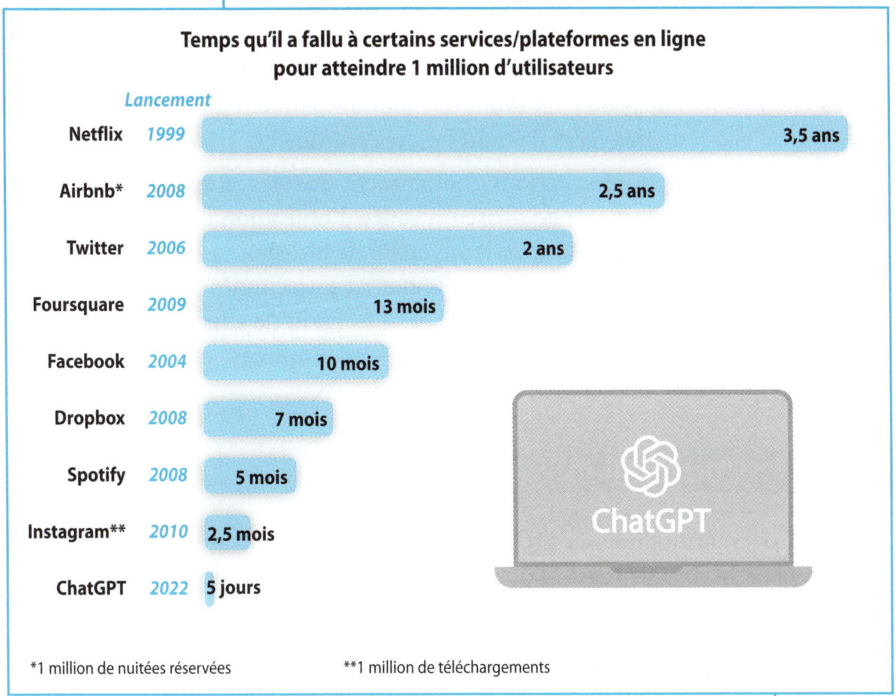

Source : Statista

▸ De nouveaux défis pour le cycle de l'information

L'IA amplifie le risque de désinformation, soit en propageant de fausses informations trouvées sur Internet, soit en interprétant mal une demande. L'IA n'invente rien par elle-même, elle analyse les données trouvées sur une base de données en fonction de ce qu'elle comprend. Elle est ainsi capable de générer des théories du complot voire des discours haineux. Lors d'une étude, la start-up luttant contre la désinformation NewsGuard a testé la capacité de ChatGPT à détecter une série de 100 *fake news* les plus répandues sur le Net et à en informer l'utilisateur. Le test consistait à poser des questions orientées vers des faux récits ou théories du complot très populaires sur Internet. La version 3.5 de ChatGPT a généré 80 de ces fausses informations et la version 4 les a toutes formulées. Son utilisation peut ainsi être détournée à des fins de manipulation à grande échelle de l'opinion publique par des groupes d'intérêt, ou des entités politiques.

Par ailleurs, une limite actuelle est l'absence de citation des sources, ce qui pose un double problème. D'abord, il n'est pas possible de vérifier la crédibilité de la source. Ensuite, les droits d'auteur et les droits voisins ne peuvent pas être appliqués pour rémunérer l'ensemble des acteurs impliqués dans le processus de production et de diffusion de l'information, comme les éditeurs de presse ou les médias en ligne et leurs journalistes. ChatGPT peut utiliser tout article trouvé sur le web sans que ses auteurs n'en soient avertis. L'IA ne faisant que répéter et synthétiser ce qu'elle trouve sur Internet, elle peut aussi déformer des propos. Il en est de même avec l'utilisation de l'image publique des personnalités qui ne peuvent pas s'opposer à son détournement. Des fausses photographies comme celles du pape en doudoune blanche de luxe, Donald Trump embarqué par la police, ou Emmanuel Macron se battant avec les forces de l'ordre sont rapidement devenues virales, laissant planer un doute sur leur authenticité pour beaucoup d'internautes alors qu'elles ont été créées de toutes pièces par une IA.

Enfin, la recherche d'informations, notamment par les étudiants, nécessite que l'univers scolaire et universitaire définisse un cadre d'utilisation de ChatGPT, avec une adaptation des critères d'évaluation. À l'université de Strasbourg, 135 étudiants ont dû repasser en présentiel un examen en ligne : ils étaient soupçonnés d'avoir triché avec cet outil. Sciences Po a lancé une réflexion sur l'encadrement de ChatGPT. Son utilisation devrait être soumise aux mêmes modalités que d'autres sources : elle doit être mentionnée et sourcée conformément à la charte anti-plagiat.

▸ Une restructuration du monde du travail

ChatGPT devrait modifier en profondeur le marché du travail et de la productivité, avec une recherche constante de l'optimisation. L'IA permet de faire exactement les mêmes tâches que les humains à moindre coût, sans pause ni congé, et presque instantanément. Presque tous les secteurs sont menacés, aussi bien ceux à haute que basse qualification. IBM a annoncé, en mai 2023, le gel de ses recrutements sur des postes pouvant être remplacés par l'IA, ajoutant qu'environ 7 800 postes pourraient être à terme concernés. En matière juridique, le logiciel peut analyser des centaines de décisions, rendant inutile l'emploi de juristes. La version 4 de ChatGPT a passé une simulation de l'examen du barreau et a fini parmi les 10 % des meilleurs candidats. En février 2023, un juge colombien s'est servi de ChatGPT pour s'aider à construire sa décision de justice. Les secteurs de la finance et du conseil sont aussi touchés. La banque d'investissement Morgan Stanley utilise déjà ChatGPT pour assister ses consultants financiers. Les métiers de l'écrit sont également menacés (journaliste, rédacteur, analyste) ainsi que ceux du service client qui peuvent être remplacés par un chatbot capable de répondre à des demandes de plus en plus sophistiquées. Dans un rapport publié en mars 2023, la banque américaine Goldman Sachs a estimé à 300 millions le nombre d'emplois dans le monde que des systèmes d'intelligence artificielle seraient susceptibles de remplacer. Le même rapport ajoute que l'IA pourrait donner un coup de fouet à la productivité en augmentant de 7 % le PIB mondial.

Tous les économistes ne sont pas d'accord sur les effets économiques prévisibles de ChatGPT. Selon le concept de destruction créatrice, les néo-schumpétériens comme Philippe Aghion pensent que ChatGPT en tant qu'innovation va modifier la structure du travail en supprimant des emplois, mais va en créer de nouveaux.

L'impact de ChatGPT sur les effectifs selon les employeurs

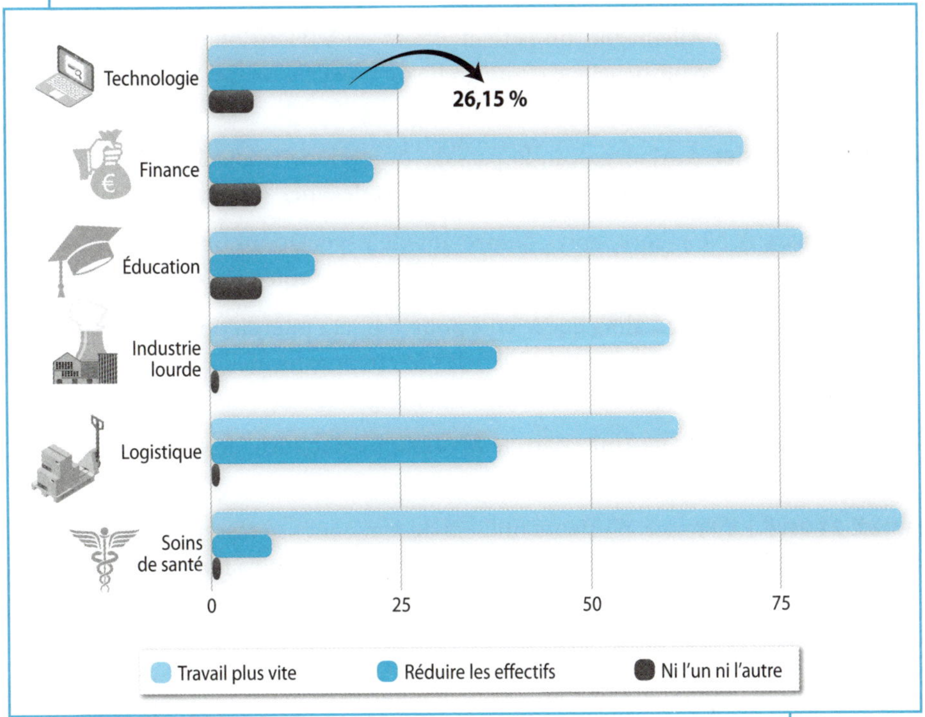

Source : Sortlist

Mise en perspective

Le 2 mai 2023, les scénaristes d'Hollywood sont entrés en grève pour un double motif : une demande de meilleures rémunérations et la crainte que ChatGPT ne menace leur art. Ils ont réclamé aux studios des garanties pour que les producteurs s'engagent à ne pas recourir à l'IA pour la rédaction de scénarios. D'autres professionnels du cinéma ont exprimé les mêmes craintes, notamment les acteurs, les monteurs d'effets spéciaux, ou les doubleurs qui pourraient entendre leur voix utilisée par une IA générative. Plusieurs tournages ont été retardés, comme ceux de *Gladiator 2* ou *Avatar 3*. Un accord a finalement été trouvé le 27 septembre 2023, entre le syndicat des scénaristes et les dirigeants de la Writers Guild of America, pour encadrer l'utilisation de l'IA.

PARTIE 6

AUTRES FAITS

- **Mercredi 11 janvier** Aux États-Unis, la Californie subit des intempéries violentes causant 17 morts.
- **Lundi 20 février** En Allemagne, un patient atteint du VIH est officiellement considéré comme guéri après avoir bénéficié d'une greffe de moelle osseuse. Seuls deux cas similaires avaient été rapportés en 2009 et en 2019.
- **Vendredi 24 février** À Madagascar, le passage du cyclone tropical Freddy, qui frappe l'océan Indien depuis plusieurs jours, cause la mort de 7 personnes.
- **Samedi 4 mars** À New-York, après quinze ans de négociations, les États membres de l'ONU s'entendent sur le premier traité international de protection de la haute-mer.
- **Mardi 7 mars** À Bruxelles, alors que le vote pour valider l'interdiction de la vente de voitures neuves à moteur thermique en 2035 devait être une formalité, l'Allemagne bloque l'adoption du texte.
- **Samedi 25 mars** Aux États-Unis, dans le Mississippi, une tornade et de violents orages causent la mort d'au moins 23 personnes.
- **Samedi 22 avril** En France, plusieurs milliers de personnes se rassemblent dans le Tarn pour protester contre le projet d'autoroute A69 devant rallier Toulouse à Castres.
- **Mardi 25 avril** En Espagne, l'agence météorologique annonce une canicule exceptionnelle pour cette période de l'année.
- **Jeudi 4 mai** En République démocratique du Congo, des inondations entraînent la mort de plus de 170 personnes dans une province frontalière du Rwanda.
- **Mercredi 17 mai** En Italie, la région d'Émilie-Romagne est frappée par de graves inondations, causant la mort de 14 personnes.
- **Vendredi 16 juin** En France, le tribunal administratif de Paris condamne, pour la première fois, l'État à indemniser des victimes de la pollution de l'air.
- **Dimanche 18 juin** Dans l'océan Atlantique, un sous-marin disparaît avec cinq personnes à bord. Ce sous-marin, propriété de la compagnie étatsunienne OceanGate, propose des expéditions sous-marines touristiques pour explorer l'épave du Titanic, moyennant 250 000 dollars par passager. Outre le pilote, l'océanaute français Paul-Henri Nargeolet, spécialiste de l'épave du Titanic, compte parmi les passagers. Les autres passagers sont de riches hommes d'affaires.
- **Mercredi 21 juin** En France, le collectif écologiste Les Soulèvements de la Terre (LST) est dissous en Conseil des ministres. La procédure de dissolution avait été impulsée par Gérald Darmanin au mois de mars après les affrontements à Sainte-Soline.

MARQUANTS 2023

- **Jeudi 22 juin** Aux États-Unis, les garde-côtes annoncent la localisation de nombreux débris du sous-marin Titan, le submersible parti explorer l'épave du Titanic avec cinq personnes à bord. Les passagers sont tous décédés dans l'implosion du navire.
- **Samedi 15 juillet** En Corée du Sud, des pluies intenses entraînent d'importantes inondations et des glissements de terrain, causant la mort, en quelques jours, de 33 personnes.
- **Mercredi 26 juillet** Au large des Pays-Bas, un cargo de 18 500 tonnes transportant près de 4 000 voitures prend feu, faisant craindre un désastre écologique.
- **Vendredi 11 août** En France, le Conseil d'État suspend la dissolution des Soulèvements de la Terre (LST), décrétée en conseil des ministres le 21 juin.
- **Dimanche 20 août** En Russie, l'agence spatiale Roscosmos annonce que sa sonde Luna-25, qui avait décollé avec succès le 10 août et devait analyser le sol lunaire pendant un an, s'est écrasée à la surface de la Lune.
- **Mardi 22 août** Au Japon, le Premier ministre annonce le rejet, à partir du jeudi 24 août, dans l'océan Pacifique, de l'eau de la centrale nucléaire accidentée de Fukushima. Le projet avait reçu, en juin, l'aval de l'Agence internationale de l'énergie atomique (AIEA) mais suscite de vives oppositions (de la part de la Chine, notamment, mais également de l'ONG Greenpeace).
- **Jeudi 24 août** En Inde, sur X, l'Organisation indienne de recherche spatiale annonce qu'un robot nommé Pragyan s'est posé sur le pôle sud de la Lune, faisant de l'Inde le premier pays à poser un engin spatial près de cette zone encore méconnue.
- **Lundi 2 octobre** Aux États-Unis, la Commission des communications inflige une amende de 150 000 dollars à Dish Network, une entreprise du secteur spatial, pour abandon de débris dans l'espace. C'est la première fois que de tels agissements de pollution spatiale sont sanctionnés.
- **Samedi 7 octobre** En Afghanistan, dans l'ouest du pays, un séisme de magnitude 6,3 cause la mort de plus de 2 000 personnes.
- **Samedi 21 octobre** En France, près de Castres, des milliers de personnes se réunissent pour protester contre le projet d'autoroute A69 entre Toulouse et Castres. Les organisateurs annoncent la participation de plus de 10 000 personnes.
- **Mercredi 1er novembre** En France, le quart nord-ouest du pays est victime de la tempête Ciaran, marquée par des vents très violents. Le président de la République déclare rapidement l'état de « catastrophe naturelle ».
- **Lundi 6 novembre** En France, le Pas-de-Calais affronte de très fortes pluies, entraînant d'importantes crues et inondations.
- **Jeudi 16 novembre** Au sein de l'Union européenne, la Commission européenne annonce le renouvellement de l'autorisation du glyphosate pour une durée de dix ans.

QCM

Pour chaque question, une seule réponse est correcte.

1 Quelle est la température moyenne la plus élevée jamais mesurée au niveau mondial ?

❍ a. 16,5 °C. ❍ b. 17,18 °C. ❍ c. 17,5 °C.

2 Quelle est la surface forestière incendiée la plus élevée jamais mesurée au sein de l'Union européenne ?

❍ a. 80 000 hectares.
❍ b. 88 000 hectares.
❍ c. 800 000 hectares.

3 Selon le PNUE, par combien les incendies extrêmes pourraient-ils être multipliés d'ici 2100 ?

❍ a. 50 %. ❍ b. 55 %. ❍ c. 500 %.

4 Que désigne « El Niño » ?

❍ a. Le plus petit des mégafeux de l'histoire qui a eu lieu en Amérique du Sud.
❍ b. Une manifestation climatique qui se traduit, tous les deux à sept ans, par une hausse de la température de l'océan Pacifique et une intensification ainsi qu'une variation des phénomènes météorologiques naturels du globe.
❍ c. Le mégafeu qui a brûlé 360 000 hectares de forêt en février 2023 au Chili.

5 Comment appelle-t-on les astronautes chinois ?

❍ a. Les sinonautes.
❍ b. Les taïkonautes.
❍ c. Les cosmonautes.

6 Quelle est la première réussite technologique des Chinois dans l'espace ?

❍ a. L'envoi d'un astromobile sur la face cachée de la Lune.
❍ b. L'envoi d'un robot sur Mars.
❍ c. L'envoi d'une station spatiale autour de la Terre.

7 Quel est le seul pays à collaborer avec le programme spatial chinois ?

❍ a. La Turquie.
❍ b. L'Iran.
❍ c. La Russie.

8 Pourquoi les Chinois sont-ils exclus de l'ISS, la station spatiale internationale ?

❍ a. Parce qu'ils sont incapables d'envoyer des fusées vers l'ISS.
❍ b. Parce qu'une loi américaine empêche toute collaboration avec les Chinois.
❍ c. Parce qu'ils n'ont pas participé au financement de la station internationale.

9 Qui préside le GIEC ?

❍ a. Valérie Masson-Delmotte.
❍ b. Sultan al-Jaber.
❍ c. James Skea.

10 À partir de quelle date le climat pourrait-il s'être réchauffé de plus d'1,5 °C par rapport à l'ère préindustrielle ?

❍ a. 2025. ❍ b. 2033. ❍ c. 2035.

11 Quel document a-t-il été publié le 20 mars 2023 ?

❍ a. La synthèse du 6e rapport d'évaluation du GIEC.
❍ b. Le 6e rapport du GIEC.
❍ c. L'Accord de Paris.

12 Pourquoi la COP 28 est-elle importante ?

❍ a. Parce qu'un bilan de l'Accord de Paris est réalisé.
❍ b. Parce que le 7e rapport du GIEC y est publié.
❍ c. Parce que les Émirats arabes unis deviennent la nation la plus écologiste au monde.

13 Comment s'appelle l'ouragan qui a frappé la Floride en 2022 ?

❍ a. Katrina. ❍ b. Lothar. ❍ c. Ian.

14 Selon le réassureur Swiss Re, combien de milliards d'euros ont coûté les catastrophes naturelles en 2022 ?

❍ a. 115. ❍ b. 255. ❍ c. 365.

15 D'après Swiss Re, quelle est la proportion des sommes assurées dans le cadre des catastrophes naturelles de 2022 ?

❍ a. 35 %. ❍ b. 45 %. ❍ c. 85 %.

16 Comment s'appelle la présidente de France Assureurs ?

❍ a. Florence Lustman.
❍ b. Laurence Lustman.
❍ c. Myriam Mérad.

17 Quel est l'autre nom donné aux méga-bassines ?

❍ a. Réserves de substitution.
❍ b. Réservoirs agricoles.
❍ c. Bassins agricoles.

18 **D'où vient l'eau des méga-bassines ?**

- ❍ a. C'est de l'eau de pluie.
- ❍ b. C'est de l'eau de surface (rivière, fleuve).
- ❍ c. C'est de l'eau souterraine.

19 **La loi de l'eau de 1992 déclare :**

- ❍ a. L'eau patrimoine commun de l'humanité.
- ❍ b. L'eau ressource naturelle en péril.
- ❍ c. L'eau patrimoine commun de la Nation.

20 **La lutte contre les méga-bassines est devenue :**

- ❍ a. Un mouvement politique.
- ❍ b. Un symbole de la lutte écologique.
- ❍ c. Un prétexte pour la violence des jeunes.

21 **Combien d'emplois pourraient-ils être détruits par l'IA générative ?**

- ❍ a. 100 millions.
- ❍ b. 200 millions.
- ❍ c. 300 millions.

22 **Qui est l'un des fondateurs d'OpenAI ?**

- ❍ a. Larry Page.
- ❍ b. Sam Altman.
- ❍ c. Jeff Bezos.

23 **Quels sont les secteurs menacés par l'IA ?**

- ❍ a. Les métiers peu qualifiés.
- ❍ b. Les métiers de recherche.
- ❍ c. L'ensemble des secteurs.

24 **Quel économiste a formulé la théorie de la destruction créatrice ?**

- ❍ a. Joseph Schumpeter.
- ❍ b. Paul Krugman.
- ❍ c. John Maynard Keynes.

Corrigé

1. b, 2. a, 3. a, 4. b, 5. b, 6. a, 7. c, 8. b, 9. c, 10. b, 11. a, 12. a, 13. c, 14. b, 15. b, 16. a, 17. a, 18. c, 19. c, 20. b, 21. c, 22. b, 23. c, 24. a

Analyse d'un document iconographique

par Jérôme Calauzènes

Voici une méthode pour analyser les images. Elle vous servira dans le cadre de la préparation de votre concours ou examen ainsi que dans votre vie quotidienne.

Méthode de l'analyse d'image

1re étape : présenter le document

Après avoir bien observé le document et repéré les principaux éléments, vous devrez présenter le document, de la façon suivante :

- la nature du document : dessin, caricature, photographie… Elle est en soi signifiante. Par exemple, la caricature a une fonction satirique ;
- la source du document : il faut donner le nom de l'ouvrage, du journal… d'où a été tiré le document. Il faudra évoquer le parti pris (le cas échéant) de l'ouvrage ou la ligne éditoriale du périodique.

Un dessin paru en une de *Charlie Hebdo* aura avant tout pour fonction d'attirer l'œil, voire de choquer. Il cherchera à dénoncer quelque chose ou à mettre l'accent sur un problème particulier, de façon humoristique. De plus, le journal est orienté à gauche et se veut très satirique.

De même, une image issue des réseaux sociaux devra être beaucoup plus remise en question, notamment sur la véracité des informations apportées (en fonction de la personne ou de l'institution qui l'aura publiée).

- l'auteur : il faudra le mentionner et, éventuellement, préciser ses opinions politiques (si elles sont connues ou si c'est important). L'essentiel est de montrer en quoi le document est partial, subjectif.
- les destinataires du document : il faut dire à qui s'adresse ce document. Il peut d'ailleurs y avoir plusieurs types de destinataires en fonction du type de document et du support dans lequel il est paru.
- la date et le contexte : il faut impérativement rappeler la date du document et surtout son contexte. Il faut bien penser au contexte politique, économique, social, international, culturel…

- la description du document. Vous décrirez rapidement ce que vous voyez et, éventuellement, les symboles que vous repérez. On pourra, sans y être obligé, utiliser « au premier plan », « au second plan »…

2e étape : dégager deux ou trois idées phares

Dégagez deux ou trois idées, voire plus, mises en avant par le document (dénonciation, débat mis en avant, éléments en filigrane…). Il ne faut en aucun cas se contenter d'une seule grille d'analyse, qui sera insuffisante et à la portée de tous.

Après avoir présenté le document, vous énoncez, en les explicitant et en vous fondant sur l'image, les deux ou trois idées phares que vous avez trouvées.

3e étape : conclure

Il semble pertinent de conclure en parlant du sentiment que vous avez ressenti à la vue de l'image et de ce qu'elle dégage.

On peut aussi conclure en évoquant des documents plus ou moins similaires ou qui traitent du même thème mais de façon différente, ou sous un autre angle, avec un autre point de vue.

▸ Application de la méthode

Plantu, une du *Monde*, 31 mars 2021

Il s'agit ici d'une caricature parue dans le journal *Le Monde*, le 31 mars 2021. C'est le dernier dessin que Plantu a réalisé pour ce journal, avant de prendre sa retraite. Il semble donc particulièrement important pour lui, même si le dessinateur continue de publier des dessins *via* notamment les réseaux sociaux et son compte Twitter.

Les opinions politiques de Jean Plantureux, dit Plantu, sont peu connues et celui-ci a rarement pris parti. Il cherche le plus souvent à mettre en scène une situation, de façon plus ou moins humoristique.

Le 31 mars 2021, la France et le monde font toujours face à la crise du coronavirus, thème principal du dessin.

À gauche du dessin, on voit le président Macron, juste avant une conférence de presse, se tenir la tête dans les mains, ne sachant pas quoi dire ni quoi faire. À un personnage, sur la droite, vraisemblablement chargé du protocole, qui lui demande « *Qu'allez-vous annoncer M. le Président ?* », ce dernier répond : « *Si je savais !...* » marquant par là même qu'il reste très indécis. Autour de lui, on remarque plusieurs personnages, dont des colombes et des souris.

La première idée dégagée par ce dessin reste les injonctions paradoxales et les opinions très diverses des différentes parties de la population française.

Le corps médical, représenté par deux personnages, semble vouloir encourager la vaccination. On pourrait même ajouter qu'il existe des débats en son sein (le fait que l'un des médecins ne soit pas masqué tendrait à le prouver), certains refusant également de se faire vacciner.

De l'autre côté, les médias (radio et télévision) attendent des déclarations à grand renfort de matériels (micros, caméras, papiers et stylos). Les différentes chaînes d'information en continu, qui diffusent en permanence des chiffres, souvent alarmistes, contribuent ainsi à créer une certaine psychose.

Derrière eux, on aperçoit un élu, reconnaissable à son écharpe tricolore. Il semble lui aussi exiger des mesures ou se plaindre de leurs contradictions. Cela symbolise l'opposition entre la présidence et le gouvernement d'une part, et des élus de terrain d'autre part, dont on a pu affirmer qu'ils avaient été plus efficaces dans la gestion de la crise sanitaire, étant au plus près des besoins des citoyens. Marianne, masquée, allégorie de la République française, semble observer la scène. La question de la permanence des valeurs républicaines pourrait être ici posée, face à des restrictions en termes de liberté (interdiction des rassemblements) et à l'exacerbation des inégalités.

Mais les injonctions viennent également du peuple, représenté par le personnage à la casquette, à gauche. Cela démontre ici qu'une grande partie de la population se fait un avis sur des questions jugées pourtant complexes. Certains y voient une aberration, pensant qu'il faut laisser faire les experts alors que d'autres analysent cela comme un regain démocratique.

En second lieu, le dessin témoigne de la difficulté du pouvoir face à ces injonctions contradictoires. L'hésitation se faisait, à l'époque, autour de plusieurs questions.

Tout d'abord, l'hypothèse d'un reconfinement. Très impopulaire auprès de certains, et notamment de certaines professions qui ont souffert de cette mesure en 2020, le reconfinement était réclamé par d'autres, notamment les médecins, les lits de réanimation étant déjà saturés et la mortalité en France ayant été importante (environ 100 000 personnes à cette date). Le maintien des écoles ouvertes était aussi un sujet de débat.

Ensuite, il s'agissait de savoir si la vaccination devait être obligatoire, au nom d'un intérêt collectif qui semblait évident, ou si elle devait rester volontaire, au nom du respect de la liberté de chacun.

Au-delà, le rôle des experts en matière politique pouvait être directement remis en question.

Enfin, la caricature semble évoquer l'avenir et d'abord celui du monde.

Les deux colombes, en haut du dessin, l'une portant un rameau d'olivier, symbole de paix, associée à une dose de vaccin dans une seringue, l'autre un point d'interrogation avec une représentation de la Terre, nous interrogent. Plantu semble penser que le retour à la normale dépend de la possibilité de vacciner l'ensemble du monde, y compris les pays les plus pauvres, qui ont très peu accès aux vaccins, malgré les déclarations des pays riches s'engageant à leur en donner. L'avenir est également incertain puisque, avec l'arrivée des différents variants (anglais et indien à l'époque, delta ensuite), la question de la fin de la pandémie reste une énigme.

Mais l'avenir est aussi celui de Plantu qui quitte le journal *Le Monde*. La souris à droite fait ses adieux (au lectorat et au journal), tandis qu'une troisième colombe, avec un rameau d'olivier et un crayon, rappelle l'engagement du dessinateur pour la liberté de la presse face au terrorisme. Plantu manifeste enfin sa reconnaissance au journal qui l'a employé pendant près de cinquante ans (de 1972 à 2021), *via* les trois cœurs qui trônent au-dessus des deux souris et de la colombe. Il montre également que le journal *Le Monde* est présent sur différents supports : papier et numérique (présence d'un ordinateur et d'un téléphone mobile). Il encourage alors peut-être ceux qui l'ont suivi à continuer à lire ce quotidien.

Si cette caricature donne une impression de désordre, c'est pour mieux montrer la difficulté de la décision politique. Elle met le doigt sur différents débats qui animent la société française, tout en permettant au dessinateur de faire ses adieux et d'espérer un avenir plus radieux.

20 CITATIONS INCONTOURNABLES DE L'ANNÉE 2023

par Jérôme Calauzènes

Géopolitique

Kiari Liman-Tinguiri, ambassadeur du Niger à Washington, entretien à l'AFP (4 août 2023)

« Si le Niger s'effondre, c'est d'abord tout le Sahel qui s'effondre, qui sera déstabilisé (…), et vous aurez Wagner et les djihadistes qui contrôleront l'Afrique de la côte à la Méditerranée. »

Éditorial du *Monde*, 3 août 2023

« Ce qui est en jeu dans l'inculpation de Donald Trump pour "complot contre l'État" est l'un des piliers de la démocratie américaine : le transfert pacifique du pouvoir à l'issue d'élections. »

Narendra Modi, Premier ministre Indien, à l'occasion du défilé auquel il a été invité en France (14 juillet 2023)

« Notre proximité n'est pas celle de leaders entre eux, c'est l'amitié inébranlable entre l'Inde et la France. »

Sonia Sotomayor, juge progressiste à la cour suprême des États-Unis, à propos de la décision prise dans cette institution de supprimer la ségrégation positive à l'entrée des universités américaines (29 juin 2023)

« Bien que les anciens obstacles juridiques formels n'existent plus, la race importe encore dans l'expérience de vie de tous les Américains d'innombrables façons, et la décision d'aujourd'hui empire les choses, au lieu de les améliorer. »

Pape François, lors des Journées mondiales de la jeunesse (JMJ) de Lisbonne (2 août 2023)

« Nous naviguons sur l'océan de l'histoire en des temps tumultueux et nous ressentons le manque de courageux itinéraires de paix. »

▸ Politique française et européenne

Emmanuel Macron, président de la République française, allocution télévisée (17 avril 2023)

« L'État de droit est notre socle et il n'y a pas de liberté sans droit ni sans sanction envers ceux qui transgressent le droit des autres. »

Pap N'Diaye, ancien ministre de l'Éducation nationale, lors de son départ du ministère de l'Éducation nationale, (20 juillet 2023)

« Nous souffrons énormément du temps instantané. L'école, c'est du temps long. Ce n'est pas un fait divers. »

Emmanuel Macron, président de la République française, devant sa majorité à propos des manifestations contre la réforme des retraites (21 mars 2023)

« La foule n'a pas de légitimité face au peuple qui s'exprime à travers ses élus. »

Charles Michel, Président du Conseil européen, communiqué de presse (3 février 2023)

« L'Ukraine, c'est l'UE, l'UE, c'est l'Ukraine. »

Éric Coquerel, député LFI de Seine-Saint-Denis, Président de la Commission des finances de l'Assemblée nationale, à propos de la volonté de l'exécutif de bloquer les débats sur la réforme des retraites à l'Assemblée nationale, « Questions politiques », émission sur *France Inter* (4 juin 2023)

« On est sur un gouvernement qui utilise les pires artifices de la Ve République. »

Catherine Colonna, ministre de l'Europe et des Affaires étrangères, à la suite du coup d'État au Niger, entretien au *Monde* (3 septembre 2023)

« La "Françafrique" est morte depuis longtemps. »

▸ Économie, entreprises et monde du travail

Kristalina Georgieva, directrice du FMI, interview accordée à CBS (émission « Face the nation »), qui abordait notamment les perspectives économiques pour 2023 (1er janvier 2023)

« L'économie mondiale subit sa plus grave crise énergétique depuis les années 1970. »

Christine Lagarde, directrice de la BCE, lors de la conférence annuelle « The ECB and its watchers », qui rassemble les analystes spécialistes de la politique monétaire à Francfort, à propos de l'augmentation des taux directeurs (22 mars 2023)

« Notre objectif de ramener l'inflation à 2 % à moyen terme n'est pas négociable. »

Patrick Martin, nouveau patron du Medef, prise de parole à Rennes (20 juillet 2023)

« Le marché des top-managers est un micro-marché mondial. Vouloir plafonner ces rémunérations, c'est s'exposer au risque qu'ils partent ailleurs. Il faut savoir attirer des talents. »

Bruno Le Maire, ministre de l'Économie, des Finances, de la Souveraineté industrielle et numérique, sur France 2, dans le contexte de l'inflation (20 mai 2023)

« J'ai quatre enfants à nourrir. »

Société

Éric Emmanuel Schmitt, écrivain, dans un entretien au *Monde*, après un voyage au Proche-Orient (23 juillet 2023)

« Depuis que nos sociétés ne croient plus en Dieu, elles croient en n'importe quoi. »

Déclaration d'étudiants d'AgroParisTech qui appellent à déserter des emplois destructeurs, salle Gaveau à Paris (30 avril 2023)

« Ne perdons pas notre temps, et surtout, ne laissons pas filer cette énergie qui bout quelque part en nous. »

Syndicats de police « Alliance police nationale » et « UNSA Police », communiqué de presse dans le contexte des émeutes qui ont suivi la mort de Nahel (30 juin 2023)

« Aujourd'hui, les policiers sont au combat car nous sommes en guerre. Demain nous serons en résistance et le Gouvernement devra en prendre conscience ».

Thomas Piketty, économiste et écrivain, chronique publiée dans *Le Monde* (8 juillet 2023)

« Les banlieues qui s'enflamment ont beaucoup plus en commun avec les bourgs et les villages abandonnés que ce que l'on s'imagine. »

▸ Culture et sport

Jérôme Latta, journaliste au *Monde* (10 juillet 2023)

« Mbappé est devenu un problème pour le Paris Saint-Germain, et le Paris Saint-Germain, un problème pour Mbappé. »

Justine Triet, lauréate de la Palme d'or à Cannes, en mai 2023 pour *Anatomie d'une chute* (27 mai 2023)

« La marchandisation de la culture que le gouvernement néolibéral défend est en train de casser l'exception culturelle française. Cette même exception culturelle sans laquelle je ne serais pas là aujourd'hui, devant vous. »

▸ Environnement et sciences

Déclaration à la veille de l'ouverture du Sommet de Paris pour un nouveau pacte financier mondial de treize chefs d'État et de gouvernement et responsables politiques, dont Joe Biden (Président des États-Unis), Emmanuel Macron (Président de la France), Mia Mottley (Premier ministre de la Barbade), Macky Sall (Président de la République du Sénégal) et Olaf Scholz (Chancelier fédéral d'Allemagne) (le 21 juin 2023)

« Nous devons faire des transitions justes et solidaires une priorité. »

Michael Flannigan, professeur spécialiste des feux de forêt à la Thompson Rivers University, en Colombie-Britannique, à propos des mégafeux au Canada, *Le Monde* (4 août 2023)

« Un feu de ce type peut continuer à brûler malgré la pluie et la neige, se maintenir éveillé sous la terre tout l'hiver et reprendre au printemps »

Mathilde Hautereau-Boutonnet, juriste et professeure de droit à l'université d'Aix-Marseille, spécialiste de droit de l'environnement, tribune dans *Le Monde*, face aux déclarations de Camille Etienne (écologiste française) ou Jean-Marc Jancovici (ingénieur et enseignant) (30 juin 2023)

« La lutte contre le réchauffement climatique ferme la porte à tout débat sur l'atteinte aux libertés individuelles à laquelle elle conduit. »

Alain Fischer, nouveau président de l'Académie des sciences, sur *Franceinfo* (18 janvier 2023)

« La recherche médicale française est en déclin relatif par rapport à nos pays voisins, comme l'Allemagne et la Grande-Bretagne. »

Ils nous ont quittés en 2023

par Jérôme Calauzènes

Tina Turner (26 novembre 1939 – 24 mai 2023)

De son vrai nom Anna Mae Bullock, elle est issue d'une famille modeste du Tennessee. Ike Turner découvre ses talents de chanteuse alors qu'elle a 18 ans. Après leur mariage, ils forment le duo The Ike & Tina Turner Revue qui connaît le succès dans les années 1960. Les années 1970 sont des années difficiles pour la « queen du rock and roll » : addiction à la drogue de son mari Ike, divorce en 1978 après seize ans de violences conjugales décrites dans son livre *My love story*. Ruinée, elle lance sa carrière en solo avec l'album *Private Dancer*, en 1984 (et la chanson *What's love got to do with it*). Ses succès deviennent mondiaux. Après une éclipse dans les années 2000, elle revient pour une grande tournée en 2008. Elle a également tourné quelques films comme *Last Action Hero* (1993). Elle meurt en Suisse, dont elle avait acquis la nationalité en 2013.

Alain Touraine (3 août 1925 – 9 juin 2023)

Né dans une famille aisée, il entre à l'ENS d'Ulm en 1945 puis part pour un voyage d'étude en Hongrie en 1948. À son retour, il travaille un an comme mineur dans le Nord puis effectue une enquête de terrain dans les usines Renault, expériences qui marquent son engagement et son intérêt pour le monde du travail, la classe ouvrière et les mouvements sociaux. Sociologue de l'action, il élabore une méthode d'étude, l'intervention sociologique, et s'intéresse aux tendances émergentes (mouvements étudiants, féminisme, régionalisme, écologie). Parallèlement, il se passionne pour l'Amérique latine dont il analyse les sociétés dans un ouvrage marquant, *La Parole et le Sang* publié en 1988. Sur le plan politique, il soutient la candidature de Coluche en 1981 mais salue le tournant libéral du Parti socialiste en 1984 et défend le plan Juppé de réforme des retraites en 1995.

Silvio Berlusconi (29 septembre 1936 – 12 juin 2023)

Issu d'une famille de la classe moyenne lombarde, il entre dans le monde des affaires dans les années 1960 et s'implique dans les secteurs immobilier, télévisuel et sportif. Il s'impose dans les médias en 1978 en prenant le contrôle du groupe Mediaset, puis de Canale 5. En 1986, il achète le club de football Milan AC puis entre en politique. Il crée le parti politique Forza Italia qui remporte les élections législatives en 1994. « Il Cavaliere » est nommé à trois reprises chef du gouvernement (1994-1995, 2001-2006, 2008-2011) et s'oppose à l'alliance de centre gauche menée par Romano Prodi. Devenu l'homme le plus riche d'Italie, il séduit une partie de l'électorat par ses prises de position populistes, en dépit des scandales financiers et privés dans lesquels il est impliqué. À la fin de sa vie, il est élu député européen puis sénateur, poste dont il est déchu en 2013 pour fraude fiscale mais qu'il récupère en 2022 jusqu'à la fin de sa vie.

Milan Kundera (1er avril 1929 – 11 juillet 2023)

Né en Tchécoslovaquie au sein d'une famille mélomane, il a passé une bonne partie de sa vie sous le régime communiste. Les premiers écrits de cet étudiant en littérature et en cinéma s'inscrivent dans une vision marxiste du monde. Inscrit au Parti communiste à 18 ans, il en est deux fois exclu et devient progressivement un dissident qui participe au Printemps de Prague en 1968, libéralisation matée par l'URSS au bout de huit mois. *La Plaisanterie* et *Risibles Amours* incarnent ce changement. En 1975, il s'exile en France (dont il obtient la nationalité en 1981, trois ans après avoir été déchu de la nationalité tchèque), enseigne à l'université de Rennes puis à l'EHESS. Il signe en français ses plus grands succès, dont *L'Insoutenable Légèreté de l'être*, en 1984. Il y développe une réflexion sur la parole, l'illusion et la condition humaine et y définit le « kitsch ». Il signe aussi des écrits théoriques comme *L'Art du roman*.

Jane Birkin (14 décembre 1946 – 16 juillet 2023)

Née au sein d'une riche famille londonienne, elle fait ses débuts au cinéma en Angleterre. Elle entame ensuite une carrière en France où elle rencontre Serge Gainsbourg, sur le tournage du film *Slogan*. Il lui écrit plusieurs chansons et le couple se fait connaître par le tube *Je t'aime… moi non plus* (1969). Certains de ses albums connaissent de grands succès : *Versions Jane* ou *Arabesque*. Au cinéma, elle tourne, dans les années 1970, avec Jacques Deray, Roger Vadim, Michel Deville ou Claude Zidi. Après avoir quitté Serge Gainsbourg, elle privilégie le cinéma d'auteur et tourne notamment *La Fille prodigue*, de Jacques Doillon dont elle devient la compagne de 1980 à 1992. Elle réalise aussi le film *Boxes*, sorti en 2007. La maison Hermès lui dédie un sac, en 1982.

Henri Konan Bédié (5 mai 1934 – 1er août 2023)

Issu d'une famille de cultivateurs de cacao en Côte d'Ivoire, il appartient à l'ethnie Baoulé. Formé à l'École normale ivoirienne puis à l'université de Poitiers, il est nommé ambassadeur aux États-Unis, puis ministre dans divers gouvernements et président de l'Assemblée nationale (1980-1993). À la mort de Félix Houphouët-Boigny, qui l'avait adoubé, il devient chef de l'État en 1993. Le « sphinx de Daoukro », sa ville natale, utilise l'ivoirité pour écarter ses rivaux, notamment Alassane Ouattara. Aux élections de 1995, il est élu avec plus de 96 % des voix, un scrutin boycotté par les principaux autres candidats opposés à sa réforme du code électoral. Son mandat est marqué par une importante crise liée à la chute des cours du cacao, aux plans d'ajustement structurels du FMI, à une corruption importante et à des troubles ethniques. Victime d'un coup d'État, il quitte le pouvoir en 1999. Candidat à l'élection présidentielle de 2010, il appelle à voter pour Alassane Ouattara au second tour (contre Laurent Gbagbo) mais s'oppose à sa troisième candidature en 2020.

Hélène Carrère d'Encausse (6 juillet 1929 – 5 août 2023)

Issue d'une grande famille géorgienne obligée d'émigrer en France après la révolution russe, Hélène Zourabichvili naît à Paris comme apatride. Elle devient française en 1950, deux ans avant d'épouser Louis Carrère d'Encausse. Diplômée de l'IEP de Paris et docteure ès lettres, elle devient professeure d'histoire à l'université Paris-1, spécialiste de la Russie et du monde slave. Elle se fait remarquer, en 1978, en annonçant « la fin de l'URSS » dans son livre *L'Empire éclaté*. Sur le plan politique, elle s'engage à droite, soutient la candidature de Raymond Barre à l'élection présidentielle de 1988 puis est élue députée européenne (1994-1999). Membre de l'Académie française depuis 1990, elle y est élue secrétaire perpétuelle en 1999, devenant la première femme à occuper ce poste. Sous la Coupole, elle s'est opposée à la féminisation des titres et fonctions en français. Sa bienveillance à l'égard de Vladimir Poutine lui valut de vives critiques ces dernières années.

Et aussi :

Geneviève de Fontenay, Gina Lollobrigida, Lucila Randon (doyenne de l'humanité), Paco Rabanne, Robert Hébras (survivant d'Oradour-sur-Glane), Just Fontaine, Gérard Pélisson, Jacques Gaillot, Philippe Sollers, Georges Kiejman.

PARTIE 7

CLASSEMENTS INCONTOURNABLES EN 2023

Classement des 10 plus grandes puissances militaires mondiales

Rang	Pays	Budget (en milliards de dollars)	Bombes nucléaires	Nombre de soldats actifs	Nombre de réservistes
1	États-Unis	770	5500	1 400 000	440 000
2	Russie	154	6225	850 000	250 000
3	Chine	250,2	350	2 000 000	510 000
4	Inde	49,6	156	1 450 000	1 150 000
5	Japon	47,5	X	240 000	55 000
6	Corée du Sud	46,3	X	555 000	500 000
7	France	40,9	290	200 000	35 000
8	Royaume-Uni	38	225	194 000	37 000
9	Pakistan	7,7	165	640 000	500 000
10	Brésil	18,8	X	360 000	1 340 000

Source : CNEWS

Classement des 10 pays de l'UE ayant le plus fort taux de corruption selon l'IPC (indice de perception de la corruption)
Plus l'indice est bas, plus le taux de corruption est élevé

Rang	Pays	IPC	Rang mondial
1	Hongrie	42/100	74
2	Bulgarie	43/100	70
3	Roumanie	46/100	63
4	Malte	51/100	54
5	Grèce	52/100	51
6	Slovaquie	53/100	49
7	Pologne	55/100	45
8	République tchèque Slovénie Italie	56/100	41
9	Lettonie	59/100	39
10	Espagne	60/100	35

Source : Transparency International (chiffres de 2022)

Classement des 10 pays de l'UE les plus endettés au premier trimestre 2023 en % du PIB

Rang	Pays	% du PIB
1	Grèce	168,3 %
2	Italie	143,5 %
3	Portugal	113,8 %
4	Espagne	112,8 %
5	France	112,4 %
6	Belgique	107,4 %
7	Autriche	80,6 %
8	Hongrie	74,9 %
9	Finlande	72,5 %
10	Croatie Slovénie	69,5 %

Source : touteleurope.eu

Classement des 10 pays du monde où l'inflation a été la plus forte en avril 2023 (glissement sur un an, depuis avril 2022)

Rang	Pays	Inflation
1	Venezuela	436 %
2	Liban	269 %
3	Syrie	139 %
4	Argentine	109 %
5	Zimbabwe	87 %
6	Suriname	66 %
7	Soudan	63 %
8	Iran	53 %
9	Haïti	48 %
10	Cuba	46 %

Source : France Info

Classement des 10 villes du monde les plus dangereuses selon le taux d'homicides pour 100 000 habitants en 2023

Rang	Ville/Pays	Taux d'homicides
1	Tijuana/Mexique	138
2	Acapulco/Mexique	111
3	Caracas/Venezuela	100
4	Ciudad Victoria/Mexique	86
5	Ciudad Juárez/Mexique	86
6	Irapuato/Mexique	81
7	Ciudad Guayana/Venezuela	78
8	Natal/Brésil	75
9	Fortaleza/Brésil	69
10	Ciudad Bolávar/Venezuela	69

Source : Statista

Classement des 10 pays développés qui ont le nombre de morts le plus important à la suite de l'action des forces de police

Rang	Pays	Nombre de morts pour 10 millions d'habitants	Nombre de mort sur l'année
1	États-Unis	33,1	1096
2	Canada	18,6	69
3	Australie	6,5	16
4	France	5,5	37
5	Belgique	4,3	5
6	Pays-Bas	2,7	5
7	Suisse	2,3	2
8	Nouvelle-Zélande	2,1	1
9	Norvège	1,9	1
10	Finlande	1,8	1

Source : *Le Temps*

Classement des 10 clubs de foot les plus chers en valeur (en millions de dollars)

Rang	Pays	Nom du club	Valeur
1	Angleterre	Manchester City FC	1 562
2	Espagne	Real Madrid FC	1 513
3	Espagne	FC Barcelone	1 425
4	Angleterre	Manchester United FC	1 412
5	Angleterre	Liverpool FC	1 411
6	France	Paris Saint-Germain	1 174
7	Allemagne	FC Bayern Munich	1 140
8	Angleterre	Arsenal FC	940
9	Angleterre	Tottenham Hotspur FC	931
10	Angleterre	Chelsea FC	893

Source : Statista

Classement des 10 films français 2023 au box-office mondial et classement des 10 premiers films au box-office France 2023

Rang	Titre	Réalisation	Nombre d'entrées à l'international
1	*Anatomie d'une chute*	Justine Triet	349 705
2	*Dogman*	Luc Besson	234 762
3	*Miraculous, le film*	Jérémy Zag	204 526
4	*Une belle course*	Christian Carion	123 557
5	*Les As de la jungle 2*	Laurent Bru, Yannick Moulin, Benoît Somville	94 952
6	*Les Choses simples*	Éric Besnard	85 805
7	*Pattie et la colère de Poséidon*	David Alaux, Éric Tosti, Jean-François Tosti	82 578
8	*Jeanne du Barry*	Maïwenn	71 516
9	*3 jours max*	Tarek Boudali	58 516
10	*Bernadette*	Léa Domenach	40 538

Source : Unifrance

Rang	Titre	Pays	Réalisation	Nombre d'entrées à l'international
1	*Super Mario Bros. Le film*	États-Unis / Japon	Aaron Horvath et Michael Jelenic	7 359 395
2	*Barbie*	États-Unis / Angleterre	Greta Gerwig	5 846 809
3	*Astérix et Obélix : l'Empire du Milieu*	France	Guillaume Canet	4 622 711
4	*Oppenheimer*	États-Unis / Angleterre	Christopher Nolan	4 445 931
5	*Alibi.com 2*	France	Philippe Lacheau	4 277 971
6	*Les Gardiens de la Galaxie 3*	États-Unis	James Gunn	3 600 783
7	*Les Trois Mousquetaires : d'Artagnan*	France	Martin Bourboulon	3 377 130
8	*Élémentaire*	États-Unis	Peter Sohn	3 189 684
9	*Indiana Jones et le Cadran de la destinée*	États-Unis	James Mangold	3 000 847
10	*Mission impossible : Dead Reckoning Partie 1*	États-Unis	Christipher McQuarrie	2 617 032

Source : CBO-boxoffice et Médiavision

Les 10 pays les plus gros émetteurs de gaz à effet de serre en 2023

Rang	Pays	Pourcentage d'émission
1	Chine	32,9 %
2	États-Unis	12,6 %
3	Inde	7 %
4	Russie	5,1 %
5	Japon	2,9 %
6	Iran	1,9 %
7	Allemagne	1,8 %
8	Corée du Sud	1,7 %
9	Indonésie	1,6 %
10	Arabie Saoudite	1,5 %

Source : Commission européenne - Statista

Classement des pays en fonction du nombre de Prix Nobel (depuis 1901)

Rang	Pays	Prix Nobel			Total
		Physique	Chimie	Médecine	
1	États-Unis	83	65	80	228
2	Royaume-Uni	24	25	28	77
3	Allemagne	13	26	19	61
4	France	13	8	13	34
5	Suisse	4	6	6	16
6	Suède	4	4	7	15
7	Pays-Bas	8	3	3	15
8	Japon	6	7	2	15
9	Russie	10	1	2	13
10	Israël	0	5	0	5

Source : *Le Figaro Sciences*